Schöningh
westermann

TEAM 1

Politik und Wirtschaft

Differenzierende Ausgabe

Herausgegeben von:
Wolfgang Mattes

Erarbeitet von:
Karin Herzig und Wolfgang Mattes

westermann GRUPPE

www.schoeningh-schulbuch.de
Schöningh Verlag, Jühenplatz 1 – 3, 33098 Paderborn

Druck A 5 4 3 2 1 / Jahr 2020 19 18 17 16
Alle Drucke der Serie A sind im Unterricht parallel verwendbar.
Die letzte Zahl bezeichnet das Jahr dieses Druckes.

Umschlaggestaltung: Schoeningh Verlag
Fotos: © vario images (U1 links), © wildworx-Fotolia.com (U1 rechts) © picture-alliance/united-archives/mcphoto (U4)
Illustrationen: Reinhild Kassing, Kassel
Druck und Bindung: westermann druck GmbH, Braunschweig

ISBN 978-3-14-023726-6

Inhaltsverzeichnis

1 Meine Klasse und ich
Wir gehen fair miteinander um

2 Leben in der Schulgemeinschaft
Mitmachen lernen – Demokratie lernen

3 Zusammenleben in der Familie
Wir untersuchen Lebenssituationen von Kindern, Jugendlichen und Erwachsenen

4 Kinder in aller Welt
Wir machen uns stark für die Rechte von Kindern

5 Demokratie in der Gemeinde
Auch Kinder können mitmachen

6 Grundlagen des Wirtschaftens
Wir untersuchen die Bedeutung der Wirtschaft für unseren Alltag

7 Vom richtigen Umgang mit Geld
Wir planen wirtschaftliches Handeln

8 Kinder und Jugendliche als Verbraucher
Wir treffen gut überlegte Kaufentscheidungen

9 Umgang mit Medien
Wir nutzen sie klug

10 Umweltschutz als Zukunftsaufgabe
Wir üben umweltfreundliches Verhalten

Quiz für Einsteiger – Meinem Schulbuch TEAM auf der Spur

Mit der folgenden Übung hast du Gelegenheit, dir einen ersten Überblick über dein neues Schulbuch TEAM zu verschaffen.

Dein Auftrag:

- Blättere im Buch.
- Finde die richtigen Lösungen.
- Notiere sie auf einem Blatt.

Dabei kannst du testen, ob sich diese Aufgabe schneller allein oder in einem Team bewältigen lässt. Ihr könnt dazu die Klasse aufteilen. Die eine Hälfte macht die Übung in Einzelarbeit, die andere jeweils zu dritt in Gruppenarbeit.

Wenn ihr schon auf einem guten Weg zur Teamfähigkeit seid, sollten die Gruppen schneller fertig sein als die Einzelarbeiter – natürlich nur, wenn alle Lösungen stimmen.

Quiz

1. Worauf macht der Junge auf Seite 18 aufmerksam?
2. Wer möchte auf der Seite 20 die Klassengemeinschaft stärken?
3. Wer kommt auf der Seite 34 verärgert nach Hause?
4. Worüber sind Canan und Thomas auf Seite 47 unterschiedlicher Meinung?
5. Wer braucht Hilfe auf Seite 68?
6. In welchen Städten leben die Kinder Pilgrim, Eliza und Carlos? S. 75 ff.
7. Wer bekommt einen Preis auf der Seite 84?
8. Wofür demonstrieren Kinder in Berlin auf der Seite 96?
9. Von welchem Tier auf der Seite 115 können wir Menschen etwas lernen?
10. Woraus bestand in früherer Zeit das Geld auf der Insel Kiriwina? S. 129
11. Worüber könnt ihr Familie Steinke beraten auf der Seite 138?
12. Was möchte Lilly umtauschen auf Seite 147?
13. Was möchte der Junge auf der Seite 168 später einmal werden?
14. Wer besucht zum ersten Mal die Umwelt-AG auf Seite 186?

Tipp: Ihr könnt auch selbst ein ähnliches Quiz erstellen.

Kompetenz als Ziel des Unterrichts: Was bedeutet das?

Bäckerinnen und Bäcker sind kompetent, wenn sie gutes Brot backen können. Ärzte sind kompetent, wenn sie den Patienten helfen. Kompetenz bedeutet, dass man etwas gut kann und dass man sich in seinem Aufgabengebiet gut auskennt. Schülerinnen und Schüler sind kompetent, wenn sie erfolgreich lernen können und wenn ihnen das gemeinsame Lernen mit anderen Freude macht.

Kompetent zu werden, ist eines der wichtigsten Ziele im Unterricht. Es bereitet euch gut auf das Leben außerhalb der Schule vor.
Aber: Kompetenzen fallen einem nicht in den Schoß. Man muss sie sich nach und nach erarbeiten.

Nehmen wir zum Beispiel den Umweltschutz. Wer etwas über dieses wichtige Thema lernen will, sollte auf vier Fragen nach Antworten suchen:

1. Was muss ich über das Thema wissen?
2. Wie kann ich mir das Gelernte einprägen und von meinem Wissen Gebrauch machen?
3. Wie bilde ich mir eine eigene Meinung?
4. Was kann ich selbst zum Umweltschutz beitragen?

Die vier Fragen beziehen sich auf unterschiedliche Kompetenzbereiche. Erwachsene verwenden dafür vier Fachbegriffe. Ihr könnt sie verstehen, wenn ihr euch die Namen merkt und erklären könnt, was sie bedeuten.

1. Sachkompetenz
Ihr lernt, euch in eine Sache so einzuarbeiten, dass ihr hinterher gut darüber informiert seid. Ihr übt euch darin, anderen zu erklären, was ihr wisst.

2. Methodenkompetenz
Ihr trainiert Methoden, die das eigene und das gemeinsame Lernen in der Klasse verbessern.

3. Urteilskompetenz
Ihr könnt euch ein eigenes Urteil bilden und lernt, wie man sein eigenes Urteil gut begründet.

4. Handlungskompetenz
Ihr trainiert, wie ihr selbst mitmachen könnt – zum Beispiel beim Umweltschutz. Auch übt ihr euch darin, mit anderen gut in Gruppen zusammenzuarbeiten.

Die Kompetenzampel hilft dabei

S M U H

Erfolgreiches Lernen wird leichter, wenn man weiß, worum es geht. Um Klarheit zu schaffen, haben die Autorinnen und Autoren von Team eine Kompetenzampel entwickelt. Die vier Farben dieser Ampel stehen für die vier Kompetenzbereiche. Ihr werdet sie an vielen Stellen im Buch entdecken. Je nachdem, welche Farbe aufleuchtet, seht ihr sofort, was der Schwerpunkt des Lernens sein wird.
Prägt euch das aus den Anfangsbuchstaben gebildete Wort *„Smuh"* ein. So könnt ihr euch die Reihenfolge merken.

1. Zeichnet die Kompetenzampel groß in euer Heft.
2. Notiert die vier Kompetenzbereiche dazu.
3. Prägt euch die Farben und die Bedeutung der vier Ampellichter ein. Denkt an *Smuh*!

Wie hilft euch TEAM beim Lernen?

In diesem Buch gibt es verschiedene Seiten, die immer wieder vorkommen. Wir Autoren bezeichnen sie als die unterschiedlichen Elemente. Sie sollen euch das Lernen erleichtern, weil sie Ordnung schaffen. Wenn ihr beachtet, welches Element für welche Anforderung zuständig ist, werdet ihr sehen, dass ihr immer geübtere Lerner werdet.

ZIEL

Methodenkarten

Sie zeigen dir, wie du beim Lernen vorgehen kannst. Zum Beispiel, wenn es darum geht, ein Heft gut zu führen, schwierige Texte zu verstehen und vieles mehr.

Ziel: „Ich weiß, wie man das macht!“

= Methodenkompetenz

Infoseiten

START

Hier informierst du dich über bedeutsame Themen des Faches. Wichtiges aus diesen Seiten kannst du aufschreiben und dir gut einprägen.

Ziel: „Ich weiß Wichtiges!“

= Sachkompetenz

Für jede und jeden etwas Passendes

Die durchnummerierten Arbeitsaufträge zu den Materialien in diesem Buch haben unterschiedliche Funktionen. Wir haben ihnen verschiedene Farben zugeordnet.

1. Für alle zuerst

Mit den grünen Fragen könnt ihr herausfinden, ob ihr den Inhalt des Materials verstanden habt. Alle sollten immer mit diesem Auftrag beginnen.

2. Im Anschluss daran

Blau sind die Aufträge, mit denen ihr die Materialien noch genauer untersuchen könnt. Wenn es mehrere davon gibt, könnt ihr auch eine Auswahl treffen oder die Arbeit aufteilen.

3. Zum Abschluss etwas kniffliger

Die roten Aufträge regen zum selbstständigen Weiterdenken an. Da könnt ihr oft eigene Lösungsvorschläge entwickeln. Auch wenn sie etwas schwieriger zu beantworten sind, solltet ihr nicht davor zurückschrecken. Oft hilft es, wenn man sie in Partner- oder Gruppenarbeit gemeinsam bearbeitet.

Vielleicht macht es auch Spaß, Aufgaben zu lösen, die euch ganz persönlich interessieren. In den Aufgabenkästen geben wir euch dazu einige Anregungen unter dem Stichwort:

Was auch noch interessant sein kann

Aktiv lernen

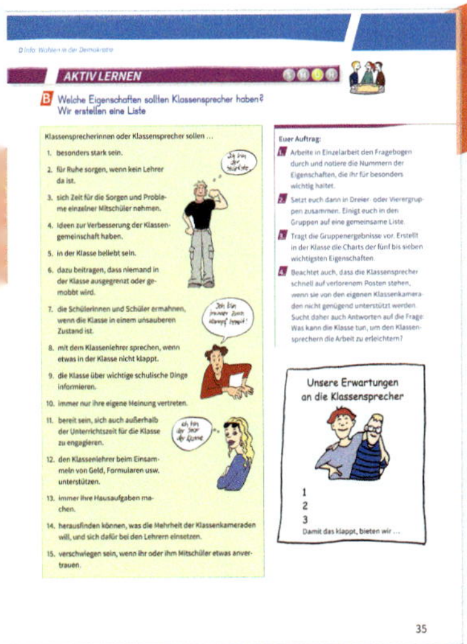

Hier hast du die Gelegenheit, Gelerntes praktisch anzuwenden – mal allein, oft zu zweit oder in Gruppenarbeit.

Ziel: „Ich kann Wichtiges anwenden!“

Kompetenzstationen

Hier wiederholst du das Gelernte mithilfe von interessanten Aufgaben zu den einzelnen Unterkapiteln. So bleibst du fit und prägst dir Gelerntes auf Dauer ein.

Ziel: „Ich behalte wichtige Sachen!“

Auf allen Aufmacherseiten zu Beginn eines neuen Kapitels taucht dieser Detektiv auf. Er ist immer auf der Suche nach Lösungen für besondere Aufgaben. Nur mit eurer Hilfe kann der Detektiv diese finden.

Einzelarbeit

Worum geht es?

In dein persönliches Arbeitsheft trägst du alle Hausaufgaben ein und alles, was im Unterricht notiert werden soll. Manches kannst du zunächst vorschreiben, um es später sauber in dein Heft zu übertragen. Die schriftlichen Antworten zu den Fragen und Arbeitsaufträgen aus deinem Schulbuch TEAM sollen ebenfalls in dieses Heft eingetragen werden. Nimm dir von Beginn des Unterrichtes an fest vor, dein Arbeitsheft immer sorgfältig und vollständig zu führen.

Thema: Gute Heftführung

Wie führt man ein gutes Heft? Sechs wichtige Regeln

1. Das Heft muss äußerlich einen guten Eindruck machen. Achte darauf, dass der Umschlag sauber bleibt.
2. Das Heft muss ordentlich, mit Sorgfalt und übersichtlich geführt werden. Bemühe dich stets um eine gut lesbare Schrift und um sauberes Zeichnen.
3. Wenn Arbeitsaufträge aus TEAM schriftlich zu beantworten sind, solltest du immer die Fragen und die dazugehörige Seitenzahl über den Antworten in deinem Heft notieren.
4. Jede Eintragung wird mit einem Datum und dem Hinweis versehen, ob sie als Schularbeit oder als Hausarbeit angelegt wurde.
5. Besonders ansprechend wirkt ein Heft, wenn mit mehreren Farben gearbeitet wird. Zum Beispiel kannst du für die Fragen und für die Antworten jeweils unterschiedliche Farben verwenden. Du kannst auch farbige Zeichnungen anfertigen.
6. Das Heft wird regelmäßig und immer parallel zum Unterricht geführt.

Heftkrankheiten

- Unvollständigkeit
- Flecken Schmutz
- Schmierereien
- Eselsohren
- Durcheinander
- Abgerissene Seiten
- Plötzliches und unerklärliches Verschwinden

Warum ist es wichtig, ein gutes Arbeitsheft zu führen?

So sehen es viele Eltern:
„Wir schauen uns gerne von Zeit zu Zeit die Arbeitshefte unserer Kinder an. So können wir uns informieren, was im Unterricht gemacht wird. Natürlich wollen wir auch sehen, ob unsere Tochter und unser Sohn sich Mühe geben und fleißig sind. Wenn wir wissen, was im Heft steht, können wir mit unseren Kindern über den Unterricht reden."

Das sagen Lehrerinnen und Lehrer dazu:
„Eine gute Heftführung zeigt mir, wie viel Mühe sich meine Schülerinnen und Schüler geben und wie fleißig sie bei der Sache sind. Wer sein Heft sorgfältig und vollständig führt, zeigt damit sein Interesse am Fach und seine Bereitschaft, sich dafür anzustrengen."

Das sagen Schülerinnen und Schüler:
„Es macht richtig Spaß, ein gutes Arbeitsheft zu führen. Wenn man einmal damit angefangen hat, es schön zu gestalten, möchte man immer damit weitermachen. Auf ein Heft, auf das man stolz ist, passt man ganz besonders gut auf. Das zeigt man auch gerne vor."

1 Meine Klasse und ich

Die Schülerinnen und Schüler dieser Klasse haben sich zum Klassenfrühstück getroffen. Sie wollen eine gute Klassengemeinschaft werden.

Wir gehen fair* miteinander um

1. Allein nachdenken

Notiere: Was gehört aus deiner Sicht zu einer guten Klassengemeinschaft?

2. Zu zweit beraten

Tauscht euch in Partnerschaften aus: Was sind für euch die beiden wichtigsten Dinge?

3. In der Klasse sammeln

Was ist für euch alle zusammen besonders bedeutend?

Im Verlauf dieses Kapitels könnt ihr ...

- **gemeinsam überlegen, was man tun muss, um zu einer guten Klassengemeinschaft zu werden,**
- **erläutern, warum es zu Streit kommen kann,**
- **Lösungen für Streitfälle finden, die für die Streitenden akzeptabel sind,**
- **herausfinden, was Inklusion ist und warum sie für euch wichtig ist,**
- **darüber beraten, wie euer Zusammenleben in der Klasse so gestaltet werden kann, dass alle sich möglichst wohlfühlen.**

Eigene Schwerpunkte könnt ihr setzen, indem ihr ...

- **einen Lehrer mit Namen Hilbig bei schwierigen Entscheidungen beratet,**
- **euch gegenseitig interviewt,**
- **im Internet nach weiteren Informationen sucht.**

* Fairness ist ein englisches Wort. Es bedeutet, dass man sich an vereinbarte Regeln hält und anständig und gerecht mit seinen Mitmenschen umgeht. Man muss dazu nicht mit allen Menschen befreundet sein. Gegenseitiger Respekt kann genügen.

Detektivaufgabe für das ganze Kapitel:
Warum ist Nathalie traurig?

1 Wie werden wir ein gutes Team?
Wir erarbeiten Klassenregeln

Saskia und Rehan besuchen seit drei Wochen eine neue Schule. Leider fühlen sich die beiden in der neuen Klassengemeinschaft überhaupt nicht wohl. Könnt ihr herausfinden, woran das liegt?

A Der Fall: Ein wilder Haufen

Es ist Freitag und die ersten drei Wochen des neuen Schuljahres sind fast vorüber.
28 Mädchen und Jungen der 5a gehen lärmend zu ihrem Klassenraum. An der Tür gibt es ein wildes Gerangel. Paul muss mal wieder der Erste sein und schubst Hakim weg. Der fällt gegen Alina – und die gibt ihm postwendend eine Ohrfeige. Hakim ist sauer und schreit Alina an: „Ihr Mädchen seid alle doof!“
Auf Heikos Platz liegt das Mäppchen von Julia. Er wirft es quer durch die Klasse und es landet vor der Tafel auf dem Boden.

Serena spitzt schon mal vorsichtshalber ihren Bleistift. In dem Moment pustet Katrin über den Tisch. Der ganze Bleistiftabfall weht auf Rabias Platz. Wütend fährt diese Katrin an, sie soll die Schweinerei wegmachen. Katrin hat überhaupt keine Lust dazu – und schon fangen die beiden an, sich lautstark zu zanken.
Ben und Mischa sind schon wieder in einem Handgemenge, sie können einander einfach nicht ausstehen.
Angela und Natascha tuscheln über Heike, die beide grässlich finden, weil sie manchmal wütend wird, wenn sie etwas nicht weiß oder kann. Heike, die das alles mithört, lässt den Kopf hängen.
Da betritt Frau Schümke, die Klassenlehrerin, den Raum. Sie versucht sofort, die Kämpfenden auseinanderzubringen, doch diese wollen keine Ruhe geben. Jede Partei versucht, sich zu rechtfertigen, und benutzt dabei die schlimmsten Ausdrücke. Insgesamt zehn Minuten vergehen, bis die Klasse endlich leise ist. Der Unterricht beginnt. Mehr als die Hälfte der Klasse passt heute nicht auf. Viele beginnen – erst leise dann immer lauter – Privatgespräche. Als dann Mehmed noch eine falsche Antwort gibt und die Klasse laut darüber lacht, ist Frau Schümke am Ende ihrer Nerven: „Was soll ich bloß machen mit euch? So werdet ihr nie ein gutes Team. Ihr seid ein wilder Haufen!“

1. Saskia und Rehan fühlen sich nicht wohl in dieser 5a, weil …
Führt diesen Satz schriftlich zu Ende. Lest euch eure fertigen Sätze gegenseitig vor.
2. Sammelt gemeinsam die Probleme in dieser 5 a.
3. Frau Schümke möchte, dass ihre 5 a von einem wilden Haufen zu einem guten Team wird. Könnt ihr dabei helfen und Verbesserungsvorschläge machen?
4. Was kann man tun, damit sich die Mädchen und die Jungen in dieser Klasse besser verstehen? Sammelt auch dazu Vorschläge.

Partnerinterview

Worum geht es?

Sicherlich habt ihr alle Vorstellungen davon, was zu einer guten Klassengemeinschaft gehört. Und sicherlich wird es hilfreich sein, wenn alle ihre Wünsche dazu äußern können. Die geeignete Methode dazu ist das Partnerinterview. Dazu werden Partnerschaften gebildet und die Rollen aufgeteilt. Einer stellt die Fragen, ein anderer antwortet. In einem zweiten Durchgang werden die Rollen getauscht. Dazu können die Partnerschaften neu gebildet werden.

Hier soll es im Partnerinterview darum gehen, die Ansichten der Befragten zum Thema Klassengemeinschaft zu erfahren.

Thema: Was wünsche ich mir? Was wünschst du dir?

Wie macht man das?

- Lest die Interviewfragen durch und überlegt, wie eure Antworten ausfallen sollen.
- Setzt euch dann zu zweit zusammen. Einer von euch beiden übernimmt die Rolle des Interviewers und führt mit dem Partner ein Interview durch.
- Im Anschluss daran fassen die Interviewer die Antworten der Befragten so zusammen, wie sie diese der Klasse vorstellen möchten.
- In einer zweiten Runde werden die Rollen getauscht (entweder in den gleichen oder auch in neu gebildeten Partnerschaften).
- Die Interviewer stellen die Befragungsergebnisse vor. Ihr könnt auch einige Interviews vor der Klasse vorspielen.

5 wichtige Regeln für gute Partnerarbeit

- Akzeptiere es, wenn Zufallspartnerschaften gebildet werden.
- Arbeite mit jeder Partnerin/jedem Partner zusammen, der dir zugeteilt wird.
- Gehe freundlich mit deinem Partner um.
- Höre gut zu und lass ihn ausreden.
- Bleibe sachlich und ruhig, auch wenn es Grund für Kritik gibt.

Partnerinterview

1. Was ist für dich das Wichtigste in einer guten Klassengemeinschaft?
2. Was soll es in unserer Klassengemeinschaft auf keinen Fall geben?
3. Was kann jede und jeder von uns zu einer guten Gemeinschaft beitragen?
4. Welche Bedeutung hat es für dich, dass es klare Klassenregeln gibt?
5. Was ich noch von dir wissen möchte…
   Überlege dir hierzu eine oder zwei weitere Fragen.

INFO

S M U H

B Regeln

1. Wozu brauchen Menschen Regeln? Erkläre es in einem gut verständlichen Satz.
2. Welche Merkmale guter Regeln werden im Text genannt? Nenne sie (und verdeutliche sie mit einem Beispiel).
3. Was ist das Besondere an Regeln, die auf demokratische Art zustande kommen? Beschreibe, was dazugehört.
4. Warum müssen sich die Menschen auch in einem Staat an Regeln halten? Findet dazu Beispiele und stellt sie in der Klasse vor.

Teil 1: Regeln braucht man überall

Eine Regel ist eine *Vorschrift*, an die sich alle Mitglieder einer Gemeinschaft halten müssen. Menschen brauchen Regeln, um friedlich miteinander leben zu können. Das ist so in der Familie, im Freundeskreis, im Verein und natürlich auch in der Schulklasse. Regeln machen deutlich, was man tun darf und was nicht. Im Zusammenleben sind sie ein Schutz für alle Gemeinschaftsmitglieder, vorausgesetzt, es halten sich alle daran.

Merkmale guter Regeln

Gute Regeln für eine Schulklasse sind solche, die alle problemlos verstehen und die für alle Schülerinnen und Schüler in gleicher Weise gelten. Beispiele dafür findest du auf dem unten abgebildeten Plakat einer fünften Klasse. Alle sollen sich an die Regel halten, dass man sich gegenseitig hilft, andere nicht auslacht und so weiter. Es spielt dabei kein Rolle, ob jemand groß oder klein ist, stark oder schwach, Mädchen oder Junge, reich oder arm.

Besonders gut sind Regeln, wenn sie das Ergebnis einer gemeinsamen Beratung sind. Sie sind dann eine *Vereinbarung*. Man kann dann zum Beispiel sagen: „Wir in unserer Klasse haben das so beschlossen."

Auf demokratische Art kommen Regeln zustande, wenn über sie abgestimmt wird und wenn die Mehrheit aller Beteiligten damit einverstanden ist. Sie gelten dann auch für diejenigen, die bei der Abstimmung nicht zugestimmt haben.

In dieser Klasse haben die Schülerinnen und Schüler Regeln vereinbart und fühlen sich wohl dabei.

Teil 2: Wie können Regeln eingehalten werden?

Schlimm ist ein Zustand, in dem sich niemand an die vereinbarten Regeln hält oder in dem Einzelne sich das Recht nehmen, die Regeln immer wieder zu verletzen. Es muss daher Maßnahmen geben, welche die Mitglieder einer Gruppe dazu veranlassen, sich an die Regeln zu halten. Das können Belohnungen sein für ein regelgerechtes Verhalten, das können aber auch Strafen sein, die den Regelverletzern klarmachen, dass ihr Verhalten nicht geduldet werden kann.

Warum beschäftigen wir uns im Politikunterricht mit Regeln?

Auch die Menschen in einem Staat müssen sich an Regeln halten, damit ein friedliches und geordnetes Zusammenleben möglich ist. In einem Staat sind die Regeln die Gesetze*. Wer sie verletzt, kann von einem Gericht dafür bestraft werden.

* Zum Begriff Gesetze findest du weitere Informationen im Glossar.

C Wir formulieren Klassenregeln

Mithilfe dieser Seite könnt ihr für drei Bereiche nach möglichst vernünftigen Klassenregeln suchen. In dem Topf findet ihr Vorschläge für formulierte Regeln, die sich den Bereichen A, B und C zuordnen lassen. Ihr könnt natürlich auch nach weiteren Vorschlägen und nach anderen Formulierungen suchen. Für die Bearbeitung wird empfohlen, in Dreiergruppen zu arbeiten.

Euer Auftrag:

1. Teilt die Bereiche A, B und C untereinander auf. Allein sucht jedes Gruppenmitglied nach drei Regeln für seinen Bereich.
2. In der Gruppe stellt ihr euch die Regeln gegenseitig vor.
3. Sucht nach Begründungen, warum diese Regeln wichtig sind.
4. Zu dritt präsentiert ihr eure Vorschläge in der Klasse.

Tipp: Fertige Regeln könnt ihr auf Plakate übertragen und in der Klasse aufhängen.

A Verhaltensregeln vor dem Unterrichtsbeginn	B Verhaltensregeln für den Umgang miteinander	C Gesprächsregeln im Unterricht
1. ?	1. ?	1. ?
2. ?	2. ?	2. ?
3. ?	3. ?	3. ?

* Unmittelbar nach dem Klingeln zum Unterrichtsbeginn setze ich mich auf meinen Platz.
* Ich tue keinem Mitschüler absichtlich weh.
* Wenn ich im Unterricht etwas sagen will, melde ich mich.
* Ich höre gut zu, wenn andere in der Klasse einen Beitrag zum Unterricht leisten.
* Ich mache mich über keinen Mitschüler lustig.
* Vor Stundenbeginn lege ich mein Schulbuch und mein Arbeitsheft auf den Tisch.
* Ich warte auf den Lehrer und verhalte mich ruhig.
* Ich mache nichts kaputt, was anderen gehört.
* Ich mache keine abfälligen Bemerkungen über die Beiträge von anderen im Unterricht.

D Lehrer Hilbig will die Klassengemeinschaft stärken: Könnt ihr ihn dabei beraten?

Das ist Lehrer Christian Hilbig. Er hat vor Kurzem seine Lehrerausbildung beendet und tritt nun seine erste Stelle an. Als Klassenlehrer übernimmt er die 5d in den Fächern Deutsch und Politik/Wirtschaft. Herr Hilbig freut sich auf seine Aufgabe. Er möchte, dass seine 26 Schülerinnen und Schüler sich wohlfühlen, möglichst viel lernen und eine gute Klassengemeinschaft bilden. Nach einigen Wochen merkt er allerdings, dass das gar nicht so einfach ist. Einige Situationen verlangen schwierige Entscheidungen von ihm. Könnt ihr Herrn Hilbig beraten?

Tipp: Ihr könnt die Fälle der Reihe nach durchgehen. Ihr könnt sie aber auch erst einmal in Ruhe durchlesen. Danach wählt ihr alle einen oder mehrere Fälle aus, für die ihr nach vernünftigen Lösungen sucht.

1. Gewalt

Der Klassensprecher und die Stellvertreterin beschweren sich bei Herrn Hilbig über den Schüler Ralf. Der bekäme beim kleinsten Anlass einen Wutausbruch und würde dann seine Klassenkameraden in den großen Pausen verprügeln. Wie soll Herr Hilbig damit umgehen?

2. Zu spät kommen

Schon zum dritten Mal kommen montags dieselben drei Schüler zu spät in den Deutschunterricht von Herrn Hilbig. Jedes Mal sagen sie, sie hätten den Bus verpasst, auch diesmal. Was soll Herr Hilbig tun?

3. Undiszipliniertes* Verhalten

Von den neuen fünften Klassen in der Schule gilt die 5d als die undisziplinierteste. Einige Lehrerinnen und Lehrer beschweren sich schon bei Herrn Hilbig über die vielen Unterrichtsstörungen. Wie soll er reagieren?

1. Gewalt	2. Zu spät kommen	3. Undiszipliniertes Verhalten
A Er soll die Gelegenheit nutzen, um im Unterricht Regeln für einen fairen Umgang miteinander für die gesamte Klasse zu formulieren.	**A** Er soll die Entschuldigung akzeptieren und dem Vorfall keine weitere Bedeutung beimessen.	**A** Er soll gar nicht reagieren auf das, was die anderen Lehrer sagen.
B Er soll Ralf anhören, mit ihm reden und vereinbaren, dass dieser verspricht, nicht mehr zu prügeln.	**B** Er soll den drei Schülern vor der Klasse ins Gewissen reden und ihnen klarmachen, dass er diese Entschuldigung in Zukunft nicht mehr akzeptieren wird.	**B** Er soll streng durchgreifen und den Unterrichtsstörern klarmachen, dass deren Benehmen nicht geduldet wird.
C Er soll dafür sorgen, dass Ralf in eine andere Klasse versetzt wird.	**C** Er soll sie zu einem Gespräch nach dem Unterricht bitten und dabei den Schülern sagen, dass er sich immer mit den Eltern in Verbindung setzen wird, wenn Schüler wiederholt zu spät kommen.	**C** Er soll weiterhin nett und freundlich zu seiner 5d bleiben, weil so die Schüler am ehesten auch nett und freundlich werden.

* Zum Begriff Disziplin findest du weitere Informationen im Glossar.

4. Bevorzugung

Salma kommt nach dem Unterricht zu Herrn Hilbig und sagt, sie hätte den Eindruck, dass sie in seinem Unterricht benachteiligt würde. Andere Schülerinnen würden immer bevorzugt behandelt. Wie soll Herr Hilbig damit umgehen?

5. Abschreiben

Bei der ersten Klassenarbeit, einem Diktat, haben Tobias und Olga, die nebeneinandersitzen, die gleichen merkwürdigen Fehler. Für Herrn Hilbig ist ziemlich klar, dass die beiden voneinander abgeschrieben haben. Was soll Herr Hilbig tun?

6. Unordnung in der Klasse

Immer wieder liegt eine Menge Abfall in der Klasse herum. Zum Beispiel werden gebrauchte Papiertaschentücher einfach auf den Boden geschmissen. Schon mehrfach haben sich Kolleginnen und Kollegen darüber beschwert, dass man sich in der 5d wegen des vielen Drecks nicht wohlfühlen könne. Wie soll Herr Hilbig reagieren?

4. Bevorzugung	5. Abschreiben	6. Unordnung in der Klasse
A Er soll den Vorwurf zurückweisen, weil sonst die Schüler ständig mit Beschwerden kommen.	**A** Er soll das Diktat nicht bewerten und den beiden in einer Freistunde einen neuen Text als Klassenarbeit diktieren.	**A** Er soll einen Ordnungsdienst einrichten, in dem abwechselnd zwei bis drei Schüler die Verantwortung für die Sauberkeit in der Klasse übernehmen.
B Er soll Verständnis zeigen, erklären, dass ihm das nicht bewusst ist und dass er in Zukunft darauf achten wird.	**B** Er soll den beiden eine Sechs erteilen, weil es sich um eine Täuschung handelt.	**B** Er soll einen Vortrag über Ordnung und Sauberkeit halten und alle Schülerinnen und Schüler dazu aufrufen, stets den eigenen Arbeitsplatz aufzuräumen.
C Er soll sagen, dass er zu Hause darüber nachdenken und dann wieder mit Salma sprechen wird.	**C** Er soll die Sache ohne Kommentar durchgehen lassen. Schließlich ist es die erste Klassenarbeit im Fach Deutsch an der neuen Schule.	**C** Er soll sich regelmäßig in seinem Unterricht die Zeit nehmen, die Schuldigen zu ermitteln, um diese dann zum Aufräumen zu zwingen.

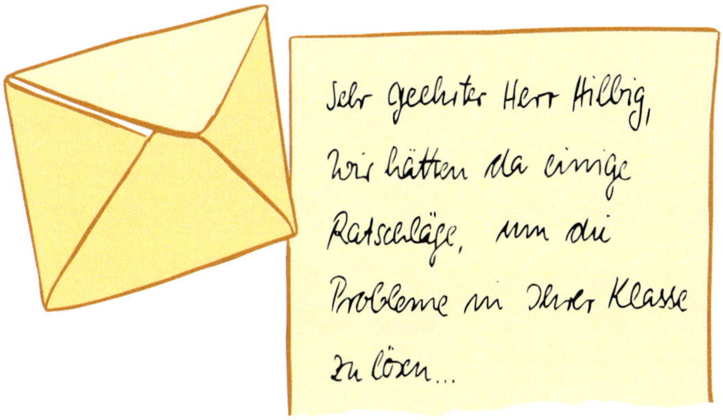

1. Sucht für jeden der Fälle die eurer Meinung nach beste Lösung. Notiert sie ins Heft oder auf einem Blatt. (Das können auch andere Lösungen sein als die hier vorgeschlagenen.)

2. Vergleicht verschiedene Lösungsvorschläge aus der Klasse.

Was auch noch interessant sein kann

- Briefe schreiben: Stelle dir vor, du hättest wirklich die Aufgabe, Herrn Hilbig (oder eine andere Lehrerin, einen anderen Lehrer) zu beraten. Welche Tipps wirst du geben? Schreibe einen solchen Brief und stelle ihn vor.

2 Wie können wir Ausgrenzung verhindern?
Wir machen Vorschläge, wie wir gemeinsam besser leben und lernen können

Am Beispiel des Umgangs mit behinderten Kindern und am Thema Mobbing* geht es in diesem Unterkapitel um die Frage, was alle gemeinsam tun können, um Ausgrenzung zu verhindern.

A Der Rollstuhl spielt für die Freunde keine Rolle

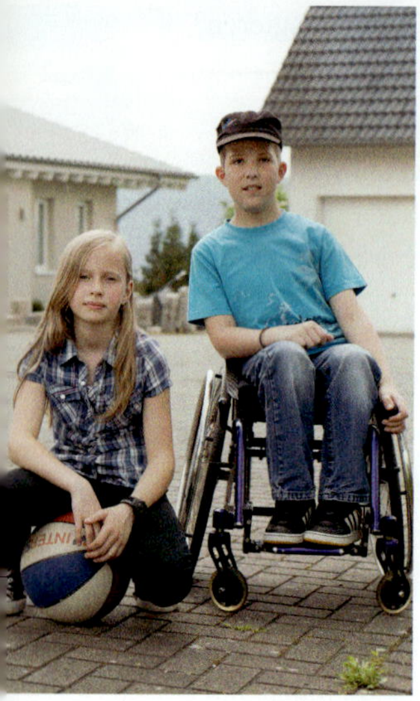

Jannis H. und Antonia B. sind Freunde. Sie kennen sich seit dem Kindergarten und gehen gemeinsam zur Schule. Was kann man von ihnen über den Wert von Freundschaft lernen?

Wenn die beiden ihre Termine erledigt haben, spielen sie zusammen Basketball auf der Straße vor Jannis Elternhaus, rocken an Antonias Schlagzeug oder „zocken" Nintendo – ganz wie sie Lust haben. Für die Freundschaft zwischen den beiden spielt Jannis Handicap so gut wie keine Rolle. [...]

Aus einem *Interview [durchgeführt 2013] mit Jannis und Antonia*:

Hallo Antonia, wie würdest du dich selbst beschreiben?

ANTONIA: Ich bin zehn Jahre alt. Ich lebe in Leubsdorf mit meiner Familie. Meine Hobbys sind Klavier, Gitarre und Schlagzeug, und ich hänge halt viel mit meinen Freunden ab. Ich interessiere mich auch sehr für Ägypten und für die Band „One Direction".

Stell dich bitte auch einmal vor, Jannis. Wer bist du?

JANNIS: Ich bin Jannis, bin auch zehn Jahre alt und wohne auch in Leubsdorf mit meinem kleinen Bruder und meiner Mama und meinem Papa. Meine Hobbys sind Rennrolli fahren und ich habe Fische. [...]

Würdest du sagen, ihr seid wirklich gute Freunde?

JANNIS: Ja, wir sind echt gute Freunde ...

Spielt denn in eurer Freundschaft eine Rolle, dass Jannis im Rollstuhl sitzt?

ANTONIA: Mich interessiert es nicht, ob der Jannis gehen kann oder nicht. Wir schlagen uns gegenseitig keine Spiele vor, bei denen der andere nicht mitmachen kann. [...]

Jannis, bist du der einzige Junge mit Rollstuhl an eurer Schule?

JANNIS: Ja, ich bin der einzige.

Und wie ist das für dich?

JANNIS: Eigentlich ist das kein Thema. Aber manchmal ist es doch ein bisschen blöd. Manche Kinder spielen dann da, wo ich nicht hin kann. Dann stehe ich nur am Rand. Aber ich bin froh, dass es auf der weiterführenden Schule nach den Sommerferien mehrere Rollifahrer gibt und auch andere behinderte Kinder.

Wie siehst du das Antonia?

ANTONIA: Also, ich finde das ist eigentlich kein Problem in der Schule mit dem Jannis. Nur finde ich das halt doof, wenn wir zum Beispiel Fußball spielen und nicht Basketball oder irgendetwas, bei dem Jannis mitmachen kann. Das finde ich halt ein bisschen unfair.

(Aus: Aktion Mensch: Darf man Jungs doof finden, auch wenn sie im Rollstuhl sitzen? Inklusionskampagne 2013, im Internet unter: www.aktion-mensch.de/Inklusion, Zugriff: 01.02.2016)

* Zum Begriff Mobbing findest du weitere Informationen im Glossar.

1. Was erfährt man in diesem Interview über Antonia und Jannis? Fasse es in eigenen Worten zusammen.
2. Wie empfindest du die Freundschaft der beiden: Hältst du sie für ganz normal oder für etwas Besonderes? Berichte, wie du darüber denkst.

B Können behinderte und nicht behinderte Kinder gemeinsam lernen?

„Niemand darf wegen seiner Behinderung benachteiligt werden." So steht es im Grundgesetz. Das Grundgesetz ist das wichtigste Gesetz, das es in Deutschland gibt. Trotzdem kommt es immer noch vor, dass Menschen ausgegrenzt oder auf andere Art benachteiligt werden – besonders dann, wenn sie mit irgendeiner Form von Behinderung leben müssen. „Das muss anders werden!" So lautet die Forderung derjenigen, die sich für Inklusion einsetzen. Was bedeutet das?

Inklusion

Inklusion ist ein lateinisches Wort und bedeutet „einbeziehen". In einer inklusiven Klassengemeinschaft werden behinderte und nicht behinderte Schülerinnen und Schüler gemeinsam unterrichtet. Alle sollen miteinander lernen und gemeinsam auf das spätere Zusammenleben vorbereitet werden.
Klar ist dabei, dass dieses Ziel nicht einfach zu erreichen sein wird. Schulen müssen zum Beispiel behindertengerecht umgebaut werden. Lehrerinnen und Lehrer müssen für den Umgang mit geistig und körperlich behinderten Kindern geschult werden. Und: Schülerinnen und Schüler müssen freundlich und respektvoll miteinander umgehen – auch wenn Mitschülerinnen und Mitschüler irgendwie anders sind oder weniger schnell und gut lernen können als sie selbst.

Ein umstrittenes Thema

Zum Thema Inklusion gibt es unterschiedliche Ansichten. Manche meinen, das gemeinsame Lernen von behinderten und nicht behinderten Kindern sei zu schwierig zu verwirklichen. Besser sei es, wenn Kinder mit einer geistigen Behinderung besondere Förderschulen besuchen. Auch Eltern betroffener Schüler sorgen sich, dass ihr Kind ausgegrenzt wird. Viele andere sehen in der Inklusion in einer Schulklasse große Chancen, und zwar für alle – egal, ob mit und ohne Behinderungen – und letztendlich auch für die Schaffung einer freundlichen und gerechteren Welt.

Unterricht in einer inklusiven Klasse

Einige Ansichten zum Thema Inklusion

„Ich hätte gerne mehr Mitschüler mit Behinderungen, damit die Schüler mehr Verständnis füreinander haben. Ich möchte mehr und besser lernen."
(Fabian, 12 Jahre, bei dem eine Lernbehinderung vorliegt)

„Ich besuche ein Gymnasium. Ich finde, in unserer Schule sollte es mehr Behinderte geben, damit wir lernen können, uns besser zu verstehen."
(Fé, 11 Jahre)

„Ich unterrichte in Klassen, in denen es Kinder mit einer geistigen Behinderung gibt, und in Klassen ohne Kinder mit speziellem Förderbedarf. Nach meiner Erfahrung lernen die Schülerinnen und Schüler ohne Behinderung ihre Sachen genauso gut wie in den anderen Klassen. Sie lernen aber zusätzlich ein besseres soziales Verhalten."
(Andreas M., Lehrer an einer Gesamtschule)

1. Was versteht man unter einer inklusiven Klassengemeinschaft? Beschreibe das Merkmal und das Ziel. Das geht allein.
2. Worin unterscheiden sich die Ansichten zum Thema Inklusion? Sammele die genannten Schwierigkeiten und die Chancen. Das geht auch zu zweit.
3. Sollen behinderte und nicht behinderte Kinder gemeinsam in einer Schulklasse lernen? Schreibe auf, wie du darüber denkst. Begründe deine Ansicht. Sprecht gemeinsam darüber.

C Mobbing – Nicht in unserer Klasse!

Die Autoren von TEAM befragten zahlreiche Schülerinnen und Schüler, wie sie über Mobbing denken. Das Ergebnis: Alle finden Mobbing* schlimm. Niemand möchte Opfer werden. Mobbing gilt allen Befragten als eine besonders gemeine Form der Ausgrenzung.

- Werdet ihr es schaffen, dass es kein Mobbing in eurer Klasse gibt?

Die folgenden Texte und Bilder sollen euch dabei unterstützen, dieses Ziel zu erreichen.

Ein Hilferuf

„Kennst du das Gefühl, Sonntagabend mit Angst und Grauen ins Bett zugehen, weil du am nächsten Tag wieder in diese schreckliche Klasse gehen musst, in der es eine Person gibt, die sich immer wieder neue Qualen für dich ausdenkt? Kannst du dir vorstellen, wie das ist, wenn man nichts dagegen tun kann? Morgen muss ich wieder in die Klasse, in der alle Schüler mitbekommen, was mit mir passiert und wo sich niemand traut, etwas dagegen zu tun."

Der abgedruckte Hilferuf ist nur einer von vielen anderen aus dem Internet. Er zeigt, wie sehr betroffene Schülerinnen und Schüler unter Mobbing leiden. Fachleute gehen davon aus, dass drei von zehn Schülern in der Schule bereits Opfer von Mobbing waren. Es kann jeden treffen – Mädchen genauso wie Jungen. Oft gibt es gar keinen erkennbaren Grund, warum jemand zum Opfer gemacht wird. Die Opfer sind auf Hilfe von außen angewiesen. Sie brauchen Personen, denen sie sich anvertrauen können und die entschieden dafür eintreten, Mobbing zu beenden. Hilfsmaßnahmen sollten nicht nur die Opfer im Blick haben. Sie müssen auch bei den Tätern ansetzen. Ihnen muss unmissverständlich klargemacht werden, dass ihr Verhalten nicht länger geduldet wird. Die wirkungsvollste Hilfsmaßnahme besteht darin, Mobbing in der Klasse gar nicht erst entstehen zu lassen. Dieses Ziel kann man erreichen, wenn die ganze Klasse daran mitarbeitet.

Stimme eines Lehrers

„Ich dulde kein Mobbing in meiner Klasse. Und das sage ich den Schüler schon, wenn wir uns das erste Mal sehen. Wer gemobbt wird, soll sofort zu mir kommen! Und dann: Wehe den Tätern! Sie müssen mit den härtesten Strafen rechnen. Wenn es sein muss, ziehe ich das bis zum Verweis von der Schule durch."

*Zu Mobbing findest du weitere Informationen im Glossar.

1. Versuche einmal, dich in die Lage des Schülers zu versetzen, der den Hilferuf im Internet geschrieben hat. Was wäre in dieser Situation dein größter Wunsch? Beschreibe ihn.

2. Empfindest du die Stimme des Lehrers als angemessen oder als übertrieben? Nimm dir Zeit zum Nachdenken und tausche dich mit anderen darüber aus.

Tipp: Bevor ihr weiter an diesem Thema arbeitet, solltet ihr eine Abstimmung in der Klasse machen: Können wir es schaffen, Mobbing in unserer Klasse zu verhindern: Ja oder nein?

AKTIV LERNEN S M U H

D Was können wir in unserer Klasse gegen Mobbing tun?

Euer Auftrag:

1. Lies den folgenden Fall.
2. Gehe dann den Fragebogen durch und notiere in deinem Heft die Vorschläge, die du für gut hältst.
3. Besprich deine Vorschläge mit einem oder mit zwei anderen Klassenmitgliedern.

Tipp: Ihr könnt euch nach dem Lesen auch sofort zu zweit oder zu dritt zusammensetzen und gemeinsam überlegen, was zu tun ist. Stellt dann eure Vorschläge in der Klasse vor.

„Du stinkst!"

Vor etwa vier Wochen hat die Klasse von ihrer Biologielehrerin Frau Lindner einen Test zurückbekommen. Marlon hat mitbekommen, dass Aisha eine Eins geschrieben hat und deren Tischnachbarin Emma eine Drei. Bisher dachte Marlon, Aisha und Emma seien Freundinnen. Doch dann sieht er, wie Emma in einer Pause mit Antonia und Mark zusammensteht und über Aisha spricht: „Die blöde Ziege ist jetzt eine richtige Streberin. Die bildet sich wer weiß was ein, weil sie bei der Lindner eine Eins geschrieben hat. Die wollen wir nicht mehr in der Gruppe haben."

Einige Tage später wird Marlon Zeuge, wie Emma zu Aisha sagt: „Was hast du denn für einen Pullover an? Habt ihr den aus dem Altkleidercontainer gefischt? Du stinkst." Aisha hält sich von diesem Tag an abseits von Emma, Antonia und Mark. Als Marlon Mark fragt, ob etwas Besonderes los ist, sagt dieser: „Aisha ist blöd, asozial und stinken tut sie auch. Keiner in der Klasse will mit der Schlampe was zu tun haben. Und du hältst dich ab sofort auch daran. Sonst geht's dir auch schlecht, verstanden?"

Was sollte Marlon in dieser Situation tun? Ich finde, er sollte …	Ja, das sollte er tun.	Nein, das sollte er nicht tun.
1. das Gespräch mit Mark sofort beenden.		
2. zu Aisha gehen und sie zu trösten versuchen.		
3. sich ganz raushalten aus der Sache.		
4. Emma, Mark und Antonia im Gespräch davon überzeugen, dass sie damit aufhören sollen.		
5. die Klassensprecherin oder den Klassensprecher darüber informieren, was mit Aisha geschieht, und um deren/dessen Hilfe bitten.		
6. dafür sorgen, dass das Thema *Verhinderung von Mobbing* in der Klasse auf der nächsten Klassenratsitzung besprochen wird.		
7. mit der Biologielehrerin Frau Lindner sprechen.		
8. seinen Eltern vom Zustand in seiner Klasse berichten.		
9. den Vorfall seiner Klassenlehrerin bzw. seinem Klassenlehrer schildern, ohne die Namen der Täter zu nennen.		
10. den Vorfall der Klassenlehrerin/dem Klassenlehrer schildern und dabei klar sagen, dass Emma und Mark die Haupttäter sind.		

3 Streit zwischen Klassenkameraden friedlich lösen: Wie geht das?

Wir planen Lösungen für Streitfälle

Die Autoren von TEAM baten Schülerinnen und Schüler aus den Klassen 5 und 6 darum, von typischen Streitsituationen zu berichten. Den folgenden Fall hat Nathalie (12 Jahre alt) aus einer sechsten Klasse erzählt.

A Der Fall: Nathalie erzählt

Der folgende Fall hat sich tatsächlich so zugetragen. Die Fotos dazu haben wir nachgestellt.

Der Streit begann im Sportunterricht. Wir übten Bodenturnen. Moritz hatte sich auf einen kleinen Bock gesetzt und als ich „Hi" zu ihm sagte, guckte er nur über mich hinweg. Ich fand das ziemlich eingebildet. Ich ging zu dem Bock hin und stellte einen Fuß neben seinen Sitzplatz. Schlecht gelaunt meinte er: „Hol deinen Fuß da runter!" Darauf ich: „Ich kann meinen Fuß auf den Bock setzen, so lange ich will. Das ist ja wohl nicht nervig!" „Doch, das ist es!", schrie er mich an. „Du nervst total!" Ich begriff gar nicht, warum er so sauer reagierte. Als er meinen Fuß runterstieß, schnauzte ich ihn ebenfalls an: „Hör auf mit dem Quatsch, du hast sie wohl nicht mehr alle!" Jetzt schien er völlig von der Rolle zu sein: „Weißt du eigentlich, dass du immer noch dieses blöde Entengesicht hast?" Das sagte er so laut, dass auch die anderen es hören konnten. Ich war unglaublich beleidigt und wütend darüber. In meiner Wut trat ich ihm ganz fest in den Rücken. Das hat dem Moritz sehr wehgetan. Nach der Sportstunde, als ich in die große Pause gehen wollte, rief er mir noch einmal vor allen anderen hinterher: „Du blödes Entengesicht!" „Ist ja schon gut", murmelte ich und ging schnell weg. Den ganzen Tag und die ganz Woche danach war ich unglaublich traurig.

1. Kleine Ursache – große Wirkung! Warum trifft dieser Spruch auf diesen Streit zu? Erläutere den Zusammenhang.
2. Mehrere Wochen lang herrschte nach diesem Streit Funkstille zwischen Nathalie und Moritz. Dabei waren sie vorher sogar befreundet gewesen. Findet ihr eine Erklärung dafür, warum dieser Streit so schlimme Folgen hatte?
3. Habt ihr Ideen, wie dieser Streit beendet werden könnte? (Anregungen für gute Streitlösungen findet ihr auf den folgenden Seiten.)

INFO S M U H

Streit

Teil 1: Streit und Streitursachen

Unter einem Streit versteht man eine heftige Auseinandersetzung zwischen einzelnen Personen oder Gruppen. Streiten gehört zum Alltag und muss nicht unbedingt etwas Schlechtes sein. Man kann streiten und sich hinterher wieder vertragen.
Negativ ist ein Streit, wenn er nicht zu Ende geht. Besonders schlimm wird ein Streit, wenn Gewalt ins Spiel kommt oder wenn er dazu führt, dass jemand auf Dauer ausgegrenzt wird.
Zu Streit kann es kommen, wenn man nicht aufpasst und etwas kaputt macht, was anderen gehört, oder wenn man jemand anderem etwas wegnimmt. Eine häufige Streitursache sind Beleidigungen. Manchmal haben die Stärkeren einfach Lust, kleinere oder schwächere Schüler zu quälen. So entsteht Streit aus Gedankenlosigkeit. Oft sagen Schüler, sie hätten etwas „nur zum Spaß“ gemacht. Dabei haben sie in Wahrheit einen Mitschüler oder eine Mitschülerin ohne Grund schlecht behandelt und gequält.

Teil 2: Schlechte und gute Streitlösungen

Gewalt ist immer die schlechteste Lösung. Damit ist die Gewalt gemeint, bei der es Opfer gibt, die leiden müssen, und wo es darum geht, einen schwächeren Gegner fertigzumachen. Spielerische Raufereien zum gegenseitigen Kräftemessen können dagegen auch mal harmlos sein. Im schlimmsten Fall hat ein Streit nur Verlierer, zum Beispiel weil eine Freundschaft durch einen Streit zerbricht. Man spricht dann von einer *Verlierer-Verlierer-Lösung*. Alle Beteiligten haben dabei Schaden erlitten. Nicht viel besser ist die *Gewinner-Verlierer-Lösung*. Hier gibt es Sieger und Besiegte und der Streit kann nur beigelegt werden, weil einer der Beteiligten den gesamten Schaden erträgt.

1. Was können häufige Ursachen für Streit in einer Schulklasse sein? Nenne sie.
2. Wann ist Streit schlimm und wann nicht? Erkläre den Unterschied.
3. Im Teil 2 des Textes werden drei mögliche Streitlösungen genannt. Erkläre, wodurch sie sich unterscheiden.
4. Versucht einmal, eine wahre oder eine erfundene Geschichte zu erzählen. Darin soll es um einen Streit gehen, für den die Betroffenen eine gute Lösung gefunden haben.

Als gute Streitlösung sollte eine *Gewinner-Gewinner-Lösung* angestrebt werden. Sie bedeutet, dass alle Beteiligten mit der Lösung einverstanden sind und mit einem guten Gefühl auseinandergehen.
Wenn es Streit gab, ist es meist gut, wenn man sich zunächst einmal aus dem Weg geht. Danach sollte man das Gespräch suchen. Dabei sollten die Streitenden gemeinsam darüber beraten, wie der Streit beendet werden kann.
Oft brauchen die Streitenden jemanden, der vermittelt und der ihnen dabei hilft, wieder zueinanderzufinden. In der Schule kann diese Aufgabe von Streitschlichtern übernommen werden. Sie sollten speziell dafür ausgebildet sein, weil diese Aufgabe alles andere als leicht ist.

Streit unter Jungen – oft mit Gewalt?

Streit unter Mädchen – oft mit Mobbing?

C Wie kann der Streit zwischen Nathalie und Moritz friedlich beigelegt werden?

Streitschlichterin Ariane vermittelt

Wir kehren noch einmal zum Streit zwischen Nathalie und Moritz zurück. Allein bekamen die beiden ihren Streit nicht geregelt. Darum wendeten sie sich an die 15-jährige Ariane, die zur Streitschlichterin ausgebildet ist. Sie trafen sich mit Ariane zu einem Gespräch.

Am Ende des Streitschlichtungsgesprächs wird ein Vertrag unterzeichnet. Darin steht, dass die beiden ihre Fehler einsehen und sich wieder vertragen wollen.

ARIANE: Wir gehen nach Plan vor. Jeder von euch stellt zunächst einmal die Gründe für den Streit aus seiner Sicht dar. Fängst du bitte an, Nathalie.

NATHALIE: Es war gemein von Moritz, dass er mich so schlimm beleidigt hat. Nach der Sportstunde hat er seine Beleidigung sogar noch einmal wiederholt – vor anderen Schülern aus der Klasse.

ARIANE: Und du, Moritz, worin siehst du den Grund?

MORITZ: Sie hat mir in den Rücken getreten. Das kann ich mir nicht gefallen lassen.

NATHALIE: Du bist vielleicht gut. Das ist doch kein Spaß, wenn du jemanden vor allen anderen zweimal beleidigst.

ARIANE: Moment mal, bitte fallt euch nicht ins Wort. Jeder soll ausreden können. War der Streit wirklich unvermeidlich?

NATHALIE: Na ja, ich war an dem Morgen schon sowieso irgendwie schlecht gelaunt.

MORITZ: Ich war auch genervt, weil Aisha, unsere Klassensprecherin, mich wegen einer anderen Sache angegiftet hatte.

ARIANE: Nathalie, versuche du einmal, den Streit aus der Sicht von Moritz zu sehen, und du, Moritz, aus der Sicht von Nathatie.

NATHALIE: Ich kann irgendwie schon verstehen, dass du sauer warst, als ich nach dir getreten habe. Vor den anderen Jungs aus der Klasse kam das wahrscheinlich ganz schlecht bei dir an.

MORITZ: War wahrscheinlich auch blöd von mir, dass ich das mit der Ente zweimal gesagt habe.

ARIANE: Könnt ihr euch jetzt gegenseitig sagen, was das Ziel dieses Gesprächs sein soll?

NATHALIE: Ich finde es schade, dass wir nicht mehr miteinander reden. Ich würde mich gerne wieder mit dir vertragen.

MORITZ: Ich würde auch gerne wieder mit dir befreundet sein. Das mit der Beleidigung war ein Fehler. Das tut mir leid.

ARIANE: Wie wollt ihr in Zukunft miteinander umgehen?

NATHALIE: Mir tut leid, was passiert ist. Ich werde dich bestimmt nicht mehr treten. Das verspreche ich dir.

MORITZ: Ich werde dich nicht mehr beleidigen, weil ich dich ja eigentlich gut leiden kann.

ARIANE: Gut, dann lasst uns das jetzt in einem Vertrag festhalten, den ihr bitte beide unterschreibt.

1. Was unternimmt Ariane, damit das Gespräch fair verläuft? Sammele die Schritte, nach denen die Streitschlichterin vorgeht.

2. Was kann man aus diesem Fall und seiner Lösung über die Fähigkeit lernen, einen Streit friedlich zu lösen? Formuliert dazu eure Ansichten und tauscht sie untereinander aus.

D Wie kann man Streit im Gespräch lösen?

Von den folgenden Fällen haben Schülerinnen und Schüler berichtet. Ihr könnt euch in Gruppen zusammensetzen und für die beiden Fälle Streitlösungsgespräche vorbereiten.

Fall 1: Das ist mein Platz

Im Kunstunterricht geht die 5b in den dafür vorgesehenen Raum. Ihren Sitzplatz können die Schülerinnen und Schüler dort frei wählen. Alina hat sich aber angewöhnt, stets den Platz ganz vorne zu nehmen, weil sie von dort so gut erkennen kann, was an der Tafel steht. Alina ist Brillenträgerin. An diesem Tag sitzt Lara bereits auf diesem Platz, als Alina ankommt. „Das ist mein Platz, steh sofort auf!", herrscht Alina sie an. „Ich will auch mal vorne sitzen. Wir haben doch vereinbart, dass keiner einen festen Platz hat", gibt diese zurück. Darauf Alina: „Du weißt doch, dass ich nicht so gut sehe." Lara bleibt sitzen: „Mit deiner Brille siehst du genauso gut wie alle anderen auch." „Blöde Kuh, hau ab!", schreit Alina jetzt und es versammelt sich eine Gruppe von Mitschülern um die beiden. „Behinderte Brillenschlangen können auch hinten sitzen!", kontert Lara. Alina kocht vor Wut. Sie packt Lara an den Haaren und versucht, sie vom Stuhl zu ziehen. Diese schlägt ihr daraufhin ins Gesicht. Die Brille fällt auf den Boden, ist aber zum Glück nicht kaputt.

3 Personen nehmen am Gespräch teil: Alina, Lara, Streitschlichter.

Euer Auftrag:

1. Wählt einen der beiden Fälle aus.
2. Verteilt die Rollen auf die Gruppenmitglieder.
3. Überlegt, wie eine Gewinner-Gewinner-Lösung aussehen kann.
4. Übt die Gespräche in Gruppen ein. Geht dabei folgendermaßen vor:

Der Streitschlichter eröffnet das Gespräch, die Streitenden erzählen, warum sie sauer sind, der Streitschlichter fordert auf, die Sichtweise zu wechseln, bittet um Vorschläge für die Streitlösung, die Streitenden diskutieren und suchen nach einer Lösung.

5. Spielt euer Gespräch vor.

Nach folgenden Merkmalen können die Zuschauenden die Gespräche bewerten:

- Haben die Teilnehmer ihre Rollen glaubwürdig gespielt?
- Gibt es am Ende eine Gewinner-Gewinner-Lösung?

Fall 2: Kaputter Füller

Sascha und Jens aus der 6c sind dicke Freunde. Wenn sie etwas ärgert, passiert es schon mal, dass einer von beiden oder sogar beide Schulmäppchen von Mitschülern gegen die Wand werfen. Dieses Mal war es das Mäppchen von Tatjana, das im hohen Bogen durch die Klasse flog. Dabei ist Tatjanas Füller zerbrochen. Sie will, dass einer der beiden den Schaden wiedergutmacht. Sie will auch, dass Sascha und Jens endlich damit aufhören, sich an Sachen anderer zu vergreifen. Sascha sagt, sie hätte vorher extra gegen seine Schultasche getreten und gegen die von Jens. Sie hätte daher zuerst Schaden angerichtet.

4–5 Personen nehmen am Gespräch teil: Sascha, Jens, Tatjana (plus ein Freund oder eine Freundin), Streitschlichter.

Streitschlichtungsgespräch

Thema: Streit friedlich beenden

Worum geht es?

Streit schlichten zu können ist eine schwierige Aufgabe. Schlichten bedeutet „ebnen, glätten, Streitigkeiten friedlich beilegen“. Vielleicht existiert an eurer Schule ein Streitschlichterprogramm, in dem Schülerinnen und Schüler auf die Aufgabe der Streitschlichtung vorbereitet werden. Auch wenn ihr nicht zu diesen Schülern gehört, könnt ihr die Streitschlichtung trainieren, zum Beispiel indem ihr Rollenspiele durchführt, die von Streit handeln.

Was ist die Rolle einer Streitschlichterin oder eines Streitschlichters?

Streitschlichter vermitteln zwischen den streitenden Parteien. Sie verhalten sich neutral, dürfen also nicht für die eine oder andere Seite Partei ergreifen. Bei ihrer Gesprächsführung gehen sie nach einem Plan vor, der aus fünf Schritten besteht. Alles, was ihnen von den Streitenden erzählt wird, behandeln sie streng vertraulich. Am Ende des Gesprächs formulieren sie gemeinsam mit den Streitenden eine schriftliche Vereinbarung, die von den Betroffenen unterschrieben wird.

Die fünf Schritte in einem Streitschlichtungsgespräch

1. Die Streitschlichter erklären die Gesprächsregeln.

Am Beginn des Gesprächs fordert der Schlichter die Beteiligten auf, jede Art von Beleidigung zu unterlassen, sich gegenseitig gut zuzuhören und dem anderen nicht ins Wort zu fallen.

2. Jede der streitenden Parteien erläutert die eigene Sicht des Streites.

Wichtig ist, dass die Streitenden Gelegenheit zur ausführlichen Darstellung ihrer Sichtweise haben. Gegebenenfalls kann der Schlichter Nachfragen stellen: Worin siehst du die Ursache für den Streit? Wie sehr bist du über den Vorfall verärgert? u. a.

3. Der Schlichter fordert dazu auf, die Sichtweise des jeweils anderen einzunehmen.

Das ist der wichtigste Teil in einem Streitschlichtungsgespräch. Nur wenn es den Streitenden gelingt, sich in die Lage des anderen hineinzuversetzen, können sie Verständnis füreinander entwickeln. Verständnis füreinander ist eine wichtige Voraussetzung für zufriedenstellende Lösungen.

4. Die Parteien entwickeln Vorschläge zur Streitlösung.

Hierbei sollte sich der Streitschlichter so weit wie möglich zurückhalten.

5. Die Lösung wird von den Streitenden vertraglich besiegelt.

Ein erfolgreiches Streitschlichtungsgespräch endet damit, dass sich ursprünglich zerstrittene Parteien die Hand zur Versöhnung reichen.

Meine Klasse und ich

Station 1

S M U H

Wie werden wir ein gutes Team?

Von einer Freundin oder einem Freund aus einer anderen Stadt erhälst du die folgende Mail:

Hallo,
vielleicht kannst du mir helfen. Unsere Klassenlehrerin Frau Helferich meint, unsere Klasse sei ein ziemlich wilder Haufen. Es könne so nicht weitergehen. Als Hausaufgabe hat sie uns aufgegeben, Regeln zu überlegen, wie wir in Zukunft besser miteinander umgehen können, und zwar:

- *zwei Regeln zu unserem Verhalten vor Unterrichtsbeginn,*
- *zwei Regeln für das Verhalten gegenüber Klassenkameraden,*
- *zwei Regeln für die Gesprächsführung im Unterricht.*

Kannst du mir deine Vorschläge schicken? Ich weiß ja, dass du Experte bist.

Station 2

S M U H

Wie können wir Ausgrenzung verhindern?

Der folgende Hilferuf war vor nicht langer Zeit im Internet zu lesen: „Ich könnte heulen, wenn ich daran denke, dass ich morgen wieder in die Schule und in meine Klasse gehen muss. Sie haben mich als Opfer ausgesucht. Keiner redet mit mir. Alle lachen mich aus, wenn ich etwas sage. Ich halte das nicht mehr aus."

1. Versuche, dich in die Rolle dieses Kindes zu versetzen. Was würde in dir vorgehen, wenn man dich so behandeln würde? Schreibe deine Gefühle auf.
2. Was kann man tun, damit Mobbing in der eigenen Klasse verhindert wird? Notiere deine Vorschläge.

Station 3

S M U H

Streit friedlich lösen

Ergänze die Übersicht:

2 Leben in der Schulgemeinschaft

Schülerinnen und Schüler
in einer Schülerversammlung

Mitmachen lernen – Demokratie lernen

1. Allein nachdenken

In der Schule gibt es Unterricht, Pausen, Ausflüge, Feste, Schülervertretungen. Wo sollten Schülerinnen und Schüler gut mitwirken können?

2. Zu zweit beraten

Diese Mitmachmöglichkeiten halten wir für besonders wichtig: …

3. In der Klasse sammeln

Unsere gemeinsamen Wünsche für die Mitwirkung der Schüler am Schulleben sind: …

Im Verlauf dieses Kapitels könnt ihr …

- **herausfinden, welche Kandidatinnen oder Kandidaten für das Amt des Klassensprechers geeignet sind,**
- **ermitteln, welche Rechte und Pflichten Schülerinnen und Schüler haben,**
- **Aufgaben und Zusammensetzung der Schülervertretung erklären,**
- **Merkmale von Demokratie sammeln,**
- **die Regeln für erfolgreiche Gruppenarbeit trainieren,**
- **darüber diskutieren, wie wichtig die SV ist und auf welche Art die Schülersprecher gewählt werden sollen.**

Eigene Schwerpunkte könnt ihr setzen, indem ihr …

- **im Internet nach weiteren Informationen zur Arbeit der SV sucht,**
- **Mitglieder der SV an eurer Schule über deren Arbeit befragt.**

Detektivaufgabe für das ganze Kapitel:
Welches Amt übt Jessica aus?

1 Wer hat das Zeug zur Klassensprecherin oder zum Klassensprecher?

Wir ermitteln die wichtigsten Eigenschaften

Eine Einstiegsübung für alle
Was ist deine wichtigste Erwartung an einen guten Klassensprecher? Notiere sie und vergleiche mit deinem Nachbarn.

A Der Fall: Warum ist Jasmin sauer?

Jasmin knallt ihre Schultasche in die Ecke und verschwindet in ihrem Zimmer. Erst am Nachmittag setzt sie sich mit verheulten Augen an den Küchentisch zu ihrem Vater: „So eine Ungerechtigkeit, diese Idioten!“, jammert sie. „Was ist denn los? Erzähl doch mal!“

„Ach Mensch, heute war Klassensprecherwahl. Alle meine Freundinnen, auch meine Freunde Kamil und Dimitrij, haben mich überredet, zu kandidieren. Erst wollte ich nicht. Aber dann hat Leonie mich vorgeschlagen.“

„Prima, da bin ich ja richtig stolz auf meine Tochter!“, versucht ihr Vater zu trösten.

„Spar dir das! Gewählt haben sie nämlich den blöden Adrian und im zweiten Wahlgang seinen Freund Lars. Adrian, der hat immer eine große Klappe, wenn er seinen Freunden erzählt, was er alles machen würde, wenn er der Chef in der Klasse wäre. Wenn es aber darauf ankommt, dann hält er schön brav seinen Mund.

Neulich haben wir in der Klassenversammlung darüber gesprochen, ob wir für alle, die in der letzten Mathearbeit eine Fünf geschrieben haben, ein Helfersystem einrichten sollten. An dem Gespräch hat er sich überhaupt nicht beteiligt. Zufällig habe ich mitgekriegt, wie er zu seinem Freund Lars gesagt hat: ‚Ich hab’ doch eine Zwei in der Arbeit. Was soll ich mich um die Blöden kümmern.‘“

„Ich finde, du solltest nicht traurig sein“, meint ihr Vater, „wenn man zu einer Wahl antritt, muss man damit rechnen, dass man verlieren kann. Das ist doch ganz normal.“

„Es wäre mir ja auch egal, ob ich Klassensprecherin bin oder nicht, aber dass sie ausgerechnet Adrian gewählt haben, das finde ich so doof. Als wir in Deutsch Gruppenarbeit gemacht haben, hat er sich nicht an der Arbeit beteiligt. Die Zwei plus, die wir bekommen haben, hat er dann gerne mitkassiert.

Leonie und ich, Kamil und Dimitrij, wir haben uns darum gekümmert, dass der Klassenraum schön gestaltet wird. Aber das spielte bei der Wahl überhaupt keine Rolle.“

1. Worüber hat Jasmin sich geärgert? Fasse ihren Bericht mit eigenen Worten zusammen.
2. Hast du Verständnis für Jasmins Ärger? Überlege einen Moment, tausche dich mit einer Partnerin/einem Partner darüber aus und äußere dich dann im Klassengespräch.
3. Zur gleichen Wahl hat Tim folgende Meinung: „Ich habe Adrian gewählt, weil er cool ist. Der hat auch keine Angst vor den Lehrern. Adrian und Lars, die sehen stark aus.“ Wie bewertest du diese Begründung?

AKTIV LERNEN

S M U H

B Welche Eigenschaften sollten Klassensprecher haben? Wir erstellen eine Liste

Klassensprecherinnen oder Klassensprecher sollen …

1. besonders stark sein.
2. für Ruhe sorgen, wenn kein Lehrer da ist.
3. sich Zeit für die Sorgen und Probleme einzelner Mitschüler nehmen.
4. Ideen zur Verbesserung der Klassengemeinschaft haben.
5. in der Klasse beliebt sein.
6. dazu beitragen, dass niemand in der Klasse ausgegrenzt oder gemobbt wird.
7. die Schülerinnen und Schüler ermahnen, wenn die Klasse in einem unsauberen Zustand ist.
8. mit dem Klassenlehrer sprechen, wenn etwas in der Klasse nicht klappt.
9. die Klasse über wichtige schulische Dinge informieren.
10. immer nur ihre eigene Meinung vertreten.
11. bereit sein, sich auch außerhalb der Unterrichtszeit für die Klasse zu engagieren.
12. den Klassenlehrer beim Einsammeln von Geld, Formularen usw. unterstützen.
13. immer ihre Hausaufgaben machen.
14. herausfinden können, was die Mehrheit der Klassenkameraden will, und sich dafür bei den Lehrern einsetzen.
15. verschwiegen sein, wenn ihr oder ihm Mitschüler etwas anvertrauen.

Euer Auftrag:

1. Arbeite in Einzelarbeit den Fragebogen durch und notiere die Nummern der Eigenschaften, die ihr für besonders wichtig haltet.

2. Setzt euch dann in Dreier- oder Vierergruppen zusammen. Einigt euch in den Gruppen auf eine gemeinsame Liste.

3. Tragt die Gruppenergebnisse vor. Erstellt in der Klasse die Charts der fünf bis sieben wichtigsten Eigenschaften.

4. Beachtet auch, dass die Klassensprecher schnell auf verlorenem Posten stehen, wenn sie von den eigenen Klassenkameraden nicht genügend unterstützt werden. Sucht daher auch Antworten auf die Frage: Was kann die Klasse tun, um den Klassensprechern die Arbeit zu erleichtern?

Unsere Erwartungen an die Klassensprecher

1
2
3
Damit das klappt, bieten wir …

C Demokratisch wählen: Wie machen wir das richtig?

So lief das in unserer Klasse …

Selma T. und Markus S. (beide 14 Jahre) berichten:

Vorbereitung

Wir haben im Unterricht besprochen, welche positiven Eigenschaften ein Klassensprecher/eine Klassensprecherin haben sollte. Dann haben wir Kandidaten vorgeschlagen und es konnten sich auch Kandidaten selbst vorschlagen. Die Kandidaten wurden gefragt, ob sie für das Amt kandidieren wollen. Dann haben sie sich vorgestellt und gesagt, was sie für die Klassengemeinschaft tun würden. Wir haben ihnen auch Fragen gestellt.

Vor der Wahl machen die Kandidaten Wahlkampf mit Vorstellungen und Plakaten.

Durchführung

Gewählt wurde in der zweiten Stunde. So hatten wir zwischen den beiden Stunden Zeit, uns eine Meinung zu bilden. Die Kandidaten haben in Plakaten Werbung für sich gemacht. Die Klassenversammlung wurde von unserer Klassenlehrerin geleitet. Sie hatte aber kein Stimmrecht. Es gab zwei Wahlgänge, einen für die Klassensprecherwahl und einen für die Stellvertreterwahl. Gewählt war, wer in jedem der Wahlgänge die meisten Stimmen bekam.

Nach der Wahl

Nach der Wahl wurden die Gewählten gefragt, ob sie die Wahl annehmen. Unsere Klassenlehrerin gratulierte ihnen und wünschte sich eine gute und vertrauensvolle Zusammenarbeit. Das war richtig feierlich. Das Wahlergebnis haben wir in einem Protokoll festgehalten. Davon erhielten unsere Klassenlehrerin und die Schulleitung eine Abschrift.

1. Wie ist diese Klasse bei der Wahl vorgegangen? Zähle die Schritte der Reihe nach auf. (Das geht auch zu zweit.)
2. Bei dieser Wahl gab es einen Wahlkampf, in dem die Kandidatinnen und Kandidaten für sich werben konnten. Belebt und verbessert das die Wahl? Überlege dir dazu deine Bewertung.

INFO

S M U H

D Wahlen in der Demokratie

Teil 1: Grundlagen

Wahlen überall

Schülerinnen und Schüler haben mehrere Möglichkeiten, an Wahlen teilzunehmen. Sie wählen ihre Klassensprecher, ihre Stellvertreter und ihre Vertreterinnen und Vertreter für die Schulkonferenzen. Im Schülerrat oder als Schülerversammlung wählen sie Schülersprecher und Stellvertreter. Der Schülerrat wählt Lehrerinnen und Lehrer zur Beratung aus. Auch die Eltern und Lehrer nehmen an Wahlen in der Schule teil.

Die Bedeutung von Wahlen

Die Möglichkeit, wählen zu können, gehört zu den grundlegenden Merkmalen einer Demokratie.* Demokratie bedeutet nämlich, dass das Volk bestimmt, welche Personen und welche Parteien für eine begrenzte Zeit politische Macht ausüben dürfen. Das Mittel dazu ist die Teilnahme an einer Wahl.

Nicht jede Wahl ist automatisch auch eine demokratische Wahl. Zu einer demokratischen Wahl gehört, dass man eine Auswahl unter mehreren Möglichkeiten hat. Es genügt daher nicht, wenn sich bei einer Klassensprecherwahl nur ein Kandidat zur Verfügung stellt. Man muss mindestens zwei Möglichkeiten haben. Weiterhin gilt, dass Wahlen in regelmäßigen Abständen erneut stattfinden und dass immer die Mehrheit den Ausschlag gibt.

Teil 2: Besonderheiten

Fünf Wahlgrundsätze

In Deutschland gibt es fünf Wahlgrundsätze. Wahlen müssen allgemein, unmittelbar, frei, gleich und geheim sein. Diese Grundsätze sind im Grundgesetz festgelegt. Sie müssen bei Wahlen in der Politik ebenso erfüllt sein wie bei den Wahlen der Klassensprecherinnen und Klassensprecher.

Allgemein bedeutet, dass alle Klassenmitglieder wahlberechtigt sind, egal woher sie kommen, welche Religion oder welche Ansichten sie haben.

Unmittelbar heißt, dass ihr eure Klassensprecher direkt durch Angabe des Namens wählt.

Frei ist eine Wahl, wenn man frei entscheiden kann, wen man wählt. Auch darf niemand zur Stimmabgabe gezwungen werden.

Weiterhin muss sie *gleich* und *geheim* sein. Das bedeutet, dass alle Stimmen gleich viel zählen und dass niemand dazu gezwungen werden darf, seine Wahlentscheidung offenzulegen.

Klassensprecher- und Schülersprecherwahlen folgen den gleichen Grundsätzen wie die Wahlen der Abgeordneten zu einem Parlament. Wer die Wahlen in der Schule ernst nimmt, lernt damit zugleich, wie das Wählen und das Mitmachen in der Politik funktioniert.

*Zum Begriff Demokratie findest du weitere Informationen im Glossar.

1. Welche Arten von Wahlen finden in der Schule statt? Nenne mehrere Beispiele.
2. Worin besteht der Zusammenhang zwischen dem Recht, wählen zu können und dem Leben in der Demokratie? Erläutere ihn.
3. Notiere die im Text genannten Merkmale demokratischer Wahlen. Erkläre sie mündlich in ganzen Sätzen.
4. Kannst du die Person auf dieser Seite davon überzeugen, ihre Meinung zu überdenken? Schreibe eine Entgegnung.

2 Brauchen wir mehr Rechte und weniger Pflichten?
Wir diskutieren in Gruppen

Menschen wollen Rechte haben. Die Frage ist, ob sie dafür auch bereit sind, Pflichten zu übernehmen. In dem folgenden Fall geht es in einer Schulklasse um dieses Problem.
Tipp: Lest den Fall in Einzelarbeit und setzt euch zur Bearbeitung in Gruppen zusammen.

A Der Fall: Ein Klassenaquarium für die 6d

Fasziniert schauen die Sechstklässler den Film über das Leben im Wasser an, den Lehrer Mallauf in die Biostunde mitgebracht hat.
„Nach vorne zu schwimmen ist für Fische kein Problem", sagt Rabia, „dazu haben sie ja die Flossen." „Prima! Wie aber hat sich der Kugelfisch, den ihr gesehen habt, nach oben und nach unten bewegt?" Die Schülerinnen und Schüler überlegen: „Wenn er seine Schwimmblase mit Luft füllt, wird er kugelrund und steigt nach oben, und wenn er die Luft rauslässt, sinkt er ab."
An dieser Stelle meldet sich Amelie, die Klassensprecherin: „Eine Freundin, die in eine andere Schule geht, hat mir erzählt, dass sie ein Aquarium in der Klasse eingerichtet haben. Das können wir doch auch machen."
Mit ihrem Vorschlag löst Amelie ziemlich große Begeisterung in der Klasse aus. „O ja, das sollten wir machen." So und ähnlich lauten fast alle Beiträge. Als alle durcheinanderreden, macht Herr Mallauf das Ruhezeichen:
„Ich weiß, wie so etwas läuft", sagt er, „erst herrscht große Begeisterung und dann, wenn die laufenden Pflichten zu erfüllen sind, ist es damit schnell vorbei."
„Welche Pflichten meinen Sie?", fragt Katharina. „Nun, Fische sind Lebewesen, kein Spielzeug. Sie benötigen Futter, regelmäßige Pflege, die Wasserqualität muss stimmen. Habt ihr bedacht, dass Fische nicht in Urlaub fahren? Sie müssen auch in den Ferien versorgt werden."
„Typisch Lehrer", seufzt Noah, „sagen Sie doch gleich, dass sie dagegen sind und dass wir wieder einmal keine Rechte haben."
„Doch", lautet die Antwort, „ihr habt das Recht dazu, und ich finde eure Idee auch gut. Wir könnten viel über das Leben der Fische lernen und alle hätten wir unsere Freude daran."
Dann erzählt Herr Mallauf von einem Vorfall, der sich in einer anderen Klasse ereignet hat: „Wir hatten ein sehr schönes Aquarium eingerichtet. Doch dann, eines Nachmittags, haben Schüler eine ganze Dose Trockenfutter ins Wasser gekippt. Am nächsten Tag trieben alle Fische tot an der Oberfläche. Wahrscheinlich hatten die Schüler das nicht böse gemeint. Sie waren nur mit der Verantwortung überfordert. Ihr versteht, dass ich das nicht noch einmal erleben möchte. Wenn ihr das Recht in Anspruch nehmen wollt, ein Aquarium einzurichten, werde ich euch unterstützen, vorausgesetzt, ihr bedenkt Folgendes: Wer Rechte hat, der muss auch Pflichten übernehmen!"
Noch einmal meldet sich Amelie: „Ich finde unsere Idee trotzdem toll. Wenn wir gut planen, kriegen wir das mit dem Aquarium auch hin."

Das könnt ihr in den Gruppen tun:

1. Wie begründen die Schüler ihren Vorschlag und wie begründet Herr Mallauf seine Sorgen? Sammelt die Aussagen dazu.
2. Haltet ihr die Sorgen des Lehrers für übertrieben oder für berechtigt? Sprecht darüber und stellt eure Bewertungen zusammenfassend vor.
3. „Wer Rechte hat, der muss auch Pflichten übernehmen!", sagt Herr Mallauf. Welche Beispiele aus dem Schulleben fallen euch ein, die zu diesem Spruch passen?

Was auch noch interessant sein kann:
- eine Liste mit Regeln erstellen: Was ist zu beachten, wenn man ein Klassenaquarium einrichten will?

Erfolgsregeln für Gruppenarbeit

Thema: Schülerrechte und Schülerpflichten

A Worum geht es?

Viele Aufgaben lassen sich besser lösen, wenn man es gemeinsam tut. Allerdings kann Gruppenarbeit gut und schlecht funktionieren. Sie macht zum Beispiel keinen Spaß, wenn ein Gruppenmitglied die Arbeit allein macht und die anderen zuschauen. Oder wenn einzelne Schülerinnen oder Schüler ausgeschlossen werden und man sich gegenseitig beschimpft. Oder wenn eine Gruppe über alles Mögliche redet, aber nicht über die Arbeit, die geleistet werden soll. Dann lohnt der Aufwand nicht.

Für die Gruppenarbeit gilt, was im Mannschaftssport die Regel ist: Erfolg entsteht, wenn die Gruppe zum Team wird, in dem alle

daran mitwirken, möglichst gut zusammenzuarbeiten. Dazu gehört, dass alle Beteiligten sich an bestimmte Regeln halten.

Versagt eine(r), versagt das Team!

B Gruppenarbeit: schlecht und gut

In einer schlecht arbeitenden Gruppe …

1. geschieht die Gruppenbildung zu langsam und zu laut.
2. liegen die Materialien nicht auf dem Tisch und macht niemand Anstalten, mit der Arbeit zu beginnen.
3. erledigen ein oder zwei Gruppenmitglieder die ganze Arbeit.
4. ruft man bei jeder kleinen Schwierigkeit nach der Lehrerin oder dem Lehrer.

In erfolgreicher Gruppenarbeit …

1. sind alle an der Arbeit beteiligt. Niemand wird ausgeschlossen.
2. teilen die Mitglieder die Arbeit so untereinander auf, dass alle wichtige Aufgaben übernehmen können.
3. gibt es keine Faulpelze, weil diese den Fleißigen die Freude an der Arbeit verderben und weil nur diejenigen lernen, die sich aktiv an der Arbeit beteiligen.
4. werden Probleme gemeinsam gelöst. Um Hilfe bittet man, wenn man in der Gruppe keine Lösung finden kann.
5. hilft man sich gegenseitig. Fällt ein Mitglied zeitweise aus, springen andere ein und übernehmen dessen Arbeit.
6. kommt man in der vereinbarten Zeit zu einem guten Ergebnis.

B Rechte und Pflichten, die Schülerinnen und Schüler kennen sollen

Rechte wahrnehmen in der Schule und …

Unter einem Recht versteht man etwas, was man tun darf. Ein Recht ist eine garantierte Freiheit. Nicht alle Rechte, die den Erwachsenen zustehen, stehen auch schon Kindern und Jugendlichen zu. Zum Beispiel haben Kinder noch nicht das Recht, einen Führerschein zu erwerben oder Kaufverträge über große Summen abzuschließen. Rechte nehmen allmählich zu.

Nie hat jemand grenzenlose Rechte. Zum Beispiel darf niemand, der das Recht hat, ein Motorrad zu fahren, eine rote Ampel missachten, und das Recht auf eine eigene Meinung darf nicht dazu missbraucht werden, Menschen zu beleidigen.

Unter einer Pflicht versteht man eine Aufgabe, die man zu erfüllen hat. Schüler haben zum Beispiel die Pflicht, in der Schule etwas zu lernen.

Rechte und Pflichten im Schulgesetz

Das wichtigste Recht der Schülerinnen und Schüler steht im Schulgesetz direkt im ersten Abschnitt. Darin heißt es:

> „Jeder junge Mensch hat ohne Rücksicht auf seine wirtschaftliche Lage, Herkunft und sein Geschlecht ein Recht auf schulische Bildung."
>
> (Schulgesetz NRW vom 17.07.2014)

Komisches Recht, mag da manch einer denken, weil er das eher als eine Pflicht empfindet. Man stelle sich vor, es gäbe dieses Recht nicht und nur reiche Leute könnten sich schulische Bildung leisten. Weitere Rechte, die das Schulgesetz nennt, sind das Recht auf Gleichbehandlung aller, auf Mitgestaltung des Unterrichts und das Recht, eine Interessenvertretung zu wählen und über die SV das Schulleben aktiv mitzugestalten.

Dem Recht auf Bildung steht die Pflicht zum Schulbesuch gegenüber. Mindestens neun Jahre ist jedes Kind und jeder Jugendliche schulpflichtig in Deutschland. Zwischen Rechten und Pflichten gibt es einen inneren Zusammenhang, weil aus einem Recht oft eine Pflicht entsteht. So haben zum Beispiel alle Schülerinnen und Schüler in Nordrhein-Westfalen das Recht, an einer freiwilligen Arbeitsgemeinschaft teilzunehmen. Wer dieses Recht in Anspruch nimmt, muss sich aber zugleich verpflichten, für mindestens ein Halbjahr dabeizubleiben. So steht es im Paragraf 43 des Schulgesetzes.

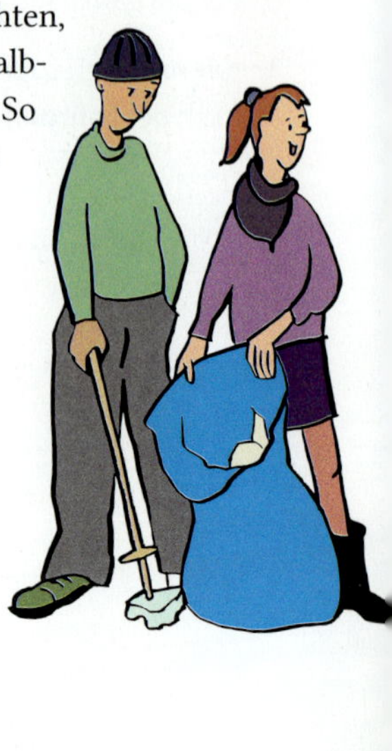

… lernen, Pflichten zu erfüllen.

1. Was versteht man unter Rechten und Pflichten? Erkläre die Begriffe.
2. Schülerinnen und Schüler haben das Recht, ihre Meinung frei äußern zu dürfen. Finde heraus, welche Pflicht zugleich damit verbunden ist und welche Grenzen diese Freiheit haben muss.
3. Angenommen, du lebst in einem Land, in dem die Mädchen kein Recht auf Bildung haben und daher auch kein Recht, eine Schule zu besuchen (leider gibt es das noch). Schreibe einen Tagebucheintrag:
   a) Wie es mir als Mädchen in einem Land geht, in dem ich kein Recht auf Schulbildung habe.
   b) Wie es mir als Junge in einem Land geht, in dem nur Jungen Schulen besuchen dürfen.

   Lest euch die Texte gegenseitig vor.

C Ist es ok so, wie es ist?

Als Beispiel für die gesetzlichen Regelungen von Rechten und Pflichten in der Schule findet ihr hier Auszüge aus dem Schulgesetz für Nordrhein-Westfalen. Die Schulgesetze anderer Bundesländer enthalten ähnliche Bestimmungen. Ihr sollt sie benutzen, um Übersichten zu erstellen und um in Gruppen darüber zu diskutieren.

Euer Auftrag:

1. Setzt euch in kleinen Gruppen zusammen und ermittelt gemeinsam die in den Texten genannten Rechte und Pflichten.
2. Entwerft Übersichten, mit denen sich andere Personen über Schülerrechte und -pflichten informieren können.
3. Diskutiert in der Gruppe über folgende Fragen: Wollen wir mehr Rechte oder haben wir genug? Sind die Pflichten angemessen oder zu streng?
4. Stellt die Ansichten in eurer Gruppe in der Klasse vor.

Beispiel: Auszüge aus dem Schulgesetz für Nordrhein-Westfalen

§ 42 Allgemeine Rechte und Pflichten
(2) Schülerinnen und Schüler haben das Recht, im Rahmen dieses Gesetzes an der Gestaltung der Bildungs- und Erziehungsarbeit der Schule mitzuwirken und ihre Interessen wahrzunehmen. Sie sind ihrem Alter entsprechend über die Unterrichtsplanung zu informieren und an der Gestaltung des Unterrichts und sonstiger schulischer Veranstaltungen zu beteiligen.
(3) Schülerinnen und Schüler haben die Pflicht daran mitzuarbeiten, dass die Aufgabe der Schule erfüllt und das Bildungsziel erreicht werden kann. Sie sind insbesondere verpflichtet, sich auf den Unterricht vorzubereiten, sich aktiv daran zu beteiligen, die erforderlichen Arbeiten anzufertigen und die Hausaufgaben zu erledigen. Sie haben die Schulordnung einzuhalten und die Anordnungen der Lehrerinnen und Lehrer, der Schulleitung und anderer dazu befugter Personen zu befolgen.

§ 43 Teilnahme am Unterricht
Schülerinnen und Schüler sind verpflichtet, regelmäßig am Unterricht und an den sonstigen verbindlichen Schulveranstaltungen teilzunehmen. Die Meldung zur Teilnahme an einer freiwilligen Unterrichtsveranstaltung verpflichtet zur regelmäßigen Teilnahme mindestens für ein Schulhalbjahr.

§ 45 Meinungsfreiheit, Schülerzeitungen
Die Schülerinnen und Schüler haben das Recht, Schülerzeitungen herauszugeben und auf dem Schulgrundstück zu verbreiten.

(Aus: Schulgesetz Nordrhein-Westfalen in der Fassung vom 15. Juli 2014, Überschriften der Paragrafen gekürzt)

3 Wie können wir das Schulleben mitgestalten?
Ideen für die Mitarbeit in der SV sammeln

Eine Einstiegsübung für alle
Was weißt du bereits über die Arbeit der SV an deiner Schule? Überlege und tausche dich mit deinen Tischnachbarn darüber aus.

A Die Schülervertretung tagt

Jessica, die gewählte Schülersprecherin aus der 9c, leitet die Sitzung des Schülerrates. Sie ruft den ersten Tagesordnungspunkt auf.

TOP 1: Ehrung der Klasse 6a

Jessica erklärt: „Die 6a ist die Bläserklasse in unserer Schule und hat im letzten Schuljahr mehrere Konzerte gegeben. Dabei kamen Spenden in Höhe von 300 Euro zusammen. Die Klasse hat das Geld an das Tierheim in der Moltkestraße gespendet. Dafür ehren wir heute die Klasse 6a."

TOP 2: Rückblick auf die Aktivitäten im vergangenen Schuljahr

Abwechselnd tragen Jessica und ihr Stellvertreter Ercan vor, was die SV unternommen hat: „Das Schulfest vom letzten Sommer und die Pflanzaktion von jungen Bäumen auf dem Schulgelände ist bei Schülern und Lehrern gut angekommen. Das zweitägige SV-Seminar unter der Leitung unserer Verbindungslehrerin Frau Warnke hat die Klassensprecher gut auf ihre Aufgaben vorbereitet. Wir haben damit angefangen, einen Schulgarten einzurichten."

Top 3: Bericht der Schülervertreter aus der Gesamtkonferenz

Alima aus der 10. Klasse gehört zum Team der Schülervertreter in der Gesamtkonferenz. Sie berichtet von der letzten Sitzung. „Die Schultoiletten sollen modernisiert werden. Mehrere Lehrer meinten, das mache nur Sinn, wenn die Schüler sich verpflichten würden, die Toilettenanlage pfleglicher zu behandeln. Die Konferenz hat uns darum gebeten, in der SV zu überlegen, was wir dazu beitragen können." Paul schlägt vor, die SV solle ein Schild gestalten, um es vor den Toiletten aufzustellen, mit dem Motto: Behandle die Schultoilette so wie deine eigene. Dunja, Klassensprecherin der 8c, hält dagegen. Sie meint, dass die Sauberkeit auf den Schülertoiletten kein Thema für die SV sei. Eine Entscheidung wird auf die nächste Sitzung vertagt.

Top 4: Ideensammlung für neue Aktivitäten der SV

Hierzu meldet sich spontan Claudia, Klassensprecherin der 5c, und beschwert sich, dass die Unterstufe bei den Aktionen der SV immer zu kurz komme. „Wir wollen, dass bei den kommenden Schulfesten Aktionen angeboten werden, von denen auch die unteren Klassen etwas haben. „Meinst du, wir hätten die Zeit und die Lust, uns mit so einem Kinderkram zu befassen?", fragt nun leicht verärgert Simon, Klassensprecher der 10b, in die Runde.

1. Von welchen Aktivitäten der SV ist hier die Rede? Nenne sie.
2. Was antwortest du einem Schüler, der die Vorschläge der „Kleinen" als „Kinderkram" bezeichnet? Formuliere eine Antwort.
3. Soll die SV mithelfen, dass die Schultoiletten pfleglich behandelt werden oder nicht? Sprecht darüber in der Klasse.

Was auch noch interessant sein kann:
- Leute befragen: Befrage einzelne Mitglieder der SV oder den Verbindungslehrer, was aktuell passiert in eurer SV, wie zufrieden sie mit ihrer Arbeit sind usw.

AKTIV LERNEN

S M U H

B Was soll die SV tun? – Wir erstellen eine Liste mit Vorschlägen

1. Einen Flohmarkt für einen guten Zweck durchführen
2. Für das regelmäßige Erscheinen einer Schülerzeitung sorgen
3. Patenschaften zwischen älteren und jüngeren Schülern organisieren
4. Bei der Planung und Durchführung eines Schulfestes aktiv sein
5. Für Verschönerungen in den Schulfluren sorgen
6. Eine Infowand über die Arbeit der SV einrichten
7. Mithilfe der Verbindungslehrer SV-Seminare über Gewalt- und Mobbingvermeidung durchführen
8. Eine Hausaufgabenhilfe von Älteren für Jüngere einführen
9. Einen Kummerkasten für die Sorgen von Schülern einrichten
10. Für die Aufstellung von Getränkeautomaten sorgen
11. Pausenradio organisieren
12. Die beliebteste Lehrerin oder den beliebtesten Lehrer wählen
13. Kontakte zu Partnerschulen und anderen Schulen aufnehmen
14. An der Gestaltung der Homepage der Schule mitwirken
15. Kleinen Schülern Hilfe anbieten, die von den Großen geärgert wurden

Und was noch?

sehr wichtig ???

einigermaßen wichtig ???

eher unwichtig ???

Euer Auftrag:
Hier findet ihr eine Reihe von Dingen, die Schülervertretungen planen können. Welche davon haltet ihr für sehr wichtig, welche für wichtig und welche für eher unwichtig?

1. Sucht zunächst allein etwa zehn Maßnahmen aus, die ihr für sinnvoll haltet.

2. Setzt euch dann in Gruppen zusammen und erstellt eine gemeinsame Liste. Setzt darin die wichtigste Maßnahme auf Platz eins, die zweitwichtigste auf Platz zwei usw.

3. Einigt euch am Ende auf eine gemeinsame Klassenliste.

Tipp: Ihr könnt diese Liste über eure Klassensprecher dem Schülerrat zukommen lassen oder in der Schülerzeitung veröffentlichen.

C Aufgaben und Zusammensetzung der Schülervertretung

Recht auf Mitgestaltung

Die wichtigsten Aufgaben der Schülervertretungen* bestehen darin, die Rechte der Schülerinnen und Schüler wahrzunehmen und deren Interessen zu vertreten. Die Vertreter der SV sind in ihren Entscheidungen frei, jedoch der Schülerschaft verantwortlich.

Die SV soll partnerschaftlich mit den Lehrkräften und der Schulleitung zusammenwirken.

Die Rechte der SV sind im Schulgesetz eures Bundeslandes verankert. Zusätzlich werden sie in einem Erlass des Schulministeriums beschrieben. Schulgesetz und SV-Erlass sind leicht im Internet zu finden.

* Zum Begriff Schülervertretung findest du weitere Informationen im Glossar.

Mitwirkungsorgane

Klassensprecher
Sie kümmern sich um die Wünsche, Anregungen und Sorgen in ihrer Klasse. Sie vertreten im Schülerrat die Interessen ihrer Klasse, sind aber in ihren Entscheidungen frei. Sie informieren ihre Klasse über wichtige Angelegenheiten und Beschlüsse und berufen die SV-Verfügungsstunden ein.

Schülersprecher
Sie vertreten die Interessen aller Schülerinnen und Schüler ihrer Schule. Sie wenden sich mit Anregungen und Kritik an die Lehrerschaft, die Schulleitung und die Elternvertreter. Sie berufen den Schülerrat ein, leiten die Sitzungen und führen die Beschlüsse des Schülerrates aus.

Der Schülerrat
Der Schülerrat ist für alle Fragen der SV zuständig. Er setzt sich aus den Klassensprecherinnen und Klassensprechern zusammen und berät über deren Wünsche und Anregungen. Auf Beschluss des Schülerrates können stellvertretende Klassensprecher an den Sitzungen teilnehmen, sofern für sie dadurch kein Unterricht ausfällt.

Die Schulkonferenz
Sie ist das oberste Mitwirkungsgremium in der Schule und berät und entscheidet über alle wichtigen Angelegenheiten. Sie verabschiedet zum Beispiel die Schulordnung und berät über die Gestaltung von Hausaufgaben und die Verteilung von Klassenarbeiten. In der Schulkonferenz sind die Schülerinnen und Schüler in gleicher Anzahl vertreten wie die Elternvertreter und die Lehrerschaft.

1. Wie soll die Zusammenarbeit der SV mit der Schulleitung und den Lehrkräften gestaltet werden? Beschreibe die Grundsätze der Zusammenarbeit.

2. Fasse die Aufgaben der genannten vier Mitwirkungsorgane in je einem Satz zusammen.

Was auch noch interessant sein kann:

- weitere Informationen besorgen: Gebt die Suchbegriffe „Mitwirkung der Schülervertretung in der Schule“ und den Namen eures Bundeslandes im Internet ein. Vervollständigt damit die Informationen dieser Seite.

D Wir diskutieren: Lohnt sich die Mitarbeit in der SV: Ja oder nein?

S M U H

Über die Mitarbeit in der SV der eigenen Schule gibt es unterschiedliche Ansichten. Vier häufig geäußerte Meinungen dazu findest du in den Sprechblasen auf dieser Seite.

1. Entscheide spontan: Welche Äußerungen in den Sprechblasen finden deine Zustimmung, welche nicht?
2. Soll man die Mitarbeit in der SV einigen wenigen Schülerinnen und Schülern überlassen, die dafür besonders begabt sind, oder sollen möglichst viele Schülerinnen und Schüler dabei mitmachen? Äußere dazu deine Ansicht und begründe sie.
3. Welchen Zusammenhang siehst du zwischen der SV und dem Erlernen von Demokratie? Verfasse dazu einen Text und stelle ihn vor.

Was auch noch interessant sein kann:

- die Homepage der eigenen Schule sichten – Recherchiere im Internet, wie sich die SV deiner Schule präsentiert.

E Die SV-Stunde: Wie nutzt man sie richtig?

Der SV-Erlass sieht vor, dass den Schülerinnen und Schülern ab Klasse 5 einmal im Monat eine Stunde während der allgemeinen Unterrichtszeit als SV-Stunde zu gewähren ist. Hier soll alles besprochen werden, was für die Klassengemeinschaft wichtig ist. In den Klassen 5 bis 7 ist die Anwesenheit des Klassenlehrers Pflicht. Erfolgreich verlaufen SV-Stunden, wenn sie gut geplant sind und wenn alle nacheinander und nicht durcheinanderreden – so wie in der 6c in dem folgenden Bericht.

Klassenrat in der 6c

Frau Mader führt die Klasse seit dem fünften Schuljahr. Im ersten Jahr hat sie die SV-Stunden gestaltet. Das hatte sie so mit ihrer Klasse vereinbart. Jetzt in Klasse 6 übernehmen die Schülerinnen und Schüler nach und nach das Geschäft. Vor den Sitzungen einigen sie sich auf eine gemeinsame Tagesordnung. Alle können ihre Wünsche einbringen. Wenn es Ärger mit einem Lehrer gibt, besprechen die Schülerinnen und Schüler das und überlegen gemeinsam, was zu unternehmen ist. Manchmal verlässt Frau Mader zeitweise die Klasse, besonders dann, wenn es um Schüler geht, die ständig die anderen stören. Dann leitet die Klassensprecherin zusammen mit ihrem Stellvertreter das Gespräch.
Klassensprecherin Aisha erzählt: „In unserer letzten Sitzung mussten Tom und Joshua sich in die Mitte der Klasse setzen. Sie hatten lange Zeit nur noch Quatsch gemacht im Unterricht. Oft mussten die Lehrer deswegen den Unterricht unterbrechen. Viele haben sich gemeldet und den beiden gesagt, dass sie sich genervt fühlen durch die ständigen Störereien. Ich habe sie gefragt, warum sie das machen. Joshua sagte, es wäre ihnen eben oft langweilig. Am Ende haben die beiden selbst vorgeschlagen, dass es besser ist, wenn sie nicht mehr nebeneinandersitzen. So haben wir es dann auch gemacht.“

Themen für unsere SV-Stunden

1. Berichte unserer Klassensprecher aus dem Schülerrat
2. Informationen unserer Klassenlehrerin an die Klasse
3. Wie kann unser Klassenraum schöner gestaltet werden?
4. Was tun wir, wenn jemand Geburtstag hat?
5. Wie helfen wir, wenn jemand längere Zeit krank war?
6. Wie verhindern wir Mobbing und Gewalt?
7. Sorgenrunden: Wer hat wen ungerecht behandelt?
8. Wie können wir die Klassensprecher besser unterstützen?
9. Welche Themen soll der Schülerrat behandeln?
10. Was können wir tun, wenn wir Ärger mit Lehrerinnen oder Lehrern haben?

1. Was unternehmen die Schülerinnen und Schüler, damit die SV-Stunden erfolgreich verlaufen? Beschreibe die Maßnahmen.

2. In der 6c regeln die Schüler Probleme in der Klassengemeinschaft ohne die Anwesenheit ihrer Lehrerin: Glaubst du, dass das in allen Klassen funktionieren kann, oder eher nicht?

3. Unsere SV-Stunden: Wie sollen sie ablaufen ☺ und wie nicht ☹? Notiere dazu deine Vorschläge. (Das geht auch gemeinsam.)

F Wir diskutieren: Wer soll die Schülersprecherin oder den Schülersprecher wählen?

S M U H

Stellt euch folgende Situation vor: Ihr befindet euch in einer Sitzung des Schülerrates und diskutiert über die Wahl des neuen Schülersprechers. Das Schulgesetz sieht dafür zwei Möglichkeiten vor (siehe Möglichkeiten A und B). Ihr sollt nun eine Entscheidung herbeiführen. Bis jetzt haben sich zwei Schüler gemeldet und ihre Meinung vertreten, Canan und Thomas.

Canan sagt:

Ich bin dafür, dass wir als Schülerrat den neuen Schülersprecher und seine Stellvertreter wählen. Wir sind doch die gewählten Sprecher unserer Klassen. Wir kennen die Bewerber durch die gemeinsamen Sitzungen und können besser beurteilen, wer für die Aufgabe geeignet ist und wer nicht.

Thomas meldet sich zu Wort:

Ich bin dafür, dass wir den neuen Schülersprecher von allen Schülerinnen und Schülern wählen lassen. So kann jeder Schüler an unserer Schule mitentscheiden und die Kandidatin oder den Kandidaten seiner Wahl direkt wählen.

A Die Schülersprecherin oder der Schülersprecher und ihre oder seine Stellvertreterinnen und Stellvertreter werden vom Schülerrat aus seiner Mitte gewählt. (SV-Erlass NRW, 3.5.2)

B Auf Antrag von 20 von Hundert der Gesamtzahl der Schülerinnen und Schüler können die Schülersprecherinnen und -sprecher auch aus der gesamten Schülerschaft ab Klasse 5 gewählt werden. (SV-Erlass NRW, 3.5.2)

Diskutieren lernen

Um Demokratie zu lernen, muss man miteinander diskutieren können. Fünf Regeln sind dabei unverzichtbar:

1. Beteilige dich aktiv.
2. Sprich in vollständigen Sätzen.
3. Lass die anderen ausreden.
4. Mach dich nicht über andere lustig.
5. Lass auch andere Meinungen gelten.

1. Welche Gründe sprechen für Möglichkeit A, welche für B? Überlege allein.

2. Welche Möglichkeit hältst du für die beste? Entscheide dich für A oder B.

3. Wie sehen deine Tischnachbarn die Sache? Beratet gemeinsam.

4. Wie steht die Klassengemeinschaft zu dieser Frage? Diskutiert in der Klasse.

4 Demokratie lernen: Was dürfen wir und was nicht?
Wir sammeln Merkmale von Demokratie

A Der Fall: Kein Wandertag zum Wild-West-Park

Hier wird gewählt und die Mehrheit entscheidet.

Cedrik ist sauer

Die SV-Stunde in seiner 6b läuft nicht so, wie er es will. Es geht um die Planung eines Wandertages. Cedrik hat vorgeschlagen, gemeinsam in einen Wild-West-Fun-Park im Sauerland zu fahren. Dort gibt es zweimal am Tag eine große Wildwest-Show. Die Klassenlehrerin, Frau Nosbers, lässt aber nicht über seinen Vorschlag abstimmen: „Es tut mir leid, aber das geht leider nicht“, sagt sie. Und darum ist Cedrik sauer. Frau Nosbers liest aus einem eng bedruckten Blatt der Klasse vor: *„Wandertage müssen einen deutlichen Bezug zum Unterricht haben und im Unterricht vor- und nachbereitet werden.* Das ist die Regel, die für alle Schulklassen in unserem Bundesland gilt. Der Wild-West-Park hat keinen Bezug zu unserem Unterricht. Wir müssen uns an die Regel halten. So ist das in einer Demokratie.“
Cedrik grummelt noch ein bisschen vor sich hin, sieht aber dann ein, dass seine Lehrerin sich das gut überlegt hat.

Bedrija jubelt

„Ich habe mir zwei Sachen überlegt“, fährt die Lehrerin fort. „Im Sauerland gibt es ein Besucherbergwerk. Da kann man tief in die Erde hineinfahren. Als zweite Möglichkeit schlage ich den Besuch eines Wolfs- und Vogelgeheges vor. Da sieht man, wie die Wölfe gefüttert werden und wie die großen Greifvögel auf Beutefang gehen.“
Nun meldet sich Bedrija, die Klassensprecherin: „In unserem Dorf gibt es einen großen Bio-Bauernhof. Die Besitzer bieten Führungen für Schulklassen an. Man kann viele Tiere beobachten. Das kostet fast nichts und macht Riesenspaß.“

Die Klasse stimmt ab

Drei Vorschläge stehen jetzt auf der Tagesordnung. Es beginnt eine lebhafte Diskussion, an deren Ende abgestimmt wird. Denkbar knapp fällt die Entscheidung aus: 8 Stimmen für das Wolfsgehege, 9 für das Bergwerk und 11 für den Biohof. Frau Nosbers ist überstimmt, aber sie akzeptiert die Wahl ihrer 28 Schüler.
„Prima, dann fahren wir zum Biohof“, jubelt Bedrija. Wieder kramt Frau Nosbers ihr Informationsblatt hervor, liest ein wenig darin und erklärt dann: „Es gibt noch eine Regel, die wir einhalten müssen. Die Elternversammlung hat das Recht, über Klassenwanderungen zu beschließen. Ich werde am Elternabend das Ergebnis vorstellen und auch die Eltern darüber abstimmen lassen.“
„Warum ist das nicht schon jetzt beschlossene Sache?“, fragt Simon, der stellvertretende Klassensprecher.
„In der Demokratie will man, dass Kinder mitreden, mitberaten und Vorschläge machen. Das Recht, zu entscheiden und dann die Verantwortung dafür zu übernehmen, bekommt man aber erst mit zunehmendem Alter. So will man Kinder heranführen an die Demokratie, ohne sie zu überfordern. Versteht ihr das?“

1. Warum ist Cedric sauer und warum jubelt Bedrija? Nenne die Gründe.
2. Was kann die 6b von diesem Fall über die Möglichkeiten und Grenzen von Demokratie lernen? Beratet zu zweit oder zu dritt und stellt eure Überlegungen vor.

INFO

S M U H

B Merkmale von Demokratie

Teil 1: Demokratie im Alltag

„Das ist aber undemokratisch!" Vielleicht hast du diesen Satz schon einmal gehört. Man sagt es, wenn man das Gefühl hat, dass jemand allein bestimmen will, was gemacht wird. Eine demokratische Entscheidung sieht anders aus. Hier wird miteinander diskutiert. Das ist zum Beispiel in der Familie so, wenn Eltern und Kinder gemeinsam beraten, wohin die Urlaubsreise gehen soll. Die Mehrheit entscheidet. Das ist ein wichtiges Merkmal von Demokratie*. Es bedeutet nicht, dass diejenigen, die mit ihren Ansichten in der Minderheit geblieben sind, weniger wert sind als die anderen. Alle Menschen sind gleich viel wert in einer Demokratie.

Meinungsfreiheit ist ein Merkmal von Demokratie, das im Alltag große Bedeutung hat. Alle Menschen haben das Recht, sich eine eigene Meinung zu bilden und diese frei zu äußeren. Sie müssen respektieren, dass andere Menschen möglicherweise andere Ansichten vertreten als sie selbst. Freiheit hat einen großen Wert in der Demokratie. Sie kann aber nie grenzenlos sein. Sie darf nicht dazu missbraucht werden, die Gesetze und die Freiheit anderer zu missachten.

Demokratie wirkt in unseren Alltag hinein. Dabei ist sie manchmal gar nicht leicht zu gestalten. Oft fällt es uns nämlich schwer, zu respektieren, dass andere Menschen an etwas anderes glauben, anders denken und anders leben wollen als wir selbst. Sie ist aber besser als das Leben in einem Land, in der einige wenige Machthaber den Menschen vorschreiben, wie sie zu leben und was sie zu denken haben.

Teil 2: Demokratie in der Politik

In der Politik* erkennt man eine Demokratie daran, dass in regelmäßigen Abständen freie Wahlen durchgeführt werden. Das Volk bestimmt darüber, welche Personen und Parteien die Regierung bilden. Es kann eine Regierung abwählen, wenn es mehrheitlich dafür stimmt.

1. Welche Merkmale von Demokratie im Alltag kannst du dem Teil 1 des Textes entnehmen? Nenne sie.
2. Welche Merkmale von Demokratie in der Politik enthält Teil 2? Vervollständige deine Sammlung von Merkmalen. (Das geht auch zu zweit.)
3. Was unterscheidet eine demokratische von einer undemokratischen Entscheidung? Erkläre den Unterschied.
4. Stelle dir vor, du bist Mitglied einer Handball- oder Fußballmannschaft. Für die kommende Spielsaison sollen neue Trikots angeschafft werden. Wie sollen sie aussehen? Welche Farben sollen sie haben? Schildere dazu eine demokratische und eine undemokratische Art der Entscheidung.

In der Demokratie haben alle Menschen grundlegende Rechte, die ihnen auch der Staat* nicht wegnehmen darf. Dazu gehören zum Beispiel die Meinungs- und die Glaubensfreiheit. Frauen und Männer haben gleiche Rechte.

In der Demokratie herrschen die Gesetze. Sie werden von den gewählten Parlamenten verabschiedet. Alle müssen sich an sie halten – sowohl die Bürgerinnen und Bürger als auch der Staat.

Wer die Gesetze verletzt, kann vom Staat dafür angeklagt werden. Wer sich selbst in seinen Rechten verletzt fühlt, kann vor einem Gericht dagegen klagen. Eine wichtige Aufgabe des Staates besteht in der Demokratie darin, die grundlegenden Rechte der Bürgerinnen und Bürger zu schützen. Im Auftrag des Staates übernehmen das die Polizei zum Schutz nach innen und die Soldaten zum Schutz nach außen. Die Menschen zu beschützen, ist aktuell eine der schwierigsten Aufgaben der Politik, weil es Menschen gibt, die Terror ausüben, um die Demokratie zu zerstören.

Neben vielen Rechten haben die Menschen in einer Demokratie auch Pflichten zu erfüllen. Die wichtigste Pflicht ist, dass man sich an die Gesetze hält. Auch ist man verpflichtet, die Rechte anderer Menschen zu respektieren.

*Zu den Begriffen Demokratie, Staat und Politik findet ihr weitere Informationen im Glossar.

Leben in der Schulgemeinschaft

Station 1

S M U H

Klassensprecher wählen

Ein Fernsehinterview

Stell dir folgende Situation vor: Ein örtlicher Fernsehsender besucht eure Schule und hat dich für ein Interview ausgesucht. Die Fragen hat man dir vorher zur Verfügung gestellt. Nun bereitest du dich auf das Interview vor und machst dir Notizen.

1. Frage: Kannst du unseren Zuschauern zwei Aufgaben nennen, die ein Klassensprecher zu erfüllen hat?

2. Frage: Die Zuschauer wüssten gerne, was der Unterschied zwischen dem passiven und dem aktiven Wahlrecht ist. Kannst du helfen?

3. Frage: Kannst du uns zwei unterschiedliche Wahlen nennen, an denen du in deiner Klassen- und Schulgemeinschaft teilnehmen darfst?

4. Frage: Erkläre uns doch bitte, warum Wahlen zu den unverzichtbaren Merkmalen einer Demokratie gehören.

Station 2

S M U H

Rechte und Pflichten

Sätze zusammenfügen

Hier ist ein Text über Rechte und Pflichten „auseinandergefallen“. Du wirst ihn wieder richtig zusammenfügen.

1. Ein Recht ist eine …
2. Nie hat jemand …
3. Das wichtigste Recht in der Schule ist …
4. Das Recht auf eine eigene Meinung darf nicht dazu …
5. Unter einer Pflicht versteht man …
6. Eine wichtige Schülerpflicht ist …

a. grenzenlose Rechte.
b. garantierte Freiheit.
c. die Pflicht zum regelmäßigen Schulbesuch.
d. das Recht auf Bildung.
e. eine Aufgabe, die man zu erfüllen hat.
f. missbraucht werden, andere zu beleidigen.

Station 3

S M U H

Schülerinnen und Schüler regieren in der Schule mit

Wahlmöglichkeit A

Wahlmöglichkeit B

1. Erkläre den Unterschied: Welche beiden Möglichkeiten bei der Wahl des Schülersprechers zeigen die Zeichnungen?
2. Formuliere jeweils einen Grund: Was spricht für die Möglichkeit A und was für die Möglichkeit B?
3. Begründe deine eigene Meinung: Für welche Möglichkeit entscheidest du dich?

Station 4

S M U H

Merkmale von Demokratie

1 Beispiel – 4 Begriffe – 5 Merksätze notieren

Gesetze → In der Demokratie müssen sich alle Bürger und der Staat an die Gesetze halten.

Mithilfe der folgenden Begriffe kannst du vier weitere Merksätze über wichtige Merkmale der Demokratie aufschreiben. So erhältst du fünf Merkmale, die du dir für immer einprägen kannst.

Freie Wahlen →

Mehrheitsprinzip →

Meinungsfreiheit →

Gleichberechtigung →

3 Zusammenleben in der Familie

Wir untersuchen Lebenssituationen von Kindern, Jugendlichen und Erwachsenen

1. Allein nachdenken

Betrachte das Foto von der Storchenfamilie: Welche Gedanken über die Bedeutung der Familie löst es in dir aus?

2. Zu zweit beraten

Warum brauchen die Menschen überall auf der Welt eine Familie? Findet mindestens zwei Gründe.

3. In der Klasse sammeln

Was kann der Staat für die Eltern und die Kinder tun? Sammelt gemeinsam, was euch dazu einfällt.

Im Verlauf dieses Kapitels könnt ihr …

- **Gründe ermitteln, warum es viele verschiedene Formen von Familien gibt,**
- **an Beispielen untersuchen, wie Familien in Deutschland und in anderen Ländern leben,**
- **in einem Rollenspiel darstellen, wie eine Familie ihren Streit um die Verteilung der Hausarbeit klärt,**
- **erläutern, warum der Staat sich um die Familien kümmert,**
- **darüber diskutieren, ob es besser ist, mehr Geld für Kitas oder für Kindergeld auszugeben.**

Eigene Schwerpunkte könnt ihr setzen, indem ihr …

- **ein Interview mit einem Kaiser aus dem Mittelalter führt,**
- **andere Personen darüber befragt, wie diese über die Bedeutung der Familie denken,**
- **eine Rede in der Rolle einer Politikerin oder eines Politikers über Hilfen für die Familie vorbereitet.**

Detektivaufgabe für das ganze Kapitel:
Worauf freut sich Arno Schaminski die ganze Woche über?

1 Warum ist die Familie so wichtig?
Die Bedeutung der Familie für das Leben von Kindern beschreiben

A Ein Experiment im Mittelalter

Vor vielen Hundert Jahren wollte der Kaiser Friedrich II. herausfinden, wie sich Kinder im späteren Leben verhalten, wenn sie von Geburt so wenig wie möglich von außen beeinflusst werden. Ganz besonders interessierte ihn, welche Sprache diese Kinder verwenden würden. Also machte er ein Experiment: Er ließ neugeborene Säuglinge ihren Eltern wegnehmen und beauftragte Pflegerinnen – sogenannte Ammen – damit, die Kinder zu säubern und zu ernähren. Er verbot diesen Frauen aber, mit den Kindern zu sprechen oder ihnen sonst irgendeine Zuwendung zu zeigen. Er wollte, dass sie unbeeinflusst aufwachsen, auch unbeeinflusst von Liebe.

Erstaunt musste der Kaiser feststellen, dass keines der Kinder zu sprechen anfing. Noch schlimmer: Keines überlebte das Experiment. Alle starben in ihren ersten Lebensjahren, und der Kaiser blieb ratlos zurück. Heute wissen wir: Es reicht nicht aus, ein Baby nur mit Nahrung zu versorgen. Es braucht spürbaren Kontakt zu anderen Menschen. Mit Babys muss man sprechen, sie in den Arm nehmen, sie trösten, wenn sie weinen. Bekommen Kinder in den ersten Lebensjahren nicht genug Zuwendung, können sie krank werden und in ihrer Entwicklung verkümmern.

Was Babys wirklich brauchen

Kinder brauchen eine Familie*, damit sie einen guten Start ins Leben haben und glücklich und beschützt aufwachsen können. Im Idealfall vermittelt die Familie einem Kind das Gefühl, geborgen zu sein und geliebt zu werden und willkommen in der Welt zu sein. Die Erziehung der Kinder ist die wichtigste Aufgabe, die eine Familie zu erfüllen hat.

Dabei spielt es keine besondere Rolle, ob diese Familie groß oder klein ist. Viele Familienformen sind möglich. Wichtig ist, dass es Bezugspersonen gibt, die kleine Kinder liebevoll umsorgen und denen sie vertrauen können. Besonders häufig werden das die leiblichen Eltern sein. Aber auch andere Personen kommen dafür infrage, wenn sie wie Eltern mit ihren Kindern zusammenleben.

*Zum Begriff Familie findest du weitere Informationen im Glossar.

1. Was wollte Kaiser Friedrich II. herausfinden?
2. Mit welchem Experiment ist Kaiser Friedrich II. im Mittelalter gescheitert? Beschreibe es.
3. Was brauchen Babys, um sich gut zu entwickeln? Sammelt, was ihr in diesem Text darüber erfahrt und was ihr schon darüber wisst.
4. Beschreibt die Fotos auf der folgenden Seite der Reihe nach. Welche Aufgaben von Eltern, Familien und wichtigen Bezugspersonen lassen sich daraus ableiten?

Was auch noch interessant sein kann:

- ein Interview mit dem Kaiser vorspielen – Was hast du gemacht? Warum hast du das gemacht? Worüber bist du ratlos? Ich erkläre dir, warum dein Experiment scheitern musste.

B Was erzählen Fotos über die Bedeutung der Familie?

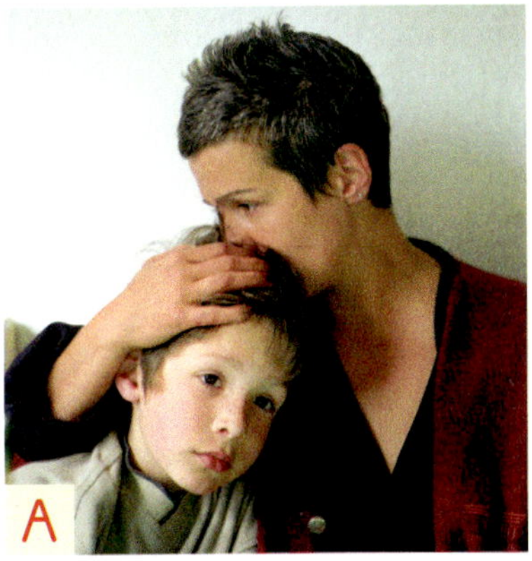

A

B

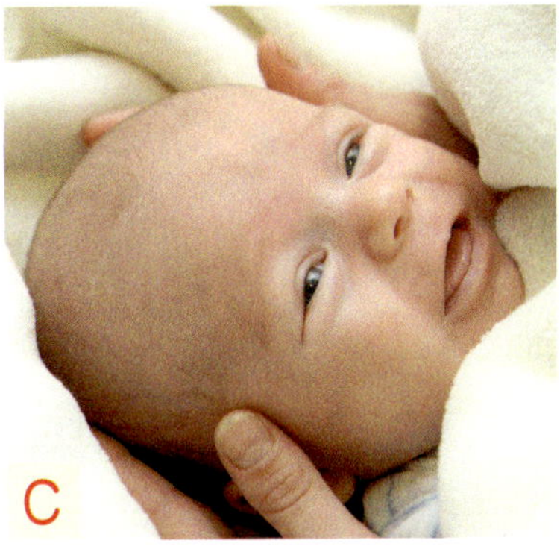

C

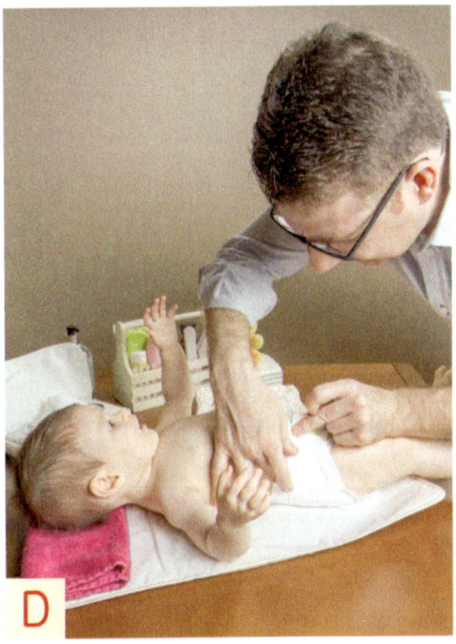

D

E

F

G

H

I

2 Wie leben Kinder in unterschiedlichen Familien?
Wir beschreiben Unterschiede und Gemeinsamkeiten

Familien gibt es überall auf der Welt. In diesem Kapitel könnt ihr an Beispielen aus Deutschland und aus anderen Ländern untersuchen, wie Kinder das Zusammenleben in ihren Familien beschreiben. Ihr könnt auch die Gründe herausfinden, warum es so viele unterschiedliche Familien gibt.

A Fotos erzählen

Familie Steffens hat drei eigene Kinder und ein adoptiertes Kind. Insgesamt gibt es knapp 1 Million Großfamilien mit drei und mehr Kindern in Deutschland.

Seit der Scheidung lebt Simon bei seiner Mutter. Sonntags besucht ihn sein Vater. Etwa 1,7 Millionen alleinerziehende Mütter und Väter gibt es.

Dieses Baby wird in einer sogenannten „Regenbogenfamilie" groß werden. Darunter versteht man gleichgeschlechtliche Lebensgemeinschaften mit Kindern, von denen es mittlerweile etwa 6 000 gibt.

Dieses Mädchen lebt zusammen mit Mutter und Vater – so wie 4,3 Millionen andere Kinder auch. Die „Ein-Kind-Familie" ist die häufigste Familienform in Deutschland. 3 Millionen Familien mit zwei Kindern sind die zweithäufigste Form.

Zahlen: Statistisches Bundesamt 2014

1. Notiere die Familienformen von oben nach unten nach ihrer Häufigkeit.
2. Kannst du trotz der Unterschiede auch Gemeinsamkeiten zwischen den verschiedenen Familien in den Bildern entdecken? Beschreibe sie.

INFO S M U H

B Familien heute

Teil 1: Was ist eigentlich eine Familie?

Heutzutage gibt es viele Formen des Zusammenlebens. Da ist es gar nicht so einfach zu bestimmen, was eigentlich eine Familie ist. In Deutschland spricht man immer dann von einer Familie, wenn Eltern und Kinder gemeinsam in einem Haushalt leben.
Dazu zählen alle Ehepaare mit einem oder mit mehreren Kindern und auch alle Alleinerziehenden und alle unverheirateten Paare, die mit eigenen oder adoptierten Kindern (also mit aufgenommenen fremden Kindern) unter einem Dach leben. Paare ohne Kinder und ältere Ehepaare, bei denen die Kinder von zu Hause ausgezogen sind, werden nicht mehr als Familie gezählt. Sie gelten als Lebensgemeinschaft.
Aus der Sicht von Eltern und Kindern heraus kann man auch anders erklären, was eine Familie ist, nämlich eine Gemeinschaft, in der Eltern und Kinder Glück und Geborgenheit suchen, ihren Alltag gemeinsam organisieren und füreinander einstehen.

1. Nenne drei verschiedene Formen von Familien.
2. Was versteht man unter einer Familie? Im Teil 1 findest du zwei Erklärungen. Notiere sie.
3. Warum haben sich die Familien in Deutschland stark verändert? Formuliere drei Gründe. (Das geht auch zu zweit.)
4. Manche Menschen bedauern, dass es heute so viele verschiedene Familienformen gibt, andere sehen die Vielzahl der Möglichkeiten als Chance. Wie siehst du es? Begründe deine Ansicht.

Lebensgemeinschaften heute

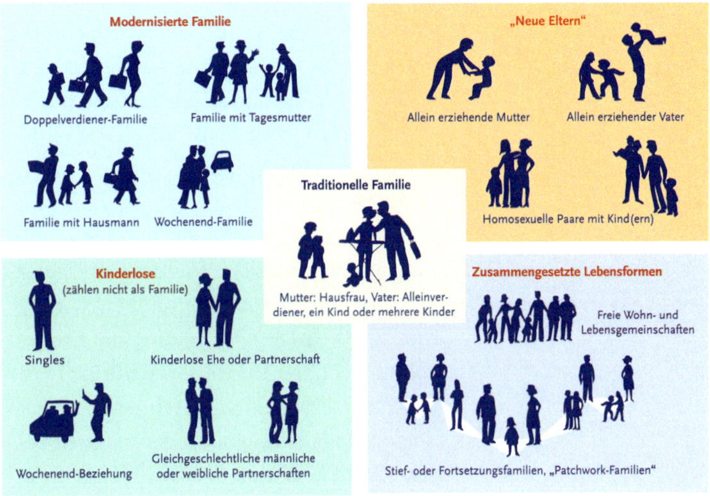

Teil 2: Gründe für die Vielzahl der Familienformen

In früheren Zeiten war es selbstverständlich, dass man heiratete, Kinder bekam und ein Leben lang zusammenblieb. Auch heute noch gehört der Wunsch, eine Familie zu gründen, zur Lebensplanung der meisten jungen Leute. Die Entscheidungsmöglichkeiten, wie diese Form des familiären Zusammenlebens gestaltet werden soll, haben aber in erheblichem Maße zugenommen. Viele junge Leute leben mittlerweile ohne Trauschein zusammen und haben gemeinsame Kinder, Alleinlebende entschließen sich dazu, Mutter oder Vater zu werden, ohne mit dem Partner zusammenzuziehen. Auch gibt es immer häufiger gleichgeschlechtliche Partnerschaften mit adoptierten oder auch eigenen Kindern.

Ein weiterer Grund für die Veränderungen liegt in der Zunahme der Zahl der Scheidungen. Sehr viele Geschiedene heiraten wieder und die Kinder wachsen dann in einer Fortsetzungsfamilie auf. So leben acht von zehn Kindern in einer Familie mit zwei Eltern.
Die Zunahme der Gleichberechtigung unter Frauen und Männern ist ein dritter Grund für die Veränderungen. Immer mehr Frauen haben eine gute Berufsausbildung und stehen finanziell auf eigenen Füßen. Sie sind nicht mehr – wie es früher oft der Fall war – vom Geld ihres Ehepartners abhängig und können auch ohne Partner leben.

C Familien in Deutschland: Drei Beispiele

Hier berichten drei Kinder vom Leben in ihren Familien. Was ist das Besondere an diesen Familien? Worin unterscheiden sie sich? Gibt es trotz der Unterschiede auch Gemeinsamkeiten zu entdecken? Das sind Fragen, auf die ihr nach Antworten suchen sollt. Tipp: Ihr könnt in Dreiergruppen arbeiten. Jedes Gruppenmitglied bearbeitet zunächst allein ein Beispiel und stellt es anschließend in der Gruppe vor.

Mutter, Vater, Kind – so stellen sich viele eine glückliche Familie vor. Dass es auch noch andere Möglichkeiten gibt, zeigen die Beispiele auf dieser Seite.

Beispiel 1: Robin

Ich bin ein Einzelkind und – darauf lege ich Wert – weder total verwöhnt noch überheblich. Das sagen zumindest meine Freunde. Früher habe ich mir oft einen Bruder gewünscht. Platz hätten wir wirklich genug. Wir wohnen in einem großen Zwei-Familien-Haus. Ich wohne im Dachgeschoss. Dort habe ich sogar ein eigenes Bad für mich. Wenn mein Freund Jens bei mir übernachtet, haben wir oft viel Spaß. In der Wohnung im Erdgeschoss wohnen meine Großeltern. Dort bin ich viel zu Besuch, mit ihnen kann ich sogar Dinge bereden, die ich meinen Eltern nicht erzählen würde. Meine Oma kocht auch mittags für mich, denn meine Mutter arbeitet den ganzen Tag als Arzthelferin in einer großen Praxis.
Manchmal ist es für mich schon ein wenig langweilig, nur mit Erwachsenen zusammen zu sein, besonders im Urlaub. Deswegen fliegen wir jetzt schon zum zweiten Mal in einen Ferienclub, weil ich dort Kinder in meinem Alter treffen kann. Eigentlich bin ich zufrieden mit meinem Leben. Meine Eltern sind die wichtigsten Personen in meinem Leben. Sie nehmen sich viel Zeit für mich, auch wenn sie in ihrem Beruf manchmal ganz schön Stress haben. Am Wochenende unternehmen wir häufig etwas zusammen – eine Radtour oder wir gehen in ein Restaurant schön essen.

Beispiel 2: Oguz

Meine Eltern kamen 1984 nach Deutschland. Sie haben sich bei der Arbeit in der Fabrik kennengelernt. Nach ihrer Heirat blieb meine Mutter zu Hause und ein Jahr später kam meine Schwester Sibel auf die Welt, dann vier Jahre später meine Schwester Merve und weitere sechs Jahre später wurde ich geboren. Mein Bruder Burhan ist unser Jüngster.
Meine Eltern wollten eigentlich nur ein paar Jahre in Deutschland arbeiten, ein bisschen Geld zur Seite legen und dann wieder in die Türkei zurückkehren – aber daraus wurde, wie in den meisten türkischen Familien, nichts. Die Familie spielt bei Familien, die aus der Türkei kommen, eine ganz wichtige Rolle, vielleicht sogar die wichtigste Rolle. Der Zusammenhalt in der Familie ist sehr stark. Wir unterstützen uns, wenn einer Hilfe braucht. Auch die religiösen und nationalen Feiertage feiern wir zusammen. Überhaupt unternehmen wir fast alles in familiärem Rahmen. Das heißt jedoch nicht, dass ich mich immer mit meinen Eltern gut verstehe. Sie sind sehr traditionell eingestellt, was man von mir nicht behaupten kann. Da gibt es natürlich immer wieder Streit, weil ich genauso wie die Jugendlichen in Deutschland leben möchte.

Beispiel 3: Judith

Alle staunen, wenn ich von meiner großen Familie erzähle. Wir sind fünf Kinder. Aber eigentlich habe ich etwas dick aufgetragen: Denn wir haben nicht alle dieselben Eltern. Nur mein kleiner Bruder Sven (8 Jahre) und ich sind aus der jetzigen Ehe meiner Eltern. Marc (15 Jahre) stammt aus Mamas erster Ehe, hat also einen anderen Vater. Marc lebt aber bei uns. Meine Mutter arbeitet halbtags in einem Reisebüro, Papa den ganzen Tag in seiner Firma. Deshalb müssen wir alle im Haushalt mit anpacken, jeder hat seine Pflichten, auch mein Vater. Deswegen gibt es bei uns schon mal Streit, wenn sich einer davor drücken will. Papa hat aus erster Ehe ebenfalls zwei erwachsene Kinder: Max ist 21 Jahre alt und studiert, Stefanie ist 19 und lebt bei ihrer Mutter. Max und Stefanie kommen am Wochenende oft zu uns zu Besuch. Dann wird es ganz schön voll in unserem Reihenhaus, aber ich freue mich immer, wenn die beiden da sind. Mit meinem Stiefbruder Max kann ich richtig gut reden.

Papa kann den Ex-Mann meiner Mutter nicht besonders leiden. Ich habe eigentlich nichts gegen ihn. Seine Ex-Frau kenne ich kaum. So ist das manchmal ganz schön kompliziert in unserer Familie, doch eigentlich bin ich sehr zufrieden mit meinem Leben. Bei uns ist es jedenfalls nie langweilig.

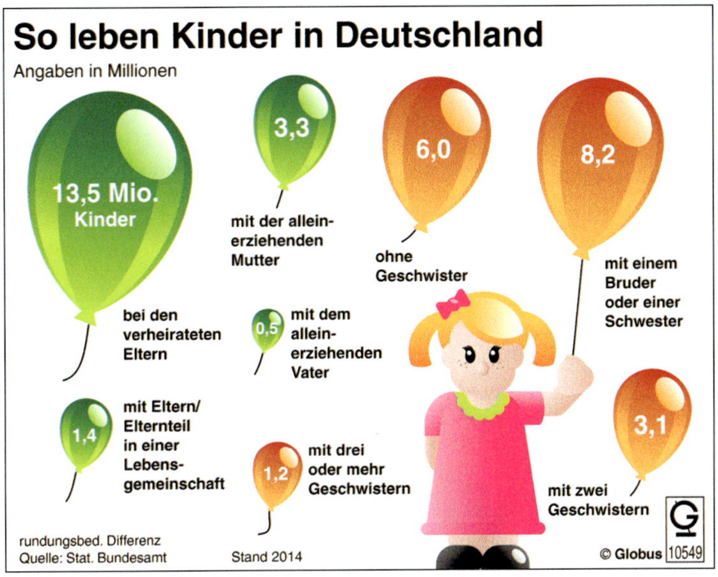

1. Stelle das von dir bearbeitete Beispiel vor, indem du die folgenden Fragen beantwortest:
- Welche Personen gehören zu dieser Familie?
- Was erfährt man über das Zusammenleben?
- Was ist das Besondere an dieser Familie?

2. Worin bestehen die Unterschiede in der Form und in den Lebensverhältnissen? Ermittelt sie gemeinsam und stellt sie einander gegenüber.

3. Betrachtet das Schaubild über Kinder in Deutschland. Findet heraus, wie viele Kinder noch in ähnlichen Familienverhältnissen leben wie Robin, Oguz und Judith.

4. Welche Gemeinsamkeiten lassen sich zwischen allen Familien ermitteln, egal wie groß sie sind oder in welchen Verhältnissen sie leben? Sammelt gemeinsam.

Was auch noch interessant sein kann:
- von anderen Familien erzählen: Überlegt, welche unterschiedlichen Familien ihr sonst noch kennt oder von welchen ihr gehört oder gelesen habt. Stellt sie euch gegenseitig in der Gruppe vor.

D Vom Leben der Familien in anderen Ländern

Für die beiden Beispiele könnt ihr die Bearbeitung aufteilen und euch die Ergebnisse gegenseitig vorstellen. Die Aufgaben dazu lassen sich auch zu zweit oder in Gruppen bearbeiten.

Beispiel 1: Eine Nomadenfamilie in Äthiopien

Die zehnjährige Medina mit ihrer Großmutter und zwei kleinen Geschwistern

Nomaden sind Völker, die mit ihrem Hab und Gut von Ort zu Ort ziehen. Sie leben in Zelten oder in anderen Behausungen, die sich leicht auf- und abbauen lassen.

Die zehnjährige Medina gehört zu einer Nomadenfamilie. Die Familie lebt in dem ostafrikanischen Land Äthiopien. Zu Medinas Familie gehören ihre Eltern, zwei kleinere Geschwister und ihr zwölfjähriger Bruder Mohammed. Kinder, Eltern und Großeltern leben zusammen und teilen sich die Aufgaben in der Familie.

So ähnlich wie Medinas Familie lebt eine Million Menschen in der Region Afar im Süden Äthiopiens. Afar ist etwa doppelt so groß wie Nordrhein-Westfalen und zählt zu den ärmsten Regionen in Afrika. Es gibt nur sehr wenige Straßen, hier ist es oft heiß und es regnet nur selten.

Medinas Familie lebt von der Viehzucht – sie besitzen Schafe und Ziegen. Damit die Tiere immer gut versorgt sind, reist die Familie auf der Suche nach grünen Wiesen und Wasser mit ihnen durch das Land. Kinder müssen schon sehr früh ihren Eltern bei der Versorgung der Tiere helfen. Obwohl Medina und ihre Familie ständig an verschiedenen Orten leben, können sie und ihr Bruder Mohammed zur Schule gehen. Eine Schule, die auf- und abgebaut werden kann, ermöglicht ihnen das. Damit haben sie es besser als viele andere Kinder in Äthiopien, die keine Gelegenheit zum Schulbesuch haben.

Der Stundenplan ist flexibel, sodass Kinder ihre Aufgaben im Haushalt erledigen und trotzdem zur Schule gehen können. Und auch die Lehrer reisen mit der Nomadengemeinschaft von Weidefläche zu Weidefläche. Seitdem Medina in die Schule geht, weiß sie ziemlich genau, was sie einmal werden möchte: Pilotin. Autofahren möchte sie auch lernen.

Mohammed und Medina stehen stets schon vor Sonnenaufgang auf, um die Schafe und Ziegen der Familie auf die Weide zu bringen. Nach der Schule müssen sie zum Fluss laufen, um Wasser zu holen.

Medina wollte schon immer zur Schule gehen, doch ihr Vater war lange dagegen. Er brauchte ihre Hilfe im Haushalt. Ein Mitarbeiter der Schule hat sich schließlich für Medina eingesetzt und ihren Vater davon überzeugt, wie wichtig Bildung ist.

(Vom Autor nacherzählt nach einem Fotobericht von www.younicef.de; Kerstin Bücker, Susanne Fotiadis verantwortlich für den Inhalt, Zugriff: 13.03.2016)

Die Schule für die Nomadenkinder kann schnell auf - und abgebaut werden.

Beispiel 2: Eine Familie aus Laos in Asien

Laos ist ein Land in Asien. Die meisten Menschen sprechen hier Lao, allerdings nicht die Familie, die hier vorgestellt wird. Sie gehört zum Volk der Hmong und besteht aus den Eltern, den Großeltern und acht Kindern. Die zehnjährige Ndsai und der siebenjährige Shoa sind zwei davon. Die meisten Familien in dieser Region sind Großfamilien mit mindestens vier Kindern. Das Volk der Hmong kommt ursprünglich aus China, lebt aber seit über 200 Jahren auch in Laos. Laos und China haben eine gemeinsame Grenze. Die Hmong haben eine eigene Sprache.

Auch Shoa und Ndsai sprechen in ihrem Dorf eine Sprache, die sich von der Landessprache Lao unterscheidet. Das Dorf, in dem Shoa und Ndsai mit ihrer Familie leben, liegt 1600 Meter über dem Meeresspiegel hoch in den grünen Bergen. Etwa 60 Familien leben dort. Das Dorf liegt sehr abgeschieden, lediglich ein steiler Pfad führt in einem fünfstündigen Fußmarsch zur nächsten Straße. Es gibt keine Geschäfte, Restaurants, keine Apotheke oder kein Krankenhaus. Die Schule ist das einzige Gebäude neben den Privathäusern der Dorfbewohner. Jeder hier hat den gleichen Beruf: Bauer. Die drei Lehrer sind die einzige Ausnahme.

Shoa und Ndsai besuchen die kleine Schule in ihrem Dorf. Dort lernen sie zum Beispiel Lao, die offizielle Sprache in Laos. Für sie ist nur schwer zu verstehen, warum sie diese Sprache lernen sollen, denn in ihrem Dorf wird sie nicht gesprochen. Sie gucken auch kein Fernsehen und lesen keine Zeitung. Die Sprache ist aber wichtig für ihre Zukunft: Sie müssen sie beherrschen, wenn sie vielleicht einmal im Tal leben und arbeiten möchten.

Gerade in der Erntezeit müssen viele Kinder aber ihre Familien unterstützen, sodass sie nicht zur Schule gehen können. Auch sonst müssen Shoa, Ndsai und ihre Geschwister häufig im Haushalt helfen, z. B. Wäsche waschen, die Tiere versorgen oder Wasser holen.

Die Hmong-Familie vor ihrem Haus im Dorf Ban Buac Kwai in Laos

Tiere und Reis sind die beiden Haupteinnahmequellen für die Familien. Aber der Anbau von Reis in den Bergen ist eine harte und zeitaufwendige Arbeit – meist haben die Familien gerade genug, um sich selbst zu versorgen. Manchmal können sie aber auch Teile ihrer Ernte verkaufen oder gegen andere Waren tauschen. Wenn jemand krank wird, können viele Familien die Behandlung nicht bezahlen. Deshalb passiert es immer noch, dass Menschen an Krankheiten sterben, die in Deutschland leicht behandelt werden können.

(Zusammengefasst nach einem Bericht von Bertrand Mignot aus Laos, November 2010, für UNICEF, in: www.younicef.de; Zugriff: 13.03.2016)

1. Zähle auf, wer alles zu dieser Familie gehört.

2. Fasse zusammen, was ihr über das Alltagsleben und die Aufgabenverteilung in der Familie erfahrt.

3. Welche Unterschiede zu eurem eigenen Familienleben fallen euch auf? Sprecht darüber und berichtet.

4. Versetzt euch in die Lage des Vaters oder der Mutter in einer der beiden Familien und schreibt auf: *„Was ich von meinen Kindern erwarte und was ich mir für deren Zukunft wünsche …“*

3 Wie sollen die Rollen in der Familie verteilt werden?
Wir stellen in Rollenspielen Konfliktsituationen* in der Familie nach

Oft haben wir ganz bestimmte Vorstellungen davon, wie sich Menschen gegenüber anderen verhalten sollen. Ein Verhalten, das den allgemeinen Vorstellungen entspricht, wird als Rolle bezeichnet.

In der Familie gibt es die Mutter- und die Vaterrolle sowie die Rollen von Töchtern und Söhnen. Rollen und Rollenerwartungen haben oft eine lange Tradition. Sie können sich aber ändern, denn nichts muss immer so bleiben, wie es früher einmal war.

Die Vorstellung, dass sich Väter nicht um die Erziehung zu kümmern brauchen und Mütter die Hausarbeit allein erledigen, wird heute von einer Mehrheit als altmodische Rollenerwartung empfunden.

Wie sollen in Zukunft die Rollen der Mitglieder in einer Familie gestaltet werden?

Zu dieser Frage lernt ihr hier erst einmal eine Familie kennen, in der vieles anders ist als woanders.

A Der Fall: Familie Schaminski – verrückt oder total modern?

Das ist Arno Schaminski – die Seele der fünfköpfigen Familie. Unermüdlich sorgt er für die Seinen: Einkaufen, kochen, bügeln, putzen, Schulaufgaben beaufsichtigen und seine jüngste Tochter Paula versorgen. Einmal die Woche nimmt er sich abends eine Auszeit von der Familie. Dann trifft er sich zu seinem Hausmänner-Abend mit seinen Freunden. Die ganze Woche freut er sich darauf. Immer häufiger drehen sich dort die gemeinsamen Gespräche um Fragen der Kindererziehung und um die Besuche von Elternabenden in der Schule.

Mutter Carla Schaminski steht als Abteilungsleiterin bei den Mega-Motorenwerken meistens unter Volldampf. Dass sie wegen ihrer Kinder ihren Beruf und ihre Karriere aufgeben würde, kam für sie nicht infrage – zumal sie schon früh mehr verdient hat als Arno, der berufstätig war, bis das erste Kind kam. Manchmal sehnt sie sich danach, mehr Zeit mit ihrer Familie verbringen zu können. Das ist allerdings an den Wochentagen höchstens mal für eine Stunde am Abend der Fall.

Dann hilft sie schon mal Arno beim Geschirrspülen oder liest den Kindern noch eine Gute-Nacht-Geschichte vor. Ansonsten kann Mama sich nur an den Wochenenden um die Kinder und den Mann kümmern. „Ich bin froh, dass Arno so ein gutes Händchen für alles hat, was mit den Kindern und dem Haushalt zu tun hat. Bei meinem anspruchsvollen Beruf kann ich mich darum nicht auch noch kümmern."

* Zum Begriff Konflikt findet ihr weitere Informationen im Glossar.

Tochter Chris ist 13 Jahre alt. Sie liebt ihr Hobby Fußball über alles. Jeden Tag trainiert sie, wenn sie mit den Hausaufgaben fertig ist. Zu Hause mäht sie ab und zu den Rasen oder wäscht auch mal Mamas Auto. Andere Hausarbeiten findet sie uncool. Das sieht ihr zwölfjähriger Bruder Tom ganz anders. Er kocht und backt leidenschaftlich gerne zusammen mit seinem Vater und hat auch kein Problem damit, die Blumen zu gießen. Tom will später einmal Landschaftspfleger werden.

1. Wie wirkt die Rollenverteilung in dieser Familie auf dich: verrückt, unsinnig, modern, nachahmenswert? Nimm Stellung dazu.

2. Stelle dir folgende Situation vor: Paula, die jüngste Tochter in der Familie Schaminski, besucht tagsüber eine Kita. Vater Arno hat daraufhin wieder seine Berufstätigkeit als Versicherungskaufmann aufgenommen. Er besteht darauf, dass die Arbeit in der Familie neu aufgeteilt wird. Wer soll was übernehmen? Man erwartet deine Vorschläge. Du kannst die Arbeit einzelnen Personen zuordnen oder mehreren oder allen zusammen. Das geht besonders gut zu zweit oder in einer Gruppe.

	Mutter	Vater	Tochter	Sohn
Wäsche waschen, bügeln				
Die Wohnung aufräumen				
Fußböden pflegen, Badezimmer putzen				
Einkaufen				
Fenster putzen				
Mahlzeiten vorbereiten				
Geschirr spülen				
Die kleine Tochter Paula erziehen				
Reparaturen im Haushalt durchführen				

Die Diskussion in der Familie über die Verteilung der Aufgaben könnt ihr im Rollenspiel darstellen. Lest dazu die Methodenkarte auf der folgenden Seite.

Rollenspiel

Thema: Konflikte in der Familie

Was ist ein Rollenspiel?

Im Rollenspiel schlüpfen die Spielerinnen und Spieler in die Haut einer anderen Person. Das ist ungefähr so wie bei einer Theaterrolle. Allerdings ist das Spiel nicht fest vorgeschrieben. Ihr müsst überlegen, wie sich die Personen, die ihr spielt, in dieser Situation verhalten würden. Damit das gelingt, müsst ihr euch vorstellen, was sie empfinden und denken.

Wie soll die Hausarbeit in der Familie Schaminski verteilt werden?

In diesem Spiel sind vier Rollen zu besetzen: Mutter Carla, Vater Arno, Tochter Chris, Sohn Tom. Der Vater will, dass die Hausarbeit auf alle Familienmitglieder aufgeteilt wird. Die drei anderen sind nicht begeistert von dieser Idee und möchten möglichst wenige Arbeiten übernehmen.

Wie geht man vor?

Ein Rollenspiel gliedert sich in Vorbereitung, Spiel und Besprechung.

1. Vorbereitung

Teilt zunächst die Klasse in Spielgruppen auf. Die Anzahl der zu besetzenden Rollen bestimmt die Gruppenstärke.

Überlegt, welche Interessen die einzelnen Personen haben und wie sie sich im Laufe des Spiels verhalten sollen.

Plant gemeinsam den ungefähren Spielablauf.

Einigt euch darauf, wie lange eurer Spiel dauern soll.

Geht den Spielverlauf einmal durch, bevor ihr vor Zuschauern spielt.

2. Spiel

Im Rollenspiel gibt es jeweils eine Gruppe, die spielt, während der übrige Teil der Klassenmitglieder das Spiel beobachtet.

Wenn ich spiele, …

- achte ich darauf, meine Rolle einzuhalten,
- versuche ich, mich so gut es geht in die Situation der Person hineinzuversetzen,
- nehme ich meine Rolle ernst und suche nach einer echten Problemlösung.

Wenn ich beobachte, …

- bin ich konzentriert und leise,
- versuche ich, Antworten auf folgende Fragen zu finden: Haben die Spieler ihre Rollen glaubwürdig dargestellt?
  Bin ich mit den Lösungen einverstanden?

3. Besprechung

Nach jedem Rollenspiel gibt es eine kurze Besprechungsrunde, in der sich die Beobachter zum Spiel äußern. Wenn alle Gruppen vorgespielt haben, könnt ihr gemeinsam die Ergebnisse vergleichen und darüber reden, welche Lösungen euch am besten gefallen haben und welche Vorschläge nicht akzeptabel sind. Alle Spielerinnen und Spieler sind dann nicht mehr an ihre Rolle gebunden und können sich frei äußern.

S M U H

B Wie soll die Rollenverteilung in der Familie aussehen?

Hier könnt ihr Geschichten erfinden, in denen – ähnlich wie bei den Schaminskis – die Rollen von Mutter, Vater und den Kindern ganz anders ausgestaltet werden, als es den traditionellen Rollenerwartungen entspricht.
Das geht allein, zu zweit und in einer Gruppe.

Euer Auftrag:

1. Wählt eines der Fotos aus und denkt euch dazu eine kleine Geschichte aus.
2. Stellt eure Ideen in der Klasse vor.
3. Sprecht gemeinsam darüber, was ihr euch unter einem fairen Verhalten in der Familie vorstellt.

„Tschüss, ihr beiden", sagte Mama, „kann spät werden heute Abend …"

„Heute habe ich wieder ganz viel im Haus zu tun!", sagt Papa. „Ob Mama wieder Überstunden in der Firma macht?"

4 Wie kann der Staat die Familien unterstützen?

Leistungen beschreiben und über Familienpolitik diskutieren

Im Beispiel 1 erfahrt ihr, wie und warum der Staat Familien unterstützt.
Im Beispiel 2 geht es um die Frage, ob der Staat sich einmischen soll, wenn Kinder in Not sind.

A Beispiel 1: Wenn das erste Kind kommt …

Sandrine und Joos leben schon einige Jahre als Paar zusammen. Vor anderthalb Jahren kam der kleine Emilian auf die Welt. Wir wollen erfahren, von welchen staatlichen Hilfen die Familie profitiert.

Wie hat die Geburt eures Sohnes euer Leben verändert?
SANDRINE: Natürlich dreht sich erst mal alles ums Kind. Es ist manchmal gar nicht einfach, sich auf die neue Situation einzustellen, aber insgesamt ist es wunderbar.
Spürt ihr, dass der Staat euch unterstützt?
JOOS: Ja klar! Am deutlichsten an den 190 Euro Kindergeld, die es jeden Monat gibt.*
SANDRINE: Seit seinem ersten Geburtstag geht Emilian tagsüber in eine städtische Kita. Wir zahlen mit 65 Euro im Monat einen Teil der Kosten. Den Rest übernimmt der Staat.*
Warum geht euer Kind schon seit seinem ersten Geburtstag in eine Kita?
JOOS: Wir sind beide wieder voll berufstätig. Mit nur einem Gehalt kämen wir nicht über die Runden.
SANDRINE: Wir sind zwar oft müde und merken, wie schwierig es ist, Beruf und Kind unter einen Hut zu bringen. Im Großen und Ganzen klappt es aber, weil wir als Team ganz gut funktionieren.
Habt ihr sonst noch von staatlichen Leistungen profitiert?
SANDRINE: Das Beste war das Elterngeld. Damit konnte ich im ersten Jahr beim Kind bleiben, ohne dass es allzu große finanzielle Probleme gab.
Habt ihr das Gefühl, dass der Staat genug für die Familie tut?
SANDRINE: (überlegt) Es wird schon viel getan. Man muss ja auch noch die Mutterschutzzeit dazu rechnen, die ich vor und nach der Geburt hatte.
JOOS: Die staatlichen Geldleistungen sind für uns ausreichend, weil wir ja beide berufstätig sind. Probleme gibt es eher mit den Möglichkeiten zur Kinderbetreuung.
SANDRINE: Es war unglaublich schwer, einen Kitaplatz zu finden. Als wir den nach langem Suchen bekommen haben, war das wie sechs Richtige im Lotto. Hier kann die Politik noch viel tun. So angespannt, wie die Situation jetzt ist, ist es für viele Frauen verdammt schwer, Beruf und Kind miteinander zu vereinbaren.

* Die Angabe von Joos zur Höhe des Kindergeldes bezieht sich auf das Jahr 2016.

*Kitaplätze werden aus Mitteln des Staates mitfinanziert. Die Höhe der Zuschüsse kann von Stadt zu Stadt und von Bundesland zu Bundesland unterschiedlich sein.

1. Von welchen Hilfen des Staates sprechen die beiden? Nenne sie.

B Hintergrund: Warum Staat und Familien einander brauchen

Die Familien sind dem Staat nicht egal. Ganz im Gegenteil: Familien stehen unter seinem besonderen Schutz. So schreibt es das wichtigste Gesetz in Deutschland, das Grundgesetz, vor. Zu den bekanntesten Leistungen des Staates gehört das Kindergeld, das an alle Eltern vom ersten Kind an monatlich ausgezahlt wird. Eine weitere wichtige Leistung ist das Elterngeld. Der Staat zahlt es, damit berufstätige Eltern nach der Geburt für ein Jahr und darüber hinaus zu Hause bleiben können. Eltern in finanziellen Notlagen erhalten für jedes Kind besondere finanzielle Hilfen. Auch Maßnahmen zum besonderen Schutz gehören dazu wie zum Beispiel der gesetzlich garantierte Mutterschutz oder das Recht der Kinder auf kostenlose ärztliche Betreuung in den ersten Lebensjahren. Staat und Familie sind wechselseitig aufeinander angewiesen. Die Familien sind wichtig für den Staat, weil dieser ohne Familien, in denen Kinder geboren werden, auf Dauer gar nicht existieren kann. Wo es keine Kinder gibt, hat der Staat keine Zukunft. Der Staat braucht die Familien auch, damit Eltern die Kinder zur Achtung der Gesetze erziehen. Die Familien brauchen den Staat, damit sie die Pflege der Kinder und die Erziehungsaufgaben möglichst gut erfüllen können.

C Wir diskutieren: Mehr Kindergeld oder bessere Kitas: Wofür würdest du das Geld ausgeben?

S M U H

In der Politik geht es oft ums Geld. Das Problem dabei ist, dass es oft knapp ist und dass man daher entscheiden muss, wofür das vorhandene Geld ausgegeben werden soll. So ist es auch in der Familienpolitik. Stelle dir folgende Situation vor: Du bist eine Politikerin oder ein Politiker im Deutschen Bundestag in Berlin. Du sollst darüber mitentscheiden, ob eine bestimmte Summe an Geld aus den Steuereinnahmen a) für eine Erhöhung des monatlichen Kindergeldes an die Familien verwendet werden soll oder b) für den Bau von mehr und besser ausgestatteten Kitas.
Nur eine der beiden Maßnahmen kann verwirklicht werden.
Für welche entscheidest du dich?

„Das Geld muss Familien mit Kindern direkt zukommen!"

Wenn Familien monatlich mehr Kindergeld vom Staat erhalten, kann eine Mutter oder ein Vater eher eine Zeit lang zu Hause bleiben statt zu arbeiten. So haben die Eltern die Möglichkeit, sich selbst um die Erziehung ihrer Kinder zu kümmern.

„Das Geld muss für bessere Kitas verwendet werden!"

Für viele junge Paare ist die Vereinbarkeit von Beruf und Familie das größte Problem. Es fehlt an gut ausgestatteten Kita-Plätzen. Es ist sinnvoll, das Geld dafür zur Verfügung zu stellen.

1. Wie unterstützt der Staat die Familien? Nenne einige Beispiele.
2. „Staat und Familie sind wechselseitig aufeinander angewiesen", heißt es im Text. Erläutere, wie das zu verstehen ist.
3. Welche Position der beiden Jugendlichen überzeugt dich mehr? Überlege allein, tausche dich mit deinen Tischnachbarn aus und diskutiert gemeinsam in der Klasse.

Was auch noch interessant sein kann:

- eine Rede vorbereiten: Versetze dich in die Rolle einer Politikerin/eines Politikers und plane eine Rede zum Thema: Mehr Kindergeld oder mehr Kitas?

D Beispiel 2: Wenn die Familie versagt …

Eine Einstiegsübung für alle
Versuche, dich in die Situation von Petra zu versetzen. Schildere in einigen Stichworten die Gefühle, die in dir vorgehen.

Der Fall: Petra braucht Hilfe

„Schon wieder eine Fünf in Mathe!" Wütend knallt Petra ihre Schultasche auf den Küchentisch. In letzter Zeit haben ihre Leistungen in der Schule sehr nachgelassen. Kein Wunder, denn immer öfter hat sie keine Lust auf Lernen und zieht morgens durch die Geschäfte, statt in die Schule zu gehen.
„Ob Mama etwas gekocht hat?" Petra hat Hunger, ihr Magen meldet sich. Aber auf dem Herd steht nichts und im Kühlschrank findet sie nur ein paar vergammelte Wurstreste, Bierdosen und Katzenfutter vor. Also läuft sie schnell zum Kiosk an der Ecke und kauft sich eine große Portion Pommes mit Majo und eine Cola. Dass sie in einem günstigen Moment noch ein paar Schokoriegel mitgehen lässt, bemerkt der Kioskbesitzer zum Glück nicht.
Wieder zu Hause hört sie aus dem Nebenzimmer das leise Schnarchen ihrer Mutter. „Wahrscheinlich wieder betrunken", denkt Petra. Vollständig angezogen findet sie ihre Mutter auf deren Bett. Die leere Rotweinflasche daneben. Seit Papa zu seiner neuen Freundin gezogen ist, passiert das leider immer öfter.
„Ich halte das nicht mehr aus!", denkt Petra und fühlt sich hundeelend und alleingelassen. Der Vater weg, eine Mutter, die allein nicht mehr zurechtkommt, und nun auch noch das schlechte Gewissen wegen des Diebstahls … Dabei hätte sie so gerne eine Freundin. Trotzdem hat Petra sich in den letzten Monaten immer mehr von den anderen Kindern zurückgezogen und den Kontakt zu ihren Freundinnen abgebrochen. Niemand in ihrer Klasse weiß von ihren Sorgen. Sie schämt sich so wegen dieser unordentlichen Wohnung, wegen ihrer ständig betrunkenen Mutter, wegen ihres verwahrlosten Äußeren. Längst wären neue Hosen, neue Schuhe und auch ein Besuch beim Friseur fällig, aber ihre Mutter scheint das gar nicht zu bemerken. Petra ist im letzten Jahr nicht nur in die Länge gewachsen. Sie fühlt sich viel zu dick. Sie kann aber einfach nicht aufhören zu essen. Unmengen von Süßigkeiten und Chips schlingt sie gierig hinunter. Sie frisst ihren Kummer förmlich in sich hinein.
„Petra, ich finde, es ist höchste Zeit, dass wir beide uns mal in Ruhe unterhalten." So nimmt ihre Klassenlehrerin Petra zur Seite, als diese mal wieder am Unterricht teilnimmt. „Hast du nach Schulschluss noch etwas Zeit?" „Ja, sicher", stimmt Petra zu – zwar ängstlich, aber auch erleichtert.

(mit verändertem Namen nach einem wirklichen Fall erzählt)

E Wenn Kinder Hilfe brauchen

Nach ihrem Gespräch mit ihrer Lehrerin geht es Petra schon besser. Allerdings sind die eigentlichen Probleme dadurch noch nicht aus der Welt geschafft. Deshalb haben sich beide nochmals für den nächsten Tag verabredet, um gemeinsam zu überlegen, welche Spezialisten Petra und ihrer Mutter am besten helfen können.
Zu diesem Gespräch bringt Petras Lehrerin ein Faltblatt mit. Darauf stehen Kontaktadressen von staatlichen und privaten Anlaufstellen bei Familienproblemen.

Hilfen des Staates

Die zuständigen Stellen für Probleme von Kindern und Jugendlichen sind die Jugendämter. Man findet sie in jeder größeren Gemeinde. Telefonnummern und Adressen findet man im Internet und in den örtlichen Telefonbüchern. Sie bieten Eltern und Kindern Hilfe an, wenn es große Probleme in der Familie gibt. Sie beraten Kinder und Jugendliche, wenn diese sich an sie wenden, weil sie nicht mehr allein mit Problemen in der Familie zurechtkommen.
In schweren Fällen vermitteln sie Pflegefamilien, Heimaufenthalte oder Plätze in pädagogisch betreuten Wohngemeinschaften, wenn ein Familienrichter dies gutheißt oder anordnet.

Artikel 6 des Grundgesetzes

(2) Pflege und Erziehung der Kinder sind das natürliche Recht der Eltern und die zuvörderst ihnen obliegende Pflicht. Über ihre Betätigung wacht die staatliche Gemeinschaft.

(3) Gegen den Willen der Erziehungsberechtigten dürfen Kinder nur auf Grund eines Gesetzes von der Familie getrennt werden, wenn die Erziehungsberechtigten versagen oder wenn die Kinder aus anderen Gründen zu verwahrlosen drohen.

In größeren deutschen Städten gibt es die Kinderschutz-Zentren. An diese kann man sich wenden, wenn man Probleme in der Familie oder in der Schule hat. Alle Gespräche bleiben vertraulich. Informationen findet man im Internet unter www.kinderschutz-zentren.org oder beim Beratungsangebot der „Nummer gegen Kummer" 116111.
Unter www.nummergegenkummer.de findet man einen Verein, der Mitglied im Deutschen Kinderschutzbund ist. Hier gibt es immer samstags auch eine Beratung von Jugendlichen für Jugendliche.

1. Worunter leidet Petra? Fasse die Geschichte mit eigenen Worten zusammen.
2. Wie kann Petra geholfen werden? Sprecht über ihre Probleme und überlegt, an wen Petra sich wenden kann, um Hilfe zu bekommen.
3. Verfasst gemeinsam einen Dialog zwischen Petra und ihrer Klassenlehrerin, wie er am nächsten Tag stattfinden könnte. Ihr könnt das Gespräch auch im Rollenspiel darstellen.
4. Soll der Staat eingreifen und Petras Eltern das Sorgerecht entziehen? Was sagt das Grundgesetz dazu?

Zusammenleben in der Familie

Station 1

S M U H

Warum ist die Familie wichtig?

Vor vielen Hundert Jahren wollte Kaiser Friedrich II. herausfinden, wie sich Kinder im späteren Leben verhalten, wenn sie von Geburt an völlig ohne Familie und ohne Bezugspersonen aufwachsen. Beantworte dazu die folgenden Fragen:

1. Was hat er unternommen?

2. Wie endete das Experiment?

3. Was können wir aus dieser Geschichte über die Bedeutung der Familie für die Kinder lernen?
4. Sind Familien sehr wichtig, einigermaßen wichtig oder nicht so wichtig? Formuliere dazu dein Urteil und begründe deine Ansicht.

Station 2

S M U H

Wie können Familien heute aussehen?

Familie = Jede Eltern-Kind-Gemeinschaft, die gemeinsam in einem Haushalt lebt
(Offizielle Definitionen des Bundesamtes für Statistik in Deutschland)

Welche der folgenden Lebensformen ist nach der offiziellen Definition eine Familie, welche nicht?

1

Familie mit Hausmann

2

Stief- oder Fortsetzungsfamilien, „Patchwork-Familien“

3

Mutter: Hausfrau, Vater: Alleinverdiener, ein Kind oder mehrere Kinder

4

Familie mit Tagesmutter

5

Wochenend Beziehung

6

Gleichgeschlechtliche männliche oder weibliche Partnerschaften

7

Doppelverdiener-Familie

8

Alleinerziehende Mutter

9

Singles

10

Kinderlose Ehe oder Partnerschaft

11

Homosexuelle Paare mit Kind(ern)

12

Alleinerziehender Vater

Lege eine Tabelle an und fülle sie aus:

Familie	Andere Lebensgemeinschaft

Station 3

S M U H

Rollenverteilung in der Familie

In Familie Schneider – Herr Schneider, Frau Schneider, Nico (12 Jahre), Elena (10 Jahre) und Sandra (3 Jahre) – müssen die häuslichen Aufgaben neu verteilt werden.
Da Sandra seit Kurzem die städtische Kita tagsüber besucht, will Frau Schneider, die seit der Geburt Sandras zu Hause geblieben war, wieder zurück in ihren Beruf als Bankkauffrau und Vollzeit bei der Sparkasse arbeiten. Herr Schneider arbeitet ebenfalls Vollzeit als Industriemechatroniker.

1. Notiere mindestens acht unterschiedliche Tätigkeiten, die in einem Fünf-Personen-Haushalt anfallen.
2. Verteile die Aufgaben so, dass Frau Schneider, die bisher den größten Teil der Hausarbeiten übernommen hatte, möglichst umfangreich entlastet werden kann. Überlege, welche Aufgaben Nico und Elena übernehmen können, um die Eltern zu unterstützen.

Station 4

S M U H

Wie kann der Staat die Familien unterstützen?

Weise den beiden Personen nach, dass sie völlig falsch liegen mit ihren Ansichten über das Verhältnis zwischen Staat und Familie.

4 Kinder in aller Welt

Wir machen uns stark für die Rechte von Kindern

1. Allein nachdenken

Dir erscheint eine gute Fee und sagt: „Nenne mir deine drei größten Wünsche für die Kinder in aller Welt. Sie werden in Erfüllung gehen.“ Welche nennst du?

2. Zu zweit beraten

Vergleicht eure Notizen. Einigt euch auf gemeinsame Wünsche.

3. In der Klasse sammeln

Unsere wichtigsten Ziele für die Kinder in aller Welt sind: …

Im Verlauf dieses Kapitels könnt ihr …

- **unterschiedliche Lebenssituationen von Kindern miteinander vergleichen,**
- **über das Problem der Kinderarbeit miteinander diskutieren,**
- **gemeinsam überlegen, wie Kindern aus armen Familien geholfen werden kann,**
- **Ideen für Projekte zur Stärkung von Kinderrechten entwickeln,**
- **in einer Zukunftswerkstatt euer Bild von einer besseren Zukunft für Kinder entwerfen.**

Eigene Schwerpunkte könnt ihr setzen, indem ihr …

- **euch mithilfe ausgewählter Internetadressen über die Situation von Kindern weltweit informiert,**
- **zum Thema Kinderrechte ein Bild malt, ein Gedicht verfasst oder einen RAP.**

Detektivaufgabe für das ganze Kapitel:
Wo ist Pilgrim noch nie gewesen?

1 Wie leben Kinder in den Armutsländern der Erde?

Wir vergleichen unterschiedliche Lebenssituationen

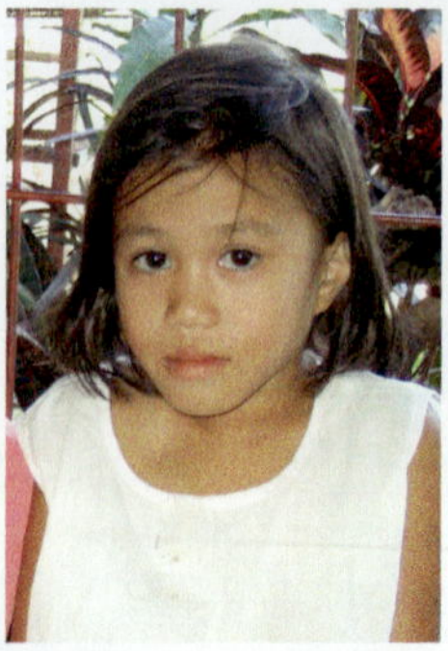

Unsere Untersuchungsergebnisse			
Vergleichsmaßstäbe	**Pilgrim**	**Eliza**	**Carlos**
Was erfahrt ihr über …			
1. die Art der täglichen Arbeit?			
2. den Grund, warum das Kind arbeitet?			
3. die Bildung, den Schulbesuch?			
4. die Sorgen und Wünsche des Kindes?			
5. die Situation der Kinder in dem Land im Allgemeinen?			

Auf den folgenden Seiten werdet ihr drei Kinder aus verschiedenen Ländern kennenlernen. Ausgewählt wurden diese Kinder, weil sie berichtet haben, wie sie leben. (Nicht alle Kinder auf der Erde haben die Möglichkeit und die Chance, das zu tun.) Ihr könnt die Fälle der Reihe nach lesen und dann die Lebenssituationen der Kinder miteinander vergleichen. Kriterien zum Vergleichen findet ihr im Kasten oben. Ihr könnt aber auch in Gruppen arbeiten und euch die Bearbeitung aufteilen. Dabei hilft folgende Vorgehensweise:

1. Bildet Dreiergruppen und teilt die drei Beispiele zur Bearbeitung auf.
2. Bereitet dazu nach dem Muster oben ein Bearbeitungsblatt vor.
3. Lest nun allein euren Fall.
4. Füllt für euer Beispiel das Bearbeitungsblatt aus.
5. Stellt in eurer Gruppe der Reihe nach die Kinder vor.
6. Überlegt gemeinsam, wodurch sich das Leben dieser Kinder von Kindern hierzulande unterscheidet.
7. Bearbeitet zum Schluss gemeinsam die Arbeitsaufträge 2 und 3 auf der Seite 77.
8. Stellt die Ergebnisse eurer Arbeit in der Klasse vor.

A Drei Beispiele

Beispiel 1: Pilgrim, ein Mädchen von den Philippinen: Warum muss sie mehr als 12 Stunden durchhalten?

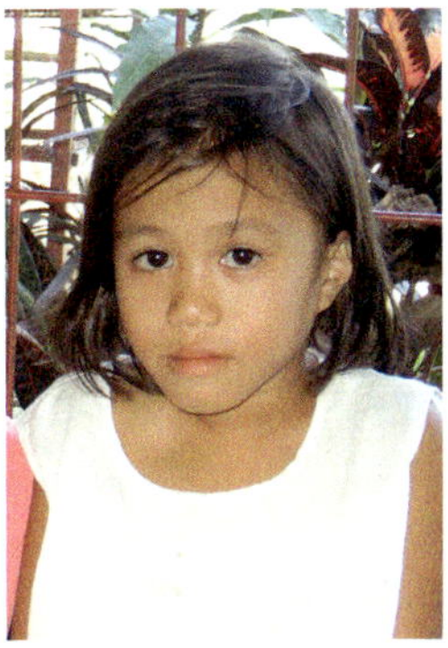

Hallo, ich bin Pilgrim. Ich bin zwölf Jahre alt und lebe in einem kleinen Dorf auf der philippinischen Insel Negros. Die nächste größere Stadt ist Bacolod, aber dort bin ich noch nie gewesen. Denn Bacolod ist zu weit weg und außerdem habe ich weder Zeit noch Geld, um dorthin zu reisen. Ich muss nämlich jeden Tag auf einer Zuckerrohrplantage arbeiten: Erst pflanze ich das Zuckerrohr, einige Wochen später jäte ich Unkraut und besprühe die Pflanzen mit Unkraut- und Insektenvernichtungsmitteln. Die sind sehr giftig, aber Schutzkleidung haben wir nicht. Wenn das Zuckerrohr hoch genug ist, schneide ich mit einem Messer die Stangen ab und sammle sie in Bündeln. Das ist eine sehr schwere Arbeit, besonders, weil es sehr heiß bei uns ist.

Nach der Menge der Bündel, die ich beim Aufseher abliefern kann, richtet sich mein Verdienst. Ich versuche, immer zwischen 160 und 180 Bündel am Tag zu schneiden, aber manchmal bin ich so müde, dass mir das nicht gelingt. Denn mein Arbeitstag dauert oftmals mehr als zwölf Stunden und hinzu kommt dann ja auch noch der Fußmarsch von meinem Dorf zur Plantage. Da bin ich dann auch nochmal über eine halbe Stunde hin und eine halbe Stunde zurück unterwegs.

Ich muss aber durchhalten, da meine Familie das Geld, das ich verdiene, dringend braucht. Seit mein Vater uns verlassen hat, müssen meine vier Geschwister und ich mithelfen. Allein kann meine Mutter nicht genug Geld verdienen, um uns alle zu ernähren. Mein Vater interessiert sich nicht mehr für uns. Er hat eine neue Frau und neue Kinder. [...]

Für die Schule habe ich keine Zeit. Ich war nur drei Jahre dort, zwischen meinem siebten und zehnten Lebensjahr. Der Weg zur Schule ist noch weiter als der zur Zuckerrohrplantage. Aber die Schule hat mir viel Spaß gemacht, sie ist interessanter als die Arbeit. Ich hatte große Pläne, ich wollte Krankenschwester werden. Doch ohne abgeschlossene Schule werden die mich im Krankenhaus wohl kaum haben wollen.

Zur Situation der Kinder auf den Philippinen

Die Republik Philippinen ist ein Land in Asien, das aus über 7000 Inseln besteht. Es hat fast 100 Millionen Einwohner. Eine kleine Bevölkerungsgruppe ist hier sehr wohlhabend, aber über die Hälfte der Familien ist von Armut bedroht. Über den Inselstaat fegen immer wieder schwere Wirbelstürme, unter denen vor allem die arme Bevölkerung leidet. Viele Kinder leisten schwere Arbeit und haben kaum eine Chance, die vierjährige Grundschule zu besuchen. Da die Eltern meist Tagelöhner sind, helfen die Kinder mit, das Überleben der Familien zu sichern.

Das Kinderhilfswerk UNICEF leistet vor Ort Hilfen zur Beseitigung von Sturmschäden. *terre des hommes* unterstützt eine philippinische Organisation beim Bau von Dorfschulen, sodass die Zahl der Kinder langsam zunimmt, die lesen und schreiben können.

1. Finde den Inselstaat Philippinen auf dem Globus oder einer Weltkarte.

Beispiel 2: Eliza, ein Mädchen aus Mosambik: Warum bekam sie große Angst?

Eliza mit ihrem Bruder Nazario und ihrer Schwester Jumilda auf der Müllkippe

Hallo, ich bin Eliza. Zusammen mit meiner Schwester Jumilda und meinem Bruder Nazano arbeite ich auf der Müllkippe. Wir sammeln alles, was noch brauchbar ist, und sortieren es: Blech zu Blech, Plastik zu Plastik und Papier zu Papier. Ich packe das Zeug dann in Tüten und bringe es zu meiner Großmutter, die es an einen Händler verkauft. Wir fangen an, wenn die Sonne aufgeht, und hören erst auf, wenn sie untergeht. Denn man weiß nie, wann die großen Müllwagen kommen und ob sie vielleicht etwas mitbringen, was für uns wertvoll ist. Auf der Müllkippe stinkt es fürchterlich, den Gestank werde ich auch abends nicht los.

Wir wohnen nicht weit weg von der Müllhalde, nur wenige Meter entfernt. Unsere Siedlung heißt Huele und liegt in der Nähe von Maputo. Maputo ist eine große Stadt, die Hauptstadt von Mosambik. Die Leute hier produzieren viel Müll und werfen oft Dinge weg, die noch brauchbar sind. Wir wohnen in einer Bretterhütte. Betten oder Wasser und Toiletten haben wir nicht. Ich bin sieben Jahre alt, meine Schwester ist elf und mein Bruder neun. Die Arbeit auf der Müllkippe ist manchmal gefährlich. Vor wenigen Tagen ist ein Mädchen zu schnell zum Laster gelaufen und als der dann seinen Müll ablud, wurde sie darunter verschüttet und starb. Ich hatte danach Angst vor den Müllautos. Aber wenn ich nicht schnell genug bin, schnappen mir die anderen die guten Sachen weg.

Meine Geschwister, meine Großmutter und ich brauchen das Geld, das wir von den Müllhändlern bekommen. Meine Mutter ist vor ein paar Monaten an Aids gestorben und unser Vater hat sich nie um uns gekümmert. Eine Schule hat noch keiner von uns besucht, wann denn auch? Wir müssen doch arbeiten. Und zum Müllsammeln muss man nicht lesen können.

Zur Situation der Kinder in Mosambik

Das Land ist mehr als doppelt so groß wie Deutschland und liegt an der Ostküste Afrikas. Mosambik ist eines der ärmsten Länder der Welt. Zurzeit arbeitet etwa jedes vierte Kind zwischen 5 und 14 Jahren. Deutschland hilft beim Aufbau eines besseren Schulsystems. Das Kinderhilfswerk UNICEF unterstützt den Aufbau von Dorfschulen. In der Nähe der Hauptstadt Maputo wurde mit Unterstützung der Hilfsorganisation *terre des hommes* ein Zentrum für Kinder errichtet, die auf den Müllkippen arbeiten. Hier können sie auch abends lesen und schreiben lernen. Trotz dieser Maßnahmen ist die Not noch immer sehr groß.

1. Finde Mosambik auf dem Globus oder einer Weltkarte.

Beispiel 3: Carlos, ein Junge aus Guatemala: Was möchte er gerne lernen?

Hallo, ich bin Carlos. Ich bin zehn Jahre alt und lebe mit meiner Mutter und drei Geschwistern in Guatemala-Stadt, der Hauptstadt Guatemalas. Wie sind noch nicht lange hier. Früher haben wir auf dem Land gewohnt. Das hat mir viel besser gefallen. Ich konnte mit meinen Freunden spielen, ohne immer auf Autos oder Diebe achten zu müssen. Und atmen konnte man da auch viel besser. Da ist die Luft nämlich noch nicht so fürchterlich mit Autoabgasen verschmutzt wie hier.

Vor wenigen Wochen hat meine Mutter jedoch beschlossen, mit uns in die Stadt zu ziehen, weil sie glaubte, dass sie hier Arbeit finden kann. Nun verkauft sie Tortillas auf dem Markt und ich verkaufe Knoblauch, der im Garten meiner Tante wächst. Allein würde meine Mutter nicht genug verdienen, um uns alle ernähren zu können. Mein Vater ist gestorben, als ich noch klein war.

Für Schule bleibt mir keine Zeit, aber nicht nur mir geht es so. Ich kenne viele Kinder, die hier auf dem Markt arbeiten und nicht zur Schule gehen. Sie helfen in den Küchen, verkaufen Kaugummis oder schleppen Gemüsekisten. Man sieht hier fast mehr arbeitende Kinder als Erwachsene. Trotzdem möchte ich irgendwann lesen und schreiben lernen, damit ich nicht mein ganzes Leben als Straßenverkäufer verbringen muss, sondern eine Arbeit mit mehr Lohn finde. Ich möchte sehr gern vieles lernen. Aber wie soll ich das neben der Arbeit machen?

(Die drei Beispiele wurden entnommen aus: terre des hommes, Schuften statt lernen – oder besser umgekehrt)

Zur Situation der Kinder in Guatemala

Guatemala ist ein Land in Mittelamerika mit etwa 14 Millionen Einwohnern. In keinem anderen Land der Region ist die Kluft zwischen Arm und Reich so groß wie hier. Fast die Hälfte der Bevölkerung ist arbeitslos. Aufgrund verheerender Naturkatastrophen kam es in den vergangenen Jahren immer wieder zu Missernten. So macht sich die arme Landbevölkerung auf in die Städte, in der Hoffnung auf ein besseres Leben. Es gibt eine gesetzliche Schulpflicht, aber zu wenige Schulen. Kinderarbeit ist weitverbreitet. Ganz besonders schlecht geht es den vielen Straßenkindern in Guatemala-Stadt. Sie werden oft von kriminellen Banden verfolgt.

Mehrere Hilfsorganisationen unterstützen den Bau von Schulen. *terre des hommes* begleitet ein Projekt, das auf den Märkten von Guatemala-Stadt Schulunterricht für arbeitende Kinder durchführt.

1. Finde Guatemala auf dem Globus oder einer Weltkarte.

2. Versuche einmal, dich in die Lage eines der drei hier vorgestellten Kinder zu versetzen, und beschreibe: Was wären deine größten Sorgen, was deine Wünsche und welche Hilfen würdest du erwarten?

3. Die Situation der Kinder lässt sich auch als Interview in der Form eines Rollenspiels darstellen. Drei übernehmen die Rollen von Eliza, Pilgrim und Carlos. Ein Klassenkamerad stellt die Fragen und führt das Interview durch.

B Kinderarbeit

1. Wann ist Kinderarbeit schädlich? Beschreibe die Merkmale.
2. Ist es auch schädlich, wenn ein Kind hin und wieder etwas arbeitet? Wie denken Experten darüber, wie denkst du?
3. Warum müssen so viele Kinder schwere Arbeit leisten? Nenne die Gründe.
4. Wähle eine der hier genannten Kinderhilfsorganisationen aus. Öffne ihre Homepage. Informiere deine Mitschülerinnen und Mitschüler über deren Ziele und Hilfsprojekte.

Diese Kinder arbeiten auf einer Baustelle in Burma. Kinderarbeit gehört dort zum Alltag.

Teil 1: Schädliche und unschädliche Kinderarbeit

Wahrscheinlich hast du auch schon gearbeitet; zum Beispiel indem du deinen Eltern bei der Hausarbeit geholfen hast. Vielleicht gibt es sogar Arbeiten, die du regelmäßig zu erledigen hast. Die meisten Experten aus den Kinderschutzorganisationen vertreten die Ansicht, dass es nicht schädlich sein muss, wenn ein Kind hin und wieder arbeitet. Im Gegenteil: Man lernt dabei, etwas zu leisten und anderen zu helfen. Auch kann man sein Taschengeld durch kleinere Arbeiten aufbessern.
Schädlich ist Kinderarbeit, wenn …

- sie gefährlich ist,
- sie negative Auswirkungen auf die Gesundheit von Kindern hat,
- Kinder keine Chance haben, eine Schule zu besuchen.

Weltweit muss jedes sechste Kind arbeiten, um sein eigenes und das Leben seiner Familie zu sichern. Das sind etwa 150 Millionen. Davon sind 70 Millionen unter zehn Jahren alt. Das sind nahezu so viele, wie es Menschen insgesamt in Deutschland gibt. Nicht wenige der arbeitenden Kinder sind sogar erst fünf oder sechs Jahre alt.
In vielen Ländern müssen Kinder wie Sklaven schuften. Für winzige Löhne arbeiten sie auf Feldern, Kaffeeplantagen, in Bergwerken, dunklen Teppichwerkstätten und als Straßenverkäufer – manchmal zwischen zehn und vierzehn Stunden am Tag.

Am häufigsten gibt es schädliche Kinderarbeit in den armen Ländern dieser Erde. Auch in Deutschland und in anderen eher reichen Ländern gibt es sie, allerdings viel seltener.

Teil 2: Verbote und Schutzmaßnahmen

In Deutschland ist Kinderarbeit bis zum Alter von 14 Jahren per Gesetz verboten. So regelt es das Jugendarbeitsschutzgesetz. Vom Verbot betroffen sind alle Arbeiten, die schädlich sein können oder die sich negativ auf den Besuch der Schule auswirken. Ausgenommen vom Verbot sind leichte Tätigkeiten, wie zum Beispiel Zeitungen austragen, Gartenarbeit, Mithilfe in landwirtschaftlichen Betrieben oder Tiere versorgen. Diese und einige andere Tätigkeiten sind außerhalb der Schulzeit für die Dauer von circa zwei Stunden erlaubt.

Organisationen zum Schutz der Kinder

Auch in vielen anderen Ländern auf der Welt ist Kinderarbeit per Gesetz verboten und dennoch gibt es sie. Der Grund ist meist die blanke Not. Die Kinder arbeiten, weil ihre Familien arm sind und sonst nicht überleben können.
Auch da, wo Kinderarbeit verboten ist, drücken die Behörden oft beide Augen zu, weil sie keine Hilfsmöglichkeiten sehen oder sehen wollen.
Wichtige Organisationen haben sich zum Ziel gesetzt, schädliche Kinderarbeit weltweit zu beseitigen. Dazu gehören zum Beispiel das Weltkinderhilfswerk UNICEF der Vereinten Nationen, die Kinderhilfsorganisation *terre des hommes* und die Kindernothilfe, die Kirchen mit den Aktionen von Misereor und Brot für die Welt.

AKTIV LERNEN

S M U H

C Welche Art von Kinderarbeit ist schädlich, welche nicht?

Mit Unterstützung von UNICEF wurde eine Übersicht angelegt, die folgendermaßen aufgebaut ist:

Nicht jede Arbeit schadet Kindern	
Arbeit ist in Ordnung, wenn …	Arbeit ist schädlich, wenn …
• die Kinder nicht zu jung dafür sind. • … • …	• Kinder ausgenutzt werden. • … • …

So könnt ihr vorgehen:

Übertragt die Tabelle in euer Heft. Ordnet die weiteren Gründe für und gegen Kinderarbeit darin ein. Das geht am besten zu zweit. Vergleicht eure Ergebnisse in der Klasse.

Arbeit ist in Ordnung, wenn …	Arbeit ist schädlich, wenn …

… die Kinder nicht zu jung dafür sind.

… die Kinder ausgenutzt werden.

… die Kinder jederzeit Pause machen können.

… die Kinder von der Familie getrennt werden.

… die Kinder deshalb nicht in die Schule gehen können.

… die Kinder trotzdem spielen und lernen können.

… der Lohn angemessen ist.

… die Tätigkeit gefährlich ist.

… die Kinder dafür nicht zu jung sind.

… die Tätigkeit nicht die Gesundheit gefährdet.

… nicht genug Pausen eingeplant sind.

… die Kinder fair behandelt werden und sich beschweren können, wenn dies nicht der Fall ist.

… die Kinder genug Freizeit haben.

… die Jobs schlecht bezahlt sind.

Die komplette Aufstellung findet ihr in dem Buch „Kinder dieser Welt“, das in Zusammenarbeit mit Unicef im Dorling Kindersley Verlag erschienen ist (Auflage 2012, S. 77).
Das Buch enthält viele Bilder und Informationen über Kinder in aller Welt. Schaut auch im Internet unter www.younicef.de nach.

2 Arme Kinder in Deutschland
Wir überlegen, was wir tun können

Deutschland ist ein reiches Land. Doch auch hier müssen Kinder in Armut leben. Sie müssen zwar nicht um ihr Überleben kämpfen, wie viele Kinder in den Entwicklungsländern. Sie müssen aber auf vieles verzichten, was für andere Kinder selbstverständlich ist. Kinder armer Eltern leiden, wenn andere auf sie herabblicken. So entsteht das Gefühl von Ausgrenzung und Einsamkeit. Das kann viel schlimmer sein als der Mangel an Geld.

A Der Fall: Annette tut alles, damit es ihren Kindern gut geht

Sie wohnt mit sechs schulpflichtigen Kindern im eigenen Häuschen in der Kleinstadt. Das älteste ist 17, das jüngste sechs. Der Mann verdient nicht schlecht, arbeitet aber auswärts. Damit schlägt der zweite Haushalt zu Buche und natürlich die Abzahlungen der Hauskredite: Sie haben sich übernommen. „270 Euro habe ich an Haushaltsgeld pro Woche für Lebensmittel und Hygieneartikel. 20 Euro für Benzin, Kleidung geht extra." Das heißt, die Jüngeren akzeptieren noch die Kleidung, die sie in der Kleiderkammer des Kinderschutzbundes bekommen. Für die Älteren kauft sie „so billig wie möglich, unsere Älteste fand neulich eine Hose bei C&A für 20 Euro" und ist auf Schlussverkauf und Sonderangebote angewiesen. [...]

Schulfreunde kommen gerne

„Die Schulfreunde unserer Kinder sind gern bei uns, obwohl sie wissen, dass wir so dran sind. Bei uns sind andere Werte wichtig, und das gefällt ihnen auch." Gemobbt wurden Annette L.s Kinder noch nie; „sie sehen auch immer ordentlich aus."

Alle Kinder helfen mit

Am Wochenende plant Annette L., was die Woche über gekocht wird. Zweimal darf sie im Tafelladen mit Bedürftigkeitsausweis einkaufen, mal morgens, mal abends. [...] Annette L.s Kinder helfen mit und sind verständig. Aber sie kennt auch die Frage: „Warum können wir nicht in Urlaub fahren?", und ihre Antwort lautet dann: „Wir sind dankbar dafür, dass wir das Häuschen haben." Für zwei Kinder kann sie pro Jahr über den Kinderschutzbund eine Freizeit organisiert bekommen, aber: „Ich musste mich als bedürftig outen."

Der größte Wunsch

Der größte und unerreichbare Wunsch – neben dem, dass das Auto durchhält – von Annette L. ist einmal ein gemeinsamer Urlaub. Annette L. haben die Sorgen schon mal richtig krank gemacht. „Für mich war es schwer, als hilfebedürftig angesehen zu sein. Ich habe gespürt, dass wir schlechter gestellt sind. Es war schwer, gesellschaftlich das Gefühl zu haben: Ich habe trotzdem einen Wert, trotz der vielen Kinder. Jetzt lerne ich das positive Denken. Ich erlebe jeden Tag so viel schönen Reichtum: die Freude, die die Kinder machen." Obwohl sie auf vieles verzichten müssen.

(Aus: Dr. Bernhard Seiterich: Kinderreich und trotzdem arm, Artikel vom 20.04.2011, in: www.caritas.de; Zugriff: 17.03.2016; Zwischenüberschriften eingefügt)

1. Worauf müssen Kinder und Eltern in dieser Familie verzichten? Notiere allein.
2. Warum fühlt sich Annette L. trotzdem reich? Findet es zu zweit heraus.
3. Versucht, euch in die Rolle eines der sechs Kinder in dieser Familie zu versetzen: Was würdet ihr von euren Klassenkameraden erwarten? Sprecht darüber in der Klasse.

B Was können wir tun, damit Kinder armer Eltern sich genauso wohlfühlen wie alle anderen auch?

Familie L. muss mit sehr wenig Geld auskommen. Die sechs Kinder kann man als arm bezeichnen. Das heißt aber nicht, dass sie unglücklich sind. Sie bekommen oft zu Hause Besuch von ihren Schulfreunden und sie wurden noch nie in der Schule wegen ihrer Armut gemobbt. Die Kinder in dieser Familie sind nicht unglücklich, weil sie viele Freunde haben und sich in ihrer Schulklasse wohlfühlen. Sie gehören zur Klassengemeinschaft wie alle anderen auch.
Unglücklich sind Kinder, wenn die anderen Klassenkameraden auf sie herabblicken und sie spüren lassen, dass sie nicht dazugehören, weil sie zum Beispiel keine teure Bekleidung tragen.
In fast allen Schulklassen gibt es Kinder, die aus ärmeren Familien stammen. Jeder von euch kann überlegen, was die Klassengemeinschaft tun kann, damit sich niemand ausgestoßen fühlen muss.

Der Wohlfühltisch-Test

Die beiden Kinder auf der Zeichnung kommen aus armen Familien. Sie fühlen sich wohl in ihrer Klasse. Um das zu verdeutlichen, sind sie auf einem Tisch mit vier Beinen dargestellt, dem Wohlfühltisch.
Der Wohlfühltisch hat vier Beine. Alle sind stabil und tragen die Tischplatte. Sie sind

- das Nicht-lustig-machen-Bein,
- das Nicht-ausschließen-Bein,
- das Gute-Klassengemeinschaft-Bein,
- das Jeder-hilft-jedem-Bein.

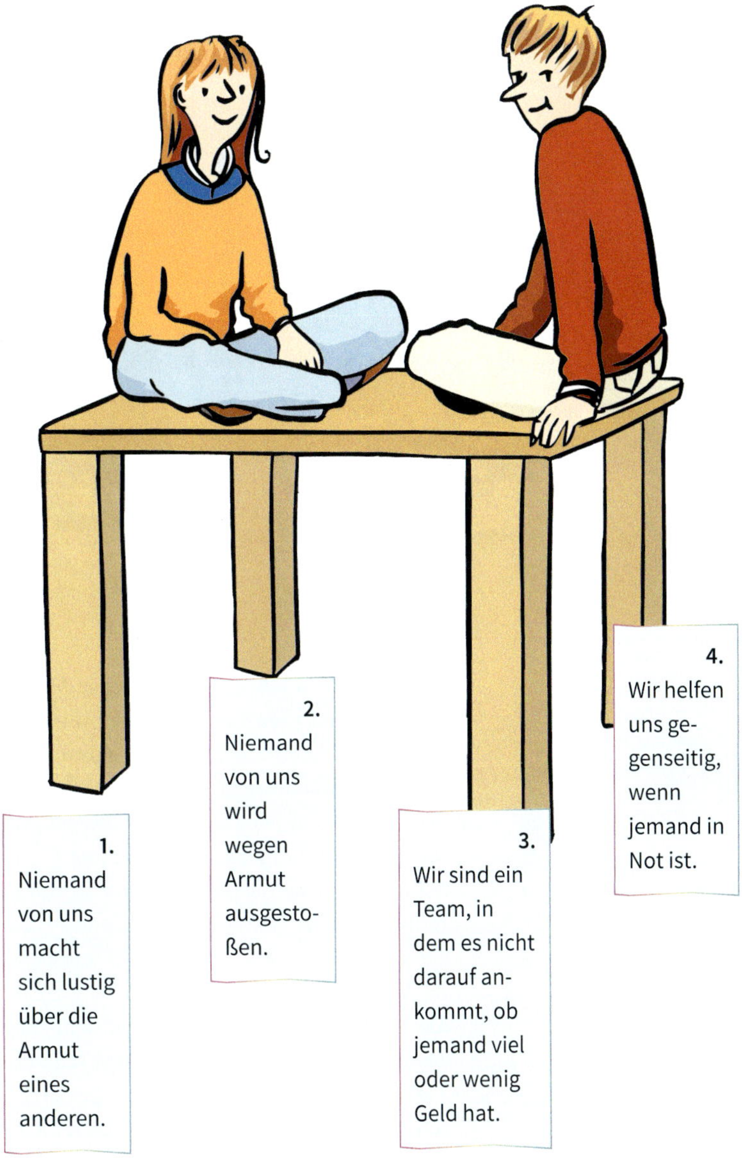

1. Treffen die Äußerungen in den Tischbeinen auf eure Klassengemeinschaft zu? Überlege allein.
2. Wie sehen andere die Situation? Beratet zu zweit oder zu dritt.
3. Was kann die Klasse tun, damit alle sich wohlfühlen, egal wie reich oder wie arm sie und ihre Eltern sind? Formuliere deine Stellungnahme dazu.

3 Kinder engagieren sich für Kinderrechte*
Wir sammeln Projektideen

A Friedensnobelpreis für eine Jugendliche

Im Herbst 2014 wurde die 17-jährige Malala Yousafzai mit dem Friedensnobelpreis ausgezeichnet. Geehrt wurde ihr Eintreten gegen die Ausbeutung von Kindern und für deren Recht auf Bildung. Sie ist die mit Abstand jüngste Trägerin dieses Preises.
Malala hatte sich schon als Kind in ihrem Heimatland Pakistan für das Recht der Mädchen auf Bildung engagiert. Dafür wurde sie im Alter von 15 Jahren von den radikalislamischen Rebellen der Taliban auf dem Weg zur Schule angeschossen und erlitt schwere Verletzungen am Kopf. Trotzdem gab sie ihren Kampf für die Rechte Not leidender Kinder nicht auf.

Kinder müssten die Möglichkeit haben, zur Schule zu gehen und müssten vor Ausbeutung geschützt werden, erklärte das Nobelpreiskomitee in Oslo.
Grundlage dieses Preises ist das Testament des Preisstifters Alfred Nobel (1833 – 1896). Nach dessen Willen soll ausgezeichnet werden, wer am meisten für den Frieden auf der Welt getan hat.
Malala erhielt den Preis zusammen mit dem Inder Kailash Satyar, der sich ebenfalls für die Rechte von Kindern einsetzt.

2013 hielt Malala eine Rede vor den Vereinten Nationen in New York. Dabei sagte sie:

> „Wir rufen alle Regierungen auf, die Schulpflicht für jedes Kind auf der ganzen Welt zu gewährleisten.
> Wir rufen alle Regierungen auf, gegen Terrorismus und Gewalt zu kämpfen, um Kinder vor Brutalität und Verletzungen zu schützen.
> Wir fordern die Industriestaaten auf, den Ausbau von Bildungsmöglichkeiten für Mädchen in den Entwicklungsländern zu unterstützen.
> Liebe Brüder und Schwestern, wir wollen Schulen und Bildung für eine glänzende Zukunft für jedes Kind. Wir werden unsere Reise mit dem Ziel Frieden und Bildung für alle fortsetzen. Niemand kann uns aufhalten. Wir werden für unsere Rechte eintreten und die Dinge durch unsere Stimme verändern.
> Ein Buch, ein Stift, ein Kind und ein Lehrer können die Welt verändern."

1. Wofür erhielt Malala den Friedensnobelpreis?
2. Was möchte Malala erreichen? Nenne ihre Ziele.
3. Das Nobelpreiskomitee hebt das Recht jedes Kindes auf Bildung hervor. Warum wird gerade dieses Recht als besonders bedeutsam herausgestellt? Formuliere eine Begründung und stelle sie vor.

Was auch noch interessant sein kann:
- die vollständige Rede lesen und weitere Informationen über sie sammeln; Malalas Rede vor den Vereinten Nationen findet ihr zum Beispiel unter www.kindernetz.de.

*Zum Begriff Kinderrechte findest du weitere Informationen im Glossar.

B Welche Kinderrechte gelten weltweit?

Die Vereinten Nationen haben in einem weltweit gültigen Abkommen festgelegt, welche Rechte alle Kinder in der Welt haben und wovor sie unbedingt geschützt werden sollen. Nahezu alle Staaten auf der Welt haben diesen Vertrag unterzeichnet. Damit verpflichteten sie sich, die Kinderrechte zu achten und sich dafür einzusetzen, dass sie nicht nur auf dem Papier stehen. Es liegt nicht nur an den Regierungen eines Landes, ob die Kinderrechte eingehalten werden. Alle müssen sie beachten und schützen – sowohl die Erwachsenen als auch die Kinder im Umgang miteinander. 54 Artikel mit Kinderrechten zählt der Vertrag auf. Die besonders wichtigen findet ihr hier in verkürzter Form angedruckt:

1. Alle Kinder haben die gleichen Rechte. Kein Kind darf benachteiligt werden. ☺ 😐 ☹
2. Kinder haben das Recht, gesund zu leben, Geborgenheit zu finden und keine Not zu leiden. ☺ 😐 ☹
3. Kinder haben das Recht, bei ihren Eltern zu leben. Leben die Eltern nicht zusammen, haben Kinder das Recht, beide Eltern regelmäßig zu treffen. ☺ 😐 ☹
4. Kinder haben das Recht, zu spielen, sich zu erholen und künstlerisch tätig zu sein. ☺ 😐 ☹
5. Kinder haben das Recht, zu lernen und eine Ausbildung zu machen. ☺ 😐 ☹
6. Kinder haben das Recht, bei allen Fragen, die sie betreffen, sich zu informieren, mitzubestimmen und zu sagen, was sie denken. ☺ 😐 ☹
7. Kinder haben das Recht, dass ihr Privatleben und ihre Würde geachtet werden. ☺ 😐 ☹
8. Kinder haben das Recht auf Schutz vor Gewalt. ☺ 😐 ☹
9. Kinder haben das Recht, im Krieg und auf der Flucht besonders geschützt zu werden. ☺ 😐 ☹
10. Kinder mit Behinderung haben das Recht auf besondere Fürsorge und Förderung, damit sie aktiv am Leben teilnehmen können. ☺ 😐 ☹

4. Gehe die Kinderrechte einzeln durch. Notiere die Ziffern 1 bis 10 in dein Heft und setze jeweils dahinter das Symbol:
☺ Das ist in meiner Umgebung ganz gut verwirklicht.
😐 Das ist in meiner Umgebung ganz gut verwirklicht, aber woanders auf der Welt noch nicht.
☹ Das ist weder in meiner Umgebung noch woanders auf der Welt verwirklicht.

5. Vergleicht eure Ergebnisse zu zweit oder zu dritt. Stellt diejenigen in der Klasse vor, die am wenigsten verwirklicht sind. Überlegt gemeinsam, was getan werden sollte, um diese Rechte besser zu schützen.

C Was kann man tun, um anderen Kindern zu helfen?

UNICEF zeichnet Aktionen aus, in denen sich Kinder und Jugendliche beispielhaft für die Rechte gleichaltriger Kinder überall in der Welt starkmachen.
Von Jahr zu Jahr wird die Beteiligung daran größer. Einige der Preisträger werden hier vorgestellt.

- Bei welcher Aktion hättest du gerne mitgemacht?

1 Die Klasse 6c der Auguste Viktoria Schule in Itzehoe hat sich mit dem Schicksal der Kinder in Syrien auseinandergesetzt, weil in diesem Land Krieg herrscht. Sie haben Bücher gestaltet, in denen sie Fotos von Kriegszerstörungen zur Hälfte abbildeten und die andere Hälfte mit eigenen Bildern auffüllten. Mit Informationstafeln und Flyern machte die 6c in der Fußgängerzone auf die Verletzung der Kinderrechte in Syrien aufmerksam und sammelte Spenden für UNICEF.

2 Die Redaktion der Kinder- und Jugendzeitschrift „Körnerstraße 77“ des „Kölner Appell gegen Rassismus e. V.“ besteht aus Kindern und Jugendlichen aus unterschiedlichsten Ländern. Viele von ihnen sind als Flüchtlinge nach Deutschland gekommen. Gemeinsam gestalten sie ihre Zeitschrift, wählen Themen aus, schreiben Artikel, recherchieren, führen Interviews und verbessern dabei fast beiläufig ihre Deutschkenntnisse. In jedem Heft wird neben einem Schwerpunktthema auch ein Kinderrecht thematisiert.

3 In der 5G 1 der Heinrich-Böll-Gesamtschule im hessischen Hattersheim gab es 31 Schüler. Sie stellten fest, dass ihre Familien ursprünglich aus 13 verschiedenen Ländern stammen, zum Beispiel aus Ägypten, Brasilien, Indonesien, Serbien, der Türkei. So entstand die Idee, zu untersuchen, wie gut oder wie schlecht es um die Kinderrechte in den 13 Ländern bestellt ist. Innerhalb einer Projektwoche erstellten die Schülerinnen und Schüler für jedes Land eine Wandzeitung. Es entstand eine Ausstellung, die am Tag der offenen Tür in der Schule präsentiert wurde.

4 Antonia und Mara sind davon überzeugt, dass jeder mit ganz einfachen Mitteln etwas für Kinderrechte tun kann. Die beiden Mädchen bastelten Armbänder aus Knöpfen und verkauften sie an Haustüren und auf Großveranstaltungen. Ihre Botschaft lautet: „So wie Knöpfe zusammenhalten, so müssen auch wir Menschen zusammenhalten.“ Zu jedem Armband verteilten sie einen „Denkzettel“. Darin waren bewegende Geschichten von Kindern weltweit zu lesen und wie die Rechte dieser Kinder verletzt werden. Mit den eingenommenen Spenden wurden Projekte gegen Kinderarbeit in Indien unterstützt.

D Ideen wie Sand am Meer

Aktion Schülersolidarität

Die Aktion Schülersolidarität ermuntert Schülerinnen und Schüler, Hilfsbereitschaft zu zeigen gegenüber benachteiligten Kindern überall auf der Welt – also auch im eigenen Land und in der eigenen Umgebung. Sie wird von der Kinderhilfsorganisation *terre des hommes* betreut und von den Vereinten Nationen und UNICEF unterstützt. Hier Ausschnitte aus der Broschüre „Dabei sein".

Zum Nachmachen

Gibt's Ideen? Wie Sand am Meer! Zum Nachmachen. Zum Andersmachen. Zum Bessermachen. Zum Beispiel Rappen und Straßenmusik, Marathon-Tanzen und Sponsoren-Rallye, Theater spielen und Solidaritäts-Fußballspiel, Video- oder PowerPoint-Vorführungen, Ausstellungen oder Essen wie in Indien, Imbiss am Elternabend und Schulgottesdienst, Flohmarkt und Konzert, Schuhputzaktion oder Straßentheater in der Fußgängerzone.

Straßenkind für einen Tag

terre des hommes führt jährlich am 20. November einen Aktionstag zugunsten von Straßenkindern durch. Bundesweit schlüpfen Hunderte von Kindern und Jugendlichen in die Haut eines Straßenkindes und erleben für ein paar Stunden, wie es ist, wenn Straßenkinder versuchen, zu überleben.

KinderrechtsTeams

Die KinderrechtsTeams von *terre des hommes* setzen sich weltweit für die Rechte der Kinder ein. [...] Ein KinderrechtsTeam gründen kann jeder, der sich gegen Kinderrechtsverletzungen einsetzen möchte.

(Alle Zitate aus: Hans-Martin Große-Oetringhaus: Aktion Schülersolidarität – Dabei sein, Broschüre hrsg. von terre des hommes, ohne Jahrgang)

Unter folgenden Internetadressen erhaltet ihr alle notwendigen Informationen über den Junior-Botschafter-Preis von UNICEF, die Aktion „Schülersolidarität" und „Straßenkind für einen Tag" sowie über KinderrechtsTeams:

- www.younicef.de
- www.tdh.de
- www.kinderrechtsteams.de

Projekt Zukunftswerkstatt

In diesem Kapitel habt ihr feststellen können, dass die Welt für viele Kinder an vielen Orten auf der Erde noch nicht so ist, wie sie sein sollte. Vieles muss noch getan werden, damit die Kinderrechte überall verwirklicht werden.
Wie kann eine bessere Zukunft für die Kinder aussehen?
Zu dieser Frage könnt ihr euch mithilfe einer Methode Gedanken machen, die sich *Zukunftswerkstatt* nennt. Wie sie funktioniert, erfahrt ihr auf der folgenden Seite.

1. Welche der auf dieser Doppelseite vorgestellten Aktionen und Projektvorschläge haltet ihr für nachahmenswert? Tauscht euch zu zweit darüber aus und sammelt gemeinsam.
2. Das vierblättrige Kleeblatt kannst du in dein Heft zeichnen und dir für jedes Blatt einen Beitrag ausdenken, den du selbst leisten kannst.

Zukunftswerkstatt

Thema: Wie kann eine bessere Welt für Kinder aussehen?

Was ist das?

Mit dieser Methode könnt ihr die Zukunft planen. Ihr entwickelt dabei gemeinsam eine Vorstellung von einer besseren Zukunft für die Kinder dieser Welt. Wer in die Zukunft schauen will, braucht Fantasie. So nennen wir die Vorstellungskraft von etwas, was es noch nicht wirklich gibt. Als Kinder habt ihr oft mehr Fantasie als Erwachsene. Daher könnt ihr mit einer Zukunftswerkstatt auch Erwachsene dazu anregen, sich Gedanken über die Gestaltung einer besseren Welt für Kinder zu machen.

Wie macht man das?

Die Methode besteht aus fünf Schritten:

1. Die Vorbereitungsphase

Sie beginnt damit, dass sich alle in der Klasse in Einzelarbeit Gedanken über die aktuelle Situation der Kinder in der Welt machen. Jeder von euch kann dazu noch einmal das Kapitel in diesem Buch durchblättern und anschließend notieren, warum die Welt der Kinder leider nicht so ist, wie sie sein sollte. Danach werden Dreier- oder Vierergruppen gebildet.

2. Die Kritikphase

Eine bessere Zukunft kann man nur planen, wenn man weiß, dass die Gegenwart nicht gut ist. Deswegen sammelt ihr in dieser Phase alles, was ihr schlecht findet an der weltweiten Situation von Kindern.

3. Die Fantasiephase

Sprecht in der Gruppe darüber, was ihr euch für die Zukunft der Kinder in der Welt wünscht. Denkt dabei an Pilgrim, Eliza oder Carlos, deren Alltag in diesem Kapitel geschildert wird. Denkt auch an die Situation armer Kinder in Deutschland. Macht euch die Antworten nicht zu einfach, zum Beispiel indem ihr nur fordert: „Keine Kinderarbeit!“

Malt Bilder, sucht nach Fotos, schreibt Texte – zum Beispiel ein Gedicht, ein Lied, einen Rap. Überlegt, wie ihr eure Vision einer besseren Zukunft anderen mitteilen könnt. Eurer Fantasie sind dabei keine Grenzen gesetzt.

4. Die Verwirklichungsphase

Ein Ziel vor Augen zu haben ist wichtig, aber es genügt nicht. Man muss auch überlegen, welche Schritte man unternehmen muss, damit die Ziele Wirklichkeit werden können.

Damit beginnt ein besonders wichtiger, aber auch schwieriger Teil der Methode. Überlegt euch Antworten auf folgende Fragen:

- Was muss getan werden, damit alle Kinder in einer besseren Welt leben können?
- Was können Politiker, Regierungen und Hilfsorganisationen tun?
- Wie können wir alle einen Beitrag dazu leisten?

5. Abschluss und Besprechung der Ergebnisse

Stellt mehrere Gruppenarbeitsergebnisse in der Klasse vor.

Überlegt, wie ihr die Teilergebnisse zu einer gemeinsamen Klassenpräsentation zusammenfügen könnt.

Worauf ihr besonders achten solltet

Erfolgreich wird die Methode,

- wenn alle in der Klasse daran mitarbeiten,
- wenn ihr die Erfolgsregeln von Gruppenarbeit einhaltet,
- wenn ihr euch an die einzelnen Schritte haltet, nach denen die Methode funktioniert.

Für die Zukunftswerkstatt müsst ihr euch mindestens zwei Unterrichtsstunden Zeit nehmen. Einige Arbeiten dazu können außerhalb der Unterrichtszeit erledigt werden. Besonders gut wird es sein, wenn ein ganzer Schultag dafür zur Verfügung steht.

Station 1

S M U H

Wie leben Kinder in den Armutsländern dieser Erde?

Nein, das sind nicht die Hände eines schwer arbeitenden Erwachsenen. Es sind die eines Kindes, das in Bangladesch in Asien tagaus, tagein schwere Arbeit verrichtet.

Betrachte das Foto und überlege:

1. Welche Art von Arbeit ist schädlich für ein Kind, welche nicht?
2. Welches Beispiel von schädlicher Kinderarbeit hast du im Lauf des Unterrichts kennengelernt?
3. Welche Art von Kinderarbeit sollte verboten sein?

Suche dir zwei der drei Fragen zur Beantwortung aus.

Station 2

Arme Kinder in Deutschland

Hier sind kluge Antworten gefragt! Versuche, die erste Person davon zu überzeugen, dass sie nicht recht hat, und erkläre der zweiten, was man tun kann.

Station 3

Kinder engagieren sich für Kinderrechte

Was können Schülerinnen und Schüler tun,

1. um mehr über die Situation der Kinder in der Welt zu erfahren?
2. um erfolgreich an Projekten mitzuarbeiten, bei denen es um Kinder geht?
3. um Hilfsbereitschaft gegenüber Kindern zu zeigen, die Hilfe benötigen?

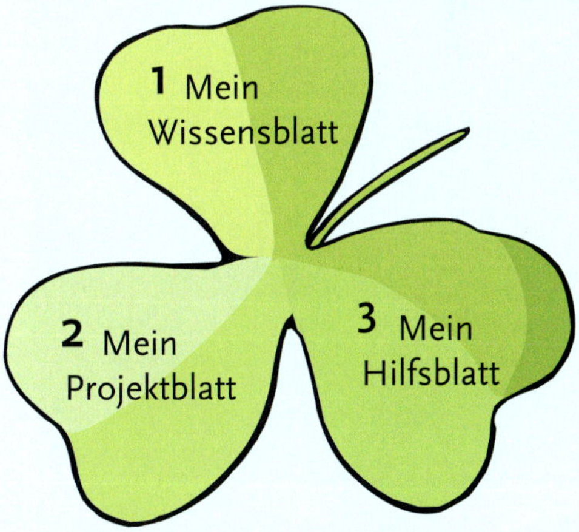

5 Demokratie in der Gemeinde

Auch Kinder können mitmachen

1. Allein nachdenken

Angenommen, es fragt dich jemand von außerhalb, was es Besonderes in deinem Heimatdorf oder deiner Heimatstadt gibt: Was antwortest du?

2. Zu zweit beraten

Was sollte in eurer Heimatgemeinde vorhanden sein, damit ihr euch darin wohlfühlen könnt?

3. In der Klasse sammeln

Wenn wir zu bestimmen hätten: Was würden wir in unserem Dorf oder unserer Stadt verbessern?

Im Verlauf dieses Kapitels könnt ihr ...

- **beschreiben, welche Leistungen eine Stadt für die Menschen erbringt,**
- **herausfinden, welche Möglichkeiten Kinder haben, um auf Entscheidungen in der Gemeinde Einfluss zu nehmen,**
- **darüber diskutieren, ob Kinder in der Gemeindepolitik mitmachen sollen oder nicht,**
- **in der Rolle eines Stadtrates entscheiden, wofür ihr Geld ausgeben würdet,**
- **in einem Planspiel einen Streit um die Zukunft eines Parks lösen.**

Eigene Schwerpunkte könnt ihr setzen, indem ihr ...

- **anhand der Homepage eurer Heimatgemeinde ermittelt, welche besonderen Angebote sie für die Bewohner bereithält,**
- **im Lokalteil einer örtlichen Tageszeitung nach Themen sucht, die gerade in der Gemeinde aktuell sind,**
- **euch anhand eines von mehreren Themen darüber informiert, was in einem Rathaus geschieht.**

Detektivaufgabe für das ganze Kapitel:
Warum zieht der Vertreter des städtischen Ordnungsamtes die rote Karte?

1 Politik in der Gemeinde: Was habe ich damit zu tun?

Wir sammeln Leistungen, die für uns wichtig sind

A Fotos erzählen

Gemeinden sorgen für Sport- und Freizeiteinrichtungen …

und Freibäder,

… richten manchmal Kinder- und Jugendtreffpunkte ein …

und Bibliotheken.

Es gibt Berufs- und freiwillige Feuerwehren …

und oft auch Kinder- und Jugendparlamente.

B Warum sind Gemeinden wichtig?

Deine Gemeinde und du

Nachdem du morgens aufgestanden bist, drehst du den Wasserhahn auf. Sofort fließt klares Wasser. Vielleicht schaltest du auch das Radio ein. Es wird mit Strom versorgt. Auf dem Weg zur Schule benutzt du möglicherweise ein öffentliches Verkehrsmittel. In der Schule sitzt du auf einem Stuhl, den die Gemeinde* anschaffen ließ. Den Nachmittag verbringst du vielleicht auf dem örtlichen Sportgelände oder in einem Schwimmbad.

Was Gemeinden leisten

Alle diese Dinge, die du täglich in Anspruch nehmen kannst, haben mit Leistungen zu tun, welche deine Heimatgemeinde erbringt. In seiner Gemeinde ist man zu Hause. Hier verbringt man die meiste Zeit seines Lebens. Wir verwenden den Begriff Gemeinde als Sammelbegriff für Dörfer, Dorfgemeinschaften und Städte. Sie haben das Recht und die Pflicht, ihre örtlichen Angelegenheiten selbst zu regeln. Gemeinden entscheiden, ob Schulen renoviert und wie Sportvereine unterstützt werden. Sie richten Busse und andere öffentliche Verkehrsmittel ein. Gesetzlich sind sie dazu verpflichtet, für eine funktionierende Müllabfuhr zu sorgen, für die Versorgung mit Wasser und Strom und für den Bau und das Betreiben von Kläranlagen. Sie sorgen für die Unterbringung von Menschen, die als Flüchtlinge zu uns kommen, und erbringen Leistungen, die Familien mit Kindern zugutekommen – zum Beispiel durch die Einrichtung von Kitas, Spielplätzen und Parks.

Politik in der Gemeinde

In den Gemeinden leben unterschiedliche Menschen zusammen: Kinder und Erwachsene, Frauen und Männer, Inländer und Ausländer, Autofahrer und Fußgänger und so weiter. Sie haben oft unterschiedliche Interessen.

Zwischen den unterschiedlichen Gruppen kann es zu Auseinandersetzungen kommen. Oft spielt dabei Geld eine Rolle. Soll die städtische Turnhalle modernisiert werden oder doch lieber das Stadttheater? Sollen Schülertransporte weiterhin kostenlos sein oder nicht?

Wenn öffentlicher Streit entsteht, müssen Entscheidungen getroffen werden. Und damit sind wir bei dem Bereich, in dem die Gemeindepolitik anfängt. Politik ist ein Handeln für die Gemeinschaft. Sie findet immer dann statt, wenn ein Problem, das viele Menschen betrifft, gelöst werden muss. Am besten sind dabei die Lösungen, mit denen möglichst viele Menschen zufrieden sein können.

So sehe ich meine Gemeinde:
Notiere die Stichworte in dein Heft und vergib dazu Noten von 1 bis 5.

Freizeitmöglichkeiten	1	2	3	4	5
Sportstätten	1	2	3	4	5
Fahrradwege	1	2	3	4	5
Spielplätze	1	2	3	4	5
Einkaufen	1	2	3	4	5
Parks, Grünflächen, Natur	1	2	3	4	5
Persönliches Wohlfühlen insgesamt	1	2	3	4	5

*Zum Begriff Gemeinde findest du weitere Informationen im Glossar.

1. Was hast du mit deiner Gemeinde zu tun? Erkläre den Zusammehang.
2. Sammle möglichst viele Leistungen der Gemeinden, von denen du in den Fotos und im Text erfährst. (Das geht auch zu zweit.)
3. Erkläre, warum Entscheidungen in der Gemeinde mit Politik zu tun haben.
4. Hältst du es für leicht oder für schwierig, Lösungen beim Bau von Straßen, Sportstätten oder Kläranlagen zu finden, mit denen möglichst viele Einwohnerinnen und Einwohner zufrieden sind? Sprecht darüber in der Klasse.

Was auch noch interessant sein kann:

- Internetrecherche: Du kannst die Homepage deiner Heimatgemeinde öffnen und dir ansehen, welche Angebote sie für die Einwohner enthält. Notiere ein oder zwei Angebote, die du als wichtig und interessant empfindest.

2 Sollen Kinder sich für Gemeindepolitik interessieren?
Mitwirkungsmöglichkeiten ermitteln und beurteilen

Eine Einstiegsübung für alle
In dem folgenden Fall geht es um die Schließung eines Freibades. Welche Gründe können den gewählten Rat einer Stadt dazu veranlassen, ein öffentliches Freibad zu schließen?
Notiere deine Vermutung.

A Der Fall: Wie Laura das Mitmachen lernte …

Das Interesse wird geweckt

Im Alter von elf Jahren begann Laura damit, sich dafür zu interessieren, was in ihrer Heimatstadt Essen geschieht. Es war kurz nach der Wahl des Stadtrates Ende August 2009. Da erfuhr sie durch die örtliche Zeitung, dass der Rat der Stadt beschließen wollte, das sogenannte „Freibad Hesse“ im Nordwesten der Stadt zu schließen – also genau in der Gegend, in der Laura wohnt und zur Schule geht. Das Bad war zwar ein wenig in die Jahre gekommen, aber es gehörte im Sommer für Laura und ihre Freundinnen und Freunde einfach dazu.
Ihre Mutter berichtete, dass die großen Parteien vor den Wahlen zum Stadtrat verkündet hatten, dass es nicht zu einer Freibadschließung kommen solle. Dass nach der Wahl ganz andere Töne zu hören waren, empörte viele Erwachsene ebenso wie die Kinder und die Jugendlichen.

„Wie kann eine Mehrheit im Stadtrat auf die Idee kommen, uns das schöne Bad wegzunehmen?“, dachte Laura.

Laura informiert sich

Mit dieser Frage im Kopf startete sie ihre Recherche im Internet. Sie fand heraus, dass die Stadt Essen (wie fast alle Gemeinden) viele Schulden hat. Das bedeutet, dass die Einnahmen, welche die Stadt aus Steuern, Gebühren und Eintrittsgeldern erzielt, nicht ausreichen, um die laufenden Kosten zu decken, und schon gar nicht, um teure neue Bauvorhaben zu verwirklichen. Die Kosten, die in einem Freibad entstehen, können nur zum Teil aus den Eintrittsgeldern finanziert werden. Also muss die Stadt aus Steuermitteln pro Saison mehrere Hunderttausend Euro dazugeben. Das könne sich die Stadt nicht länger leisten. Weiterhin fand Laura heraus, dass das Hessebad für viel Geld renoviert werden müsse. Es gab aber in der Stadt auch eine Menge Leute, die dagegen sind, dass die Stadt Geld für die Renovierung von Schwimmbädern ausgibt.
Die Eintrittspreise für das Freibad Hesse waren bis dahin von der Stadt bewusst niedrig gestaltet worden, damit sich alle Schülerinnen und Schüler und alle Familien mit wenig Geld sich den Besuch leisten konnten. „Das war sozial gerecht und soll so bleiben!“, dachte Laura.
Laura verstand die Absicht zur Schließung ihres Bades nun besser, blieb aber bei ihrer Meinung, dass das Freibad erhalten bleiben müsse.

Tag der offenen Tür zur Wiedereröffnung des Hessebads

Laura wird aktiv

Ab sofort nahm sie zusammen mit einigen Freundinnen an mehreren Protestaktionen der Essener Bürgerschaft gegen die Freibadschließung teil. Sie besuchte eine vom Stadtrat einberufene Bürgerversammlung, stand mit Erwachsenen und Jugendlichen Mahnwache vor dem Freibadeingang, schrieb Mails an ihre Freunde und sogar einen Leserbrief an die örtliche Zeitung. Auch in Lauras Klasse, der 6c, wurde das Problem diskutiert.

Im Stadtrat zeigten viele Ratsmitglieder Verständnis für die Proteste. Am 11. November 2009 kam es im Rat zu einer neuen geheimen Abstimmung. Dabei stimmten 43 der 82 Ratsmitglieder für den Erhalt des Bades und 39 dagegen. Laura und viele andere waren glücklich über den Erfolg. Sie mussten sich aber noch mehrere Jahre gedulden, bis es nach einem aufwendigen Umbau zur Neueröffnung des Hesse-Freibades kam.

Im Mai 2014 konnte der Oberbürgermeister der Stadt Essen das neu gestaltete Hesse-Freibad feierlich eröffnen. Obwohl Laura da schon ihren sechzehnten Geburtstag feierte, war sie stolz darauf, an einer wichtigen Entscheidung der Stadtpolitik erfolgreich mitgearbeitet zu haben.

Die Westdeutsche Allgemeine Zeitung schrieb über die Freibaderöffnung:

Freibad Hesse – Liebeserklärung an ein neues altes Bad

Essen: Das neue Freibad in Essen-Dellwig ist in die Saison gestartet – und die Besucher sind begeistert. Auch die kleinere Wasserfläche scheint die Badegäste nicht zu stören. 2,5 Millionen Euro hat die Sanierung gekostet. Dafür ist das Bad behindertengerechter geworden. [...]

(Aus einem Bericht der Westdeutschen Allgemeinen Zeitung vom 25.05.2014, Autor Markus Grenz, in: www.derwesten.de; Zugriff: 13.03.2016)

1. Was hat Laura unternommen? Nenne die Aktivitäten.
2. Anderen Städten in Deutschland erging es ähnlich wie der Stadt Essen. Sie sahen sich gezwungen, städtische Einrichtungen zu schließen. Beschreibe das Problem, in dem sich Städte oft befinden.
3. In der Stadt Essen und anderswo reichen die Eintrittspreise zum Besuch eines Freibades bei Weitem nicht aus, um die Kosten zu decken. Was würdest du unternehmen, wenn du über die Eintrittspreise entscheiden könntest? (a) Erhöhen, (b) sie so belassen, wie sie sind, (c) unterschiedliche Preise nehmen für wohlhabende und ärmere Besucher? Befrage dich selbst und jemand anderen in der Klasse.

B Zu jung für Politik?

Mitwirkungsrechte von Kindern in den Gemeinden

Kinder demonstrieren in Berlin für bessere Schulen und Kinderrechte

Manche Kinder glauben, dass politische Mitwirkungsrechte nur den Erwachsenen zustehen. Schließlich können sie nicht an den Wahlen zum Gemeinderat teilnehmen und auch nicht Bürgermeister oder Mitglied in einem Stadtrat werden. Wenn es so wäre, wie manche denken, hätten Kinder unter 14 Jahren keinerlei Möglichkeiten, Einfluss zu nehmen, wenn in einer Gemeinde ein Spielplatz oder eine Ferienfreizeit für Kinder geplant wird. Das ist aber nicht der Fall. Kinder haben politische Mitgestaltungsrechte.

Garantierte Mitmachrechte

Da ist zunächst einmal das Recht, sich über alles, was in einer Gemeinde geschieht, eigenverantwortlich Informationen zu beschaffen. Die einfachste Möglichkeit dazu bieten die Internetauftritte der Gemeinden. Man kann auch das örtliche Rathaus aufsuchen und sich dort aus erster Hand informieren. In größeren Städten gibt es häufig Kinderbüros und Kinderbeauftragte. Auch die Jugendämter sind für Fragen und Probleme zuständig, die Kinder betreffen.

Gemeinden sind per Gesetz dazu verpflichtet, bei ihren Entscheidungen die Interessen der Kinder angemessen zu berücksichtigen. Das geht natürlich am besten, wenn Kinder ihre Interessen einbringen.

Kinder haben genauso das Recht wie Erwachsene, ihre eigene Meinung zu vertreten – auch wenn es um Politik geht. Sie können Leserbriefe schreiben, an genehmigten Aktionen teilnehmen und auch auf einer Bürgerversammlung mitdiskutieren. Ab 14 Jahren können Jugendliche schriftlich beantragen, dass der Gemeinderat sich mit einem bestimmten Thema beschäftigt.

Echte Mitwirkungsmöglichkeiten, die Stadtpolitik aktiv mitzugestalten, haben Kinder und Jugendliche durch die Mitarbeit in einem Kinder- und Jugendparlament. Es gibt sie mittlerweile in nahezu allen größeren Städten. Hier können sie Vorschläge machen, diese an den Stadtrat weiterleiten und eigene Projekte verwirklichen. Dazu stellt ihnen die Stadt in der Regel eigene finanzielle Mittel zur Verfügung. Voraussetzung ist, dass sich Kinder und Jugendliche bereitfinden, für ein örtliches Kijupa zu kandieren. Oft wird beklagt, dass sich nur wenige für diese Wahlen interessieren.

1. Welche Möglichkeiten haben Kinder und welche nicht? Nenne sie.

2. Wie kann man jemanden, der glaubt, ein Kind hätte keinerlei politische Rechte, davon überzeugen, dass das nicht stimmt? Formuliere eine Antwort.

Was auch noch interessant sein kann:

- www.kindersache.de – Wenn du diese Homepage öffnest, wirst du viele weitere Informationen über die Rechte von Kindern finden.

C Wir diskutieren: Sollen Kinder mitmachen in der Kommunalpolitik* oder ist das zu früh?

Wie kann man sich darüber ein Urteil bilden?

Wer sich ein Urteil bilden will, muss wissen, worum es geht bei einer Sache und warum es verschiedene Ansichten dazu gibt. Meist neigen die Menschen dazu, sich spontan eine Meinung zu bilden. Die einen sagen: Kinder sind zu jung für Politik. Andere meinen: Sie sollen früh damit anfangen.

Klug wird eine Beurteilung, wenn man seine erste Meinung noch einmal überdenkt und wenn man prüft, welche Argumente für das eine und für das andere sprechen.

Entweder bestätigt sich dann die erste Meinungsbildung oder man gelangt zu einer veränderten Beurteilung. Auf jeden Fall kann man so sein Urteil überzeugender begründen.

Hier könnt ihr euch darin üben, eigene kluge Urteile zu bilden.

Nein, das ist noch nichts für uns Kinder!

Das ist mir alles viel zu kompliziert, was da an Entscheidungen in der Gemeinde abläuft. Uns Kindern fehlt da noch der Durchblick. Ich glaube auch nicht, dass die Erwachsenen unsere Ratschläge wirklich ernst nehmen würden.

Wir müssen schon so viel lernen in der Schule, da kann niemand erwarten, dass wir auch noch alle die schwierigen Dinge lernen, die man kennen muss, wenn man in der Politik mitmischen will. Wir wollen auch mal spielen und Freunde treffen in der wenigen Freizeit, die uns nach der Schule bleibt. Mitmachen in der Kommunalpolitik – dazu gibt es noch viele Gelegenheiten, wenn wir erst einmal groß sind.

Ja, viele Kinder sollen mitmachen!

Klar können wir Kinder uns ein Urteil bilden, wenn es in unserer Stadt um den Bau einer Konzerthalle oder um die Renovierung von Sport- und Spielstätten oder um sonst was geht. Viele von uns sollten sich einmischen, ganz so, wie es unser gutes Recht ist.

Wir Kinder sind von den Entscheidungen in einer Stadt doch am allermeisten betroffen. Erwachsene interessiert es oft nicht, ob zum Beispiel ein Freibad geschlossen werden soll – uns Kinder aber sehr. Es sollten viel mehr Kinder den Mund aufmachen oder den Mut haben, für ein Kinder- oder Jugendparlament zu kandidieren. So sorgen wir am besten dafür, dass unsere Interessen berücksichtigt werden.

*Zum Begriff Kommunalpolitik findest du weitere Informationen im Glossar.

1. Welche Gründe für die Ja- und Nein-Position werden genannt? Liste sie auf.
2. Welche Ansicht wirkt überzeugender auf dich? Entscheide.
3. Wie fällt dein eigenes Urteil aus? Formuliere und begründe es (und tausche dich mit deinen Tischnachbarn darüber aus).
4. Stellt eure Urteile vor und diskutiert miteinander.

Was auch noch interessant sein kann:

- den Lokalteil deiner örtlichen Zeitung lesen: Finde heraus, über welche Probleme aktuell in deiner Stadt oder in deinem Dorf diskutiert wird. Überlege, was diese örtlichen Probleme mit den Interessen von Kindern und Jugendlichen zu tun haben. Bilde dir ein eigenes Urteil über die Lösung der Probleme.

D Mitarbeit in einem Kinder- und Jugendparlament

Hier erfahrt ihr, warum Kinder und Jugendliche in Kinderparlamenten mitarbeiten, welche Ziele ein Kinderparlament hat und wie die Wahl abläuft. Nach dem Lesen könnt ihr andere darüber informieren. Möglicherweise bekommt ihr selbst dadurch Lust, in einer solchen Einrichtung mitzumachen. Im Internet werdet ihr leicht weitere Informationen finden. Ihr braucht nur den Suchbegriff *Kinderparlament* einzugeben und dazu den Namen der Stadt, die euch interessiert.

Beispiel: KiJupa Recklinghausen

Das Kinder- und Jugendparlament (KiJupa) der Stadt Recklinghausen gibt es seit 2001; es besteht aus 59 Mitgliedern im Alter von 10 – 17 Jahren. Die Wahl ins KiJupa findet alle zwei Jahre an den weiterführenden Schulen sowie in Jugendzentren statt. Du kannst dich aber auch engagieren, wenn du nicht ins KiJupa gewählt wurdest. Dazu gibt es die Arbeitsgruppen (AGs). Dort kannst du hinkommen, wann immer du willst. Wenn du im Kinder- und Jugendparlament bist, ist es deine Aufgabe, die Interessen aller Kinder und Jugendlichen in Recklinghausen zu vertreten. Du versuchst, die Stadt ein wenig interessanter, schöner und lebenswerter für Kinder und Jugendliche zu gestalten.

(Aus: www.kijupare.de; Zugriff: 02.01.2015)

Eliza F.

„Die Mitarbeit im Kinder- und Jugendparlament bietet die Möglichkeit, sich zu beteiligen. Das heißt, Kritikpunkte zu finden und Dinge nach unseren Ideen, nach unserem Willen zu verändern. Darüber hinaus lernt man, sich eine eigene Meinung zu bilden und diese anderen mitzuteilen. Meiner Meinung nach ist es sehr wichtig, all dies zu tun, denn es zeigt uns, dass man Angelegenheiten selbst in die Hand nehmen, Verantwortung tragen und seiner Meinung Ausdruck verleihen muss, um etwas zu seinen Gunsten zu verändern.“

Stellungnahme der Schülerin Eliza F., 13 Jahre, Mitglied im KiJupa Recklinghausen

1. Welche Gründe für ihre Mitarbeit im KiJupa werden genannt? Nenne sie.
2. Was erfährst du über Aufgaben und Mitmachmöglichkeiten?
3. Fallen euch weitere Gründe für die Mitarbeit in einem KiJupa ein – weitere Aufgaben und Ziele, die es anstreben könnte? Sammelt gemeinsam.

Wie wird man Mitglied?

Der Ablauf der Wahl von der Kandidatenaufstellung bis zur Bekanntgabe des Wahlergebnisses ist in einer Wahlordnung festgelegt, die der Rat der Stadt beschließt. Da jedes KiJupa eine eigene Wahlordnung hat, kann es Unterschiede geben. In der Regel sind die Wahlen so organisiert, wie auf dieser Seite dargestellt.

Die Bewerbung

1. Wahltermin beachten
Mehrere Wochen vor der Wahl erfolgt die Bekanntgabe des Wahltermins. Die Kandidaten werden gebeten, ihre Wahlbewerbung schriftlich einzureichen beim Jugendamt der Stadt oder an die Adresse des KiJupas. Vordrucke dazu gibt es im Internet.

2. Überlegen, ob man kandidieren möchte
Folgende Kriterien, über die man nachdenken sollte, schlägt das KiJupa der Stadt Rösrath bei Köln vor:

Wenn du ...
- Spaß daran hast, dich einzumischen,
- diskussionsfreudig bist,
- mit anderen etwas verändern möchtest,
- Veranstaltung planen und gestalten willst,
- bereit bist, etwas Zeit zu investieren,

... dann werde Kandidatin oder Kandidat.

3. Bewerbungsformular abgeben
Für die Bewerbung gibt es Vordrucke. Darin trägst du deinen Vor- und Zunamen ein, Adresse, Geburtsdatum, Klassenstufe, Schule, deine Unterschrift und die Unterschrift der Erziehungsberechtigten. Manchmal wird noch erwartet, dass du aufschreibst, warum du gewählt werden möchtest. Den Bogen versendest du per Mail oder Post. So kommst du auf die Kandidatenliste, die zur Wahl verschickt wird.

4. Wahlkampf machen
Natürlich solltest du versuchen, dich bekannt zu machen bei deinen Wählern. Oft werden vom Jugendamt oder vom bestehenden KiJupa öffentliche Wahlveranstaltungen organisiert, in denen sich die Kandidatinnen und Kandidaten vorstellen.

Der Ablauf der Wahl

- Mehrere Wochen vor der Wahl wird der Wahltermin öffentlich bekannt gegeben.
- Die Wählerinnen und Wähler erhalten einen Wahlzettel mit den Namen aller Kandidatinnen und Kandidaten. Die Wahl erfolgt durch Ankreuzen. Bei Krankheit ist Briefwahl möglich.
- Ein Wahlausschuss, der aus Mitgliedern des alten KiJupas gebildet wird, die nicht mehr kandidieren, zählt die Stimmen aus.
- Die Ergebnisse der Wahl werden öffentlich bekannt gemacht. Die gewählten KiJupa-Mitglieder werden persönlich benachrichtigt.

4. Schließt die Bücher, nachdem ihr diese Seite gelesen habt. Erzählt euch dann gegenseitig mit eigenen Worten den Weg zur Kandidatur und den Ablauf der Wahl.

5. Bei Wahlen zu den KiJupas fällt die Wahlbeteiligung oft sehr gering aus. Manche Fachleute sehen einen Grund dafür darin, dass die Kinder zu wenig über den Ablauf der Wahl und die Arbeit der KiJupas informiert sind. Was kann man tun, um Schülerinnen und Schüler besser zu informieren? Sammelt gemeinsam Vorschläge dazu.

3 Was geschieht in einem Rathaus?
Wir treffen Entscheidungen und erkunden die Arbeit im Rathaus

A Der Fall: Schönstadt muss sparen

Stellt euch folgende Situation vor: Im Rathaus von Schönstadt stehen die Haushaltsberatungen an. Es geht darum, welche Vorhaben im kommenden Jahr verwirklicht werden sollen. In der Stadtverwaltung wurde eine Liste mit allen Vorhaben erstellt, die auf der Wunschliste der Stadt stehen. Die voraussichtlichen Kosten dazu hat die Verwaltung ebenfalls berechnet. Das Problem: Die Gesamtkosten aller Wünsche übersteigen die finanziellen Möglichkeiten der Stadt bei Weitem.

Jede Stadt ist per Gesetz dazu verpflichtet, einen Haushaltsplan zu erstellen. Darin wird festgelegt, mit welchen Einnahmen zu rechnen ist und wofür Geld ausgegeben werden soll. Wichtige Einnahmequellen sind Steuern sowie Gebühren und Eintrittsgelder für städtische Einrichtungen. Zu den großen und weitgehend feststehenden Ausgabenposten gehören die Gehälter der städtischen Arbeiter und Angestellten und der Unterhalt von Schulen, Kindergärten, Museen, Theater und anderem mehr. Was dann noch von den Einnahmen übrigbleibt, kann für Neues ausgegeben werden.

Im Haushalt der Stadt Schönstadt sind das im kommenden Jahr noch fünf Millionen Euro. Zur Verwirklichung der gesamten Wunschliste wären zehn Millionen nötig. Es muss also gespart werden.

Die Verwaltung von Schönstadt hat die Liste der Wünsche mitsamt der Haushaltsplanungen dem Oberbürgermeister übergeben. Dieser beruft den gewählten Stadtrat zur Beratung und Entscheidung ein. Er wird die Sitzung leiten. Der von den Bürgerinnen und Bürgern gewählte Rat der Stadt hat dann darüber zu entscheiden, was zum Wohle der Stadt verwirklicht werden soll und was nicht.

1. Erkläre, worin das Problem in der Gemeinde Schönstadt besteht.
2. Was versteht man unter dem Haushaltsplan, den Einnahmequellen und den feststehenden Ausgabenposten? Erkläre die Begriffe.
3. Wer übernimmt welche Rolle bei der Haushaltsplanung in einem Rathaus? Nenne die beteiligten Abteilungen und beschreibe ihre Aufgaben.

AKTIV LERNEN

S M U H

B Wir entscheiden in der Rolle des Stadtrates von Schönstadt

Hier findet ihr die von der Verwaltung der Stadt Schönstadt erarbeitete Wunschliste samt den voraussichtlichen Kosten. Ihr seid der Stadtrat und sollt über die drei Fragen A, B und C entscheiden. Von den in der Wunschliste veranschlagten 10 Millionen Euro kann Schönstadt im nächsten Jahr höchstens 5 Millionen ausgeben.

A: Welches Vorhaben soll auf jeden Fall verwirklicht werden?

B: Auf welches Vorhaben soll verzichtet werden?

C: Welches Vorhaben soll zu einem späteren Zeitpunkt verwirklicht werden?

Euer Auftrag:

1. Geht zunächst die Wunschliste allein durch und überlegt, wie ihr mit den einzelnen Maßnahmen verfahren würdet: A, B oder C?
2. Setzt euch dann in Dreier- oder Vierergruppen zusammen. Ihr seid dann die sogenannten Ausschüsse, welche die Stadtratssitzung vorbereiten. Einigt euch gemeinsam auf Streichungen von ca. 5 Millionen Euro.
3. Versucht, den Stadtrat, also die gesamte Klasse, von euren Vorschlägen zu überzeugen.
4. Stimmt in einer gespielten Stadtratssitzung die einzelnen Vorhaben ab und einigt euch auf eine gemeinsame Liste.

Die Wunschliste	Voraussichtliche Kosten in Euro
1. Bau einer Lärmschutzmauer im Wohngebiet Schleemannstraße	1 500 000
2. Neubearbeitung des Internetauftritts der Stadt, um den Bürgerinnen und Bürgern mehr und bessere Dienste anbieten zu können	25 000
3. Ausbau und Modernisierung der zu kleinen städtischen Kindertagesstätte	800 000
4. Erschließung eines neuen Industriegebietes mit Straßen, Strom, Gas und Abwasserleitungen, damit sich neue Betriebe in Schönstadt ansiedeln können	2 000 000
5. Anschaffung von fünf neuen umweltfreundlichen Elektrobussen für die Beförderung von Schülerinnen und Schülern	1 200 000
6. Erneuerung des Daches im Gebäude des städtischen Gymnasiums, das schon längere Zeit undicht ist	950 000
7. Ausbau des Seniorenheims in der Stadtgartenstraße	800 000
8. Restaurierung der historischen Rathausfassade, da an vielen Stellen der Putz abbröckelt	1 100 000
9. Anschaffung eines neuen Vorhangs und eines Teils der verschlissenen Sitze im Stadttheater	200 000
10. Umbau eines städtischen Gebäudes in ein bisher nicht vorhandenes Jugendzentrum	500 000
11. Anschaffung neuer Spielgeräte für mehrere Spielplätze in der Stadt	25 000
12. Bau der schon lange geplanten Skater- und Schlittschuhbahn im Stadtpark	900 000
	Summe 10 Millionen

C Wer macht was im Rathaus?

Auf den folgenden Seiten könnt ihr euch genauer über die Arbeit in einem Rathaus informieren. Empfohlen wird, dass ihr die Arbeit aufteilt. Je ein Drittel der Klasse kann vorstellen, was
(C 1) der Bürgermeister/die Bürgermeisterin* leistet,
(C 2) der Stadtrat und
(C 3) die Verwaltung.
Anschließend könnt ihr euch in Dreiergruppen mit je einem Bearbeiter von C 1, C 2 und C 3 zusammensetzen und euch gegenseitig informieren.
Ihr könnt auch das örtliche Rathaus in eurer Stadt erkunden. Dabei hilft euch die Methodenkarte am Ende des Unterkapitels.

C 1 Welche Aufgaben haben Bürgermeisterinnen und Bürgermeister? Beispiel Bielefeld

Hier begrüßt der Oberbürgermeister von Bielefeld Pit Clausen im Sommer 2014 die Ministerpräsidentin von Nordrhein-Westfalen, Hannelore Kraft.

Jede Stadt in Deutschland hat ein Oberhaupt, den sogenannten Bürgermeister oder Oberbürgermeister, der von den Bürgern einer Stadt gewählt wird.
Ob eine Stadt von einem Bürgermeister oder Oberbürgermeister regiert wird, richtet sich nach ihrer Größe. Eine Großstadt wie Bielefeld mit mehr als 300 000 Einwohnern hat einen Oberbürgermeister. Kleinere Städte haben meist einen Bürgermeister.

Repräsentant der Stadt

Ein Oberbürgermeister hat viele wichtige Aufgaben. Zuerst einmal ist er das Gesicht, das „Aushängeschild", oder besser gesagt: der „Repräsentant" der Stadt. Bei vielen wichtigen Anlässen wird der Bürgermeister gefragt, ob er dabei sein kann, um den Veranstaltungen eine besondere Bedeutung zu verleihen.

Chef der Verwaltung

Als Bürgermeister ist man auch der Chef der Stadtverwaltung und der Vorgesetzte aller städtischen Mitarbeiter. Die Stadtverwaltung ist eine riesige Organisation, in Bielefeld gehören der Stadtverwaltung über 5 500 Mitarbeiterinnen und Mitarbeiter an. [...] Natürlich kann der Oberbürgermeister nicht jeden Mitarbeiter persönlich kennen und ihm sagen, was er tun soll. Aber er ist dafür verantwortlich, dass die Stadtverwaltung funktioniert. [...]

Vorsitz im Stadtrat

Der Bürgermeister einer Stadt ist auch der Vorsitzende im Stadtrat, wo wichtige Themen diskutiert und Entscheidungen getroffen werden. Der Bürgermeister leitet diese Ratssitzungen und bereitet die Arbeitstreffen („Sitzungen") vor.
In den Ratssitzungen macht er auch Vorschläge für Entscheidungen [...] und beantwortet Fragen und Forderungen („Anträge") der politischen Parteien. [...]
In der Vorbereitung lädt der Oberbürgermeister alle Ratsmitglieder zur Ratssitzung ein und stellt die Tagesordnung auf. Er eröffnet die Sitzung und erteilt den Ratsmitgliedern das Wort; wenn nötig, entzieht er ihnen das Wort auch wieder.

(Aus: www.kinderrathaus.de; Stadt Bielefeld und Kidsville GbR, Redaktion Anke Hildebrandt, Christian Großekathöfer (Redaktion), Zugriff: 05.01.2016)

*Zum Begriff Bürgermeister findest du weitere Informationen im Glossar.

1. Informiere deine Mitschülerinnen und Mitschüler über die Arbeit eines Oberbürgermeisters. Beantworte dazu die folgenden Fragen:
- Wie kommt er/sie in sein/ihr Amt?
- Welche verschiedenen Tätigkeiten übt er/sie aus?
- Was ist seine/ihre Rolle in den Ratssitzungen?

C2 Welche Bedeutung hat der Stadtrat?

Die Aufgaben

In Deutschland haben alle Gemeinden das Recht, ihre örtlichen Angelegenheiten selbst zu regeln. Die wichtigen Entscheidungen trifft der von den Bürgerinnen und Bürgern der Stadt gewählte Stadtrat. Dabei geht es zum Beispiel um die Anschaffung von neuen Stadtbussen, um die Einrichtung von Spielplätzen, um den Umbau des städtischen Krankenhauses und um vieles andere mehr. Der Rat entscheidet auch über den Haushalt der Stadt.

Die Wahl

In Nordrhein-Westfalen werden die Stadträte alle fünf Jahre von den Einwohnern der Gemeinde gewählt. Die Wahl der Bürgermeister findet getrennt dazu statt. Wahlberechtigt ist man ab 16 Jahren. Wer wählt, begibt sich in sein zuständiges Wahllokal. Dort erhält man einen Stimmzettel, mit dem man zwischen zahlreichen Kandidatinnen und Kandidaten auswählen kann. Mit der Größe einer Stadt nimmt auch die Zahl der Mitglieder in einem Stadtrat zu. In einer Stadt mit 10 000 Einwohnern sind es zum Beispiel 32 Mitglieder, bei 300 000 Einwohnern sind es bereits 70. Die Ratsmitglieder werden Ratsherren oder Ratsfrauen genannt. Sie üben weiterhin ihren Beruf aus und erhalten für ihre Tätigkeit im Rat eine kleine finanzielle Entschädigung. Man nennt so etwas „ein Ehrenamt ausüben".

Mitwirkung der Bürger

Die Bürgerinnen und Bürger einer Stadt können beim Rat beantragen, selbst über eine wichtige Angelegenheit zu entscheiden. In einem solchen Fall kommt es zu einem Bürgerentscheid. Dann trifft nicht der Rat die Entscheidung, sondern alle Bürgerinnen und Bürger in einer geheimen Abstimmung. Ab 14 Jahren kann man den Rat schriftlich darum bitten, sich mit einem bestimmten Thema zu beschäftigen. Die gewählten Kinder- und Jugendräte können sich jederzeit an den Rat wenden.

Hier stimmt der Stadtrat von Bielefeld über ein Vorhaben ab.

Ablauf einer Entscheidung

Als Beispiel dazu ein Bericht aus dem Stadtrat von Bielefeld: Der Oberbürgermeister fragt alle, ob sie eine bestimmte Sache gut oder schlecht finden. Zum Beispiel, ob Bielefeld einen neuen Kindergarten oder einen Bolzplatz bekommen soll. Ein paar Mitglieder des Stadtrats sagen, wie sie den Vorschlag finden. Am Ende fragt der Oberbürgermeister alle, ob sie dafür oder dagegen sind. Zur Abstimmung hebt jeder still die Hand, und der Oberbürgermeister zählt die Hände.
Die Sache, die am Ende die meisten Hand-Stimmen erhalten hat, gewinnt und wird umgesetzt.

(Aus: www.kinderrathaus.de; Stadt Bielefeld und Kidsville GbR, Redaktion Anke Hildebrandt, Christian Großekathöfer (Redaktion), Zugriff: 05.01.2016)

1. Informiere deine Mitschülerinnen und Mitschüler über die Arbeit des Stadtrates. Verwende dazu die Zwischenüberschriften als Gliederungspunkte für deinen Vortrag.

C3 Was macht die Gemeindeverwaltung?

Ihre Aufgaben

Ein städtischer Hilfspolizist, Angestellter des Ordnungsamtes, zeigt hier einem Passanten die „Rote Karte". Viele Städte sagen Müll-Sündern den Kampf an mit Bußgeldern bis zu 40 Euro für weggeworfene Verpackungen, Kaugummis oder Zigarettenkippen.

- Du möchtest einen Ausweis beantragen,
- jemand aus der Familie plant, zu heiraten,
- Freund Kandil stellt einen Antrag auf Einbürgerung,
- deine Familie bezieht eine neue Wohnung,
- Sondermüll ist zu entsorgen …

Wann immer solche Dinge anstehen, wird die Verwaltung der Gemeinde aktiv. Eine ihrer wichtigsten Aufgaben besteht darin, den Einwohnern bei behördlichen Angelegenheiten behilflich zu sein. Weil die Verwaltungsaufgaben sehr unterschiedlich sind, gibt es die Ämter mit den unterschiedlichen Zuständigkeiten, z. B. das Einwohnermeldeamt, das Standesamt, das Jugendamt usw. Je nachdem, was man vorhat, muss man sich an das zuständige Amt wenden.

Eine weitere wichtige Aufgabe der Verwaltung ist die Unterstützung der Arbeit der Stadträte. Zum Beispiel sind viele Berechnungen und Pläne notwendig, wenn die Stadt die Einrichtung eines neuen Industriegebietes beschließen möchte. Alle notwendigen Planungen werden von der Verwaltung erledigt.

Die Leitung der Verwaltung

Oberbürgermeisterinnen bzw. Oberbürgermeister sind die Chefs der Verwaltung. Das bedeutet, dass diese in den Städten Vorgesetzte von vielen Hundert Mitarbeiterinnen und Mitarbeitern sein können. Weil sie diese Aufgabe nicht allein leisten können, stehen ihnen mehrere Mitentscheider zur Seite, die sogenannten Dezernenten.

Verwaltung online

Fast alle Rathäuser sind mittlerweile dazu übergegangen, ihre Dienstleistungen auch online anzubieten. Hier kann man sich über die Arbeit der Verwaltung informieren und herausfinden, was aktuell in Arbeit ist. Antragsformulare können heruntergeladen und vielfältige Informationsangebote mittels PC genutzt werden.

Das Ordnungsamt

Wer kümmert sich darum, dass Müll nicht achtlos weggeworfen wird? Wer ruft randalierende Jugendliche zur Ordnung, wenn sie nachts lärmend durch die Straßen ziehen? Das gehört zu den Aufgaben der städtischen Ordnungsämter. Als Teil der Stadtverwaltung arbeitet das Ordnungsamt mit der örtlichen Polizei zusammen und schreitet ein, wenn bestehende Gesetze verletzt werden. Dazu kann es auch Bußgelder verhängen, die vom Stadtrat beschlossen werden.

1. Informiere deine Mitschülerinnen und Mitschüler über die Arbeit der Verwaltung. Verwende dazu die Zwischenüberschriften als Gliederungspunkte deines Vortrags.
2. Findet ihr es richtig oder übertrieben, wenn die städtischen Ordnungsämter Bußgelder von Müllsündern verlangen? Nehmt am Ende Stellung zu dieser Frage.

S M U H

Erkundung

Thema: Das örtliche Rathaus

Erkundung: Was ist das?

Im Rahmen dieser Unterrichtsreihe könnt ihr euch euer örtliches Rathaus für eine Erkundung vornehmen. Erkunden heißt etwas auskundschaften, was bis dahin unbekannt war.
Die Erkundung kann außerhalb der Unterrichtszeit durchgeführt werden. Ihr sollt dabei möglichst viel über die Arbeit in einem Rathaus erfahren.

Wie macht man das?

1. Schreibt auf, was ihr in Erfahrung bringen wollt

Setzt euch zusammen und überlegt, was ihr wissen wollt. Formuliert Fragen wie zum Beispiel: Wie oft tagt der gewählte Gemeinderat? Wie sieht der Tagesablauf des Bürgermeisters aus? Welche Themen sind gerade besonders aktuell? Welche Ämter gibt es? Und andere Fragen mehr.

2. Vereinbart einen Termin

Setzt euch mindestens zwei Wochen vor der geplanten Erkundung mit dem Rathaus telefonisch in Verbindung. Sagt, was ihr vorhabt, vereinbart einen Termin, bittet darum, dass euch jemand für eure Fragen zur Verfügung steht und euch durch das Rathaus führt. Vielleicht nimmt sich ja die Bürgermeisterin oder der Bürgermeister oder einer der Beigeordneten persönlich Zeit für euch.

3. Teilt die Erkundungsaufgaben untereinander auf

In der Vorbereitung solltet ihr genau festlegen, wer was fragt, wer Fotos macht und wer was notiert. Besprecht, ob ihr eine Gruppe von Schülerinnen und Schülern die Erkundung durchführen lasst oder ob die gesamte Klasse daran teilnehmen soll.

4. Notiert die Ergebnisse

Es wäre schade, wenn ihr bei eurer Erkundung keine Möglichkeit hättet, die Beobachtungen und Gesprächsergebnisse festzuhalten. Denkt an Notizblöcke. Fragt nach, ob ihr Fotos machen dürft.

5. Überlegt, wie das Erkundungsergebnis präsentiert werden soll

Wenn nur ein Teil eurer Klasse die Erkundung aktiv durchführt, solltet ihr eine wirkungsvolle Präsentation für die Ergebnisse überlegen.

Worauf solltet ihr besonders achten?

Wichtig ist, dass ihr höflich seid, euch angemessen vorstellt, die getroffenen Vereinbarungen einhaltet und genau sagt, was ihr wollt.

4 Park oder Kino: Was soll mit dem Grundstück der Stadt geschehen?

Ein Planspiel durchführen

A Worum geht es?

In den Schulen der kleinen Stadt Schönstadt finden zurzeit heftige Diskussionen statt. Dabei geht es nicht um Ärger mit den Lehrern. Es sind die Zustände in der Innenstadt von Schönstadt, welche die Kinder und Jugendlichen in zwei gegnerische Lager spalten.

Der Grund für den Streit

Der Grund liegt in der Schönstädter Fußgängerzone. Hier gibt es noch ein großes unbebautes Grundstück, das sich im Besitz der Stadt befindet. Ursprünglich stand hier einmal das städtische Arbeitsamt, das aber vor vielen Jahren abgerissen werden musste und in einen größeren Bau an anderer Stelle umzog. Die Stadt ließ dann auf dem freien Grundstück eine Grünanlage einrichten mit Blumenbeeten, einer Wiese und einem Spielplatz für Kinder.

Die Besonderheit: Vor drei Jahren hat die Stadt die Einrichtung einer Skateranlage innerhalb dieser Fläche genehmigt, die von einer Sportartikelfirma finanziert wurde. Die Kinder und Jugendlichen können hier ihrem Hobby nachgehen, ohne jemanden zu stören. So hat sich der kleine Park am Rande der Fußgängerzone zum beliebtesten Freizeittreff der Schönstädter Kids entwickelt. Und damit soll jetzt Schluss sein.

Das Kinounternehmen **Kinomax** hat der Stadt das Angebot gemacht, das Grundstück zu kaufen, um dort ein modernes Großkino zu bauen. Zwar existiert in Schönstadt eine Kinoanlage mit mehreren Sälen, sie liegt aber außerhalb des Stadtzentrums. Die Firma Kinomax plant die Einrichtung von sechs supermodernen Kinosälen und einer Tiefgarage für 300 Autos unterhalb der Anlage. Und genau dieser Plan ist der Grund für den Streit.

Die streitenden Gruppen

Eine Gruppe, die sich **Skaterkids** nennt, ist empört. Sie will erreichen, dass ihr Park und ihre Skateranlage auf jeden Fall erhalten bleiben. Diese Jugendlichen fordern von der Stadt, dass sie das Grundstück unter keinen Umständen verkauft.

Demgegenüber steht aber eine Gruppe von Jugendlichen, die sich **Filmfreaks** nennt. Diese Gruppe wäre froh, wenn Schönstadt eine zentral gelegene Kinoanlage bekäme. Ihre Sprecher haben den Bürgermeister und die Stadt in einem Zeitungsartikel dazu aufgefordert, das Grundstück für einen guten Preis zu verkaufen.

Beide Jugendgruppen haben Verbündete unter den Erwachsenen. Die Gruppe der Skaterkids wird von zahlreichen Eltern unterstützt, die sich in der Bürgerinitiative* **Rettet unseren Park** zusammengeschlossen haben. Sie wollen kein Großkino mit riesiger Tiefgarage. Sie wollen auch nicht auf die letzte grüne Lunge in der Innenstadt von Schönstadt verzichten.

Die jugendlichen Filmfreaks werden kräftig von der Firma **Kinomax** unterstützt. Kinomax wirbt mit dem Argument, dass ein modernes Kinozentrum heutzutage zum Bild eines attraktiven Stadtzentrums gehört.

Der **Stadtrat von Schönstadt** muss entscheiden. Soll der Park entfernt und das Grundstück verkauft werden oder nicht? Einerseits bringt der Verkauf eine willkommene Summe Geld in die ziemlich leere Stadtkasse von Schönstadt. Andererseits nehmen Bürgermeister und Ratsmitglieder die Sorgen der Kinder, Jugendlichen und Eltern ernst, die für den Erhalt des Parks kämpfen. Was ist zu tun? Auf diese Frage sollt ihr in einem Planspiel eine Lösung finden.

*Zum Begriff Bürgerinitiative findest du weitere Informationen im Glossar.

Streit in Schönstadt

So **oder** **so?**

Blick auf Innenstadt, Park und Fußgängerzone; der rot umrandete Bereich müsste für Kino und Tiefgarage geopfert werden.

B Das sind eure Rollen im Planspiel

Für die Durchführung müsst ihr euch in fünf Gruppen aufteilen.

Stadtrat von Schönstadt

Ihr müsst zusammentragen, welche Gründe für den Erhalt des Parks sprechen und welche für den Bau des Großkinos. In einer Versammlung mit allen Gruppen werdet ihr am Anfang eure Überlegungen vortragen, dann die verschiedenen Gruppen anhören und am Ende eine Entscheidung treffen. Ihr müsst mit allen Beteiligten höflich umgehen, weil ihr ja wiedergewählt werden wollt. Im Stadtrat müssen nicht alle einer Meinung sein, sondern ihr könnt nach der Mehrheit entscheiden.

Pro Kino

Geschäftsleitung der Firma Kinomax

Ihr wollt die Kinoanlage unbedingt bauen. Für euch kommt nur ein Standort im Zentrum infrage. Ihr bietet der Stadt für das Grundstück einen Preis von drei Millionen Euro. Ihr würdet die Stadt auch an den Einnahmen aus dem Parkhaus beteiligen. Versucht, die anderen Jugendlichen und die Eltern von den Vorzügen eines modernen Kinos zu überzeugen.

Jugendgruppe Filmfreaks

Ihr müsst möglichst viele gute Begründungen für den Bau eines modernen Großkinos zusammentragen. Ihr müsst versuchen, die gegnerischen Jugendlichen davon zu überzeugen, dass auch sie Vorteile von einem Kinoneubau haben. Die Einwände der Eltern und des Stadtrates gegen ein Kino müsst ihr mit guten Argumenten entkräften.

Kontra Kino

Bürgerinitiative „Rettet unseren Park“

Ihr seid Eltern von kleinen und großen Kindern, die auf keinen Fall auf Park und Freizeittreff in der Innenstadt verzichten wollen. Ihr seid der Meinung, dass es beim geplanten Kino wieder einmal nur um das Geld und gegen die Umwelt geht. Ihr müsst die Versammlung davon überzeugen, dass die letzte grüne Lunge im Zentrum der Stadt für alle Bewohner unbedingt erhalten werden muss.

Jugendgruppe Skaterkids

Ihr müsst mit vielen guten Begründungen verhindern, dass euer Park und eure Skateranlage zerstört werden. Ihr seid zwar keine Kinogegner, meint aber, dass ein neues Kino nicht auf dem Grundstück des Parks gebaut werden darf. Erklärt den übrigen Teilnehmern auch, warum ein Park umweltfreundlicher ist als ein Kino mit Tiefgarage.

C So verläuft das Planspiel

Gruppe: …

Unser Ziel

…

Unsere Argumente:

1. …

2. …

3. …

Erste Phase: Vorbereitung der gemeinsamen Versammlung

1. Bildet in der Klasse die fünf beteiligten Gruppen.
2. Schreibt in jeder Gruppe auf, wie eurer Ansicht nach die Lösung in diesem Streit aussehen soll.
3. Sucht nach möglichst vielen Argumenten, mit denen ihr in der Versammlung den Stadtrat und die übrigen Teilnehmer überzeugen wollt, und notiert sie.
4. Nehmt mit anderen Gruppen per Brief Kontakt auf, mit denen ihr euch vielleicht verbünden könnt oder denen ihr einen Vorschlag zu machen habt.
5. Einigt euch auf euer Vorgehen in der Versammlung und überlegt, wer welche Argumente vortragen wird.

Zweite Phase: Durchführung der Versammlung

1. Die Diskussionsleiterin bzw. der Diskussionsleiter eröffnet die Sitzung und begrüßt die Teilnehmer.
2. Der Stadtrat informiert die Versammlung über den Stand der Überlegungen.
3. Alle weiteren Gruppen tragen der Reihe nach ihre Ansichten vor.
4. Die Versammlung diskutiert.
5. Der Stadtrat zieht sich zur Beratung zurück.
6. Der Stadtrat teilt der Versammlung den Beschluss des Rates mit und begründet die Entscheidung.

Dritte Phase: Auswertung des Planspiels

Nach dem Ende des Spiels solltet ihr eine Auswertung anhand folgender Kriterien vornehmen: Qualität der Argumente, Vorgehensweisen der Gruppen, Qualität der Entscheidung, Vergleich mit der Wirklichkeit.

Sucht nach Antworten auf die folgenden Fragen:

1. Welche der Gruppen hatte in der Versammlung die überzeugendsten Argumente?
2. Welche der Gruppen hat sich taktisch am klügsten verhalten?
3. Wem nützt und wem schadet die Entscheidung, die der Rat der Stadt getroffen hat?
4. Wie kann man in der Wirklichkeit ein solches oder ein ähnliches Problem so lösen, dass möglichst viele Kinder, Jugendliche und Erwachsene an der Problemlösung mitwirken können?

D Demokratie in der Gemeinde

1. In deiner Heimatgemeinde können die Menschen an mehreren Wahlen teilnehmen. Welche sind das? Nenne sie.
2. Welche Mitwirkungsmöglichkeiten werden im Teil 2 des Textes genannt? Notiere stichwortartig. (Das geht auch zu zweit.)
3. Warum kann die Demokratie in Städten und Dörfern als besonders lebendig bezeichnet werden? Erläutere es anhand von Beispielen aus dem Text.
4. Die Zeichnung zeigt die Demokratie als eine Baustelle, an der ständig gearbeitet werden muss. Versuche, diese Darstellung mit deinen Worten zu erklären.

Teil 1: Wahlen in der Gemeinde

Die wichtigste politische Mitwirkungsmöglichkeit in der Demokratie* ist das Recht, zu wählen und gewählt zu werden. Die Bürgerinnen und Bürger wählen die örtlichen Gemeinde- oder Stadträte. In einem zweiten Wahlgang werden die Bürgermeisterinnen und Bürgermeister gewählt. Für diese Wahlen beginnt das Wahlrecht in Nordrhein-Westfalen und in mehreren anderen Bundesländern bereits mit 16 Jahren. Das Wahlrecht haben hier auch alle Ausländer, die aus einem der Mitgliedstaaten der Europäischen Union kommen. Alle ausländischen Einwohner, die nicht aus einem EU-Land kommen, wählen in den größeren Gemeinden ihre eigene Interessenvertretung.

Kinder und Jugendliche haben in den meisten Städten die Möglichkeit, ein Kinder- und Jugendparlament zu wählen. In einigen Städten werden auch Kinderbürgermeister gewählt.

Wegen der vielen Mitwirkungsmöglichkeiten und der Nähe zu den Menschen werden Städte und Dörfer oft als Orte bezeichnet, in denen die Demokratie besonders lebendig gestaltet werden kann.

Teil 2: Politik vor Ort

Wenn man an Politik* denkt, kommt vielen zunächst einmal die „große Politik" in den Sinn, also die Politik, die täglich Thema in den Nachrichten ist. Der Bundespräsident empfängt ausländische Gäste, Staatsoberhäupter treffen sich zu Verhandlungen und so weiter. Politik findet aber auch vor Ort in den Städten und Dörfern statt. Und hier, vor Ort, können alle Einwohner spüren, dass die politischen Entscheidungen unmittelbare Auswirkungen auf das persönliche Leben haben. Steht zum Beispiel ein öffentlicher Park zum Verkauf an oder die Schließung eines Freibades, betrifft und interessiert das fast alle Bewohner in einer Stadt.

In der Stadt haben die Menschen viele Mitmachmöglichkeiten in der Politik. Sie können mit den Ratsmitgliedern online und in persönlichen Gesprächen Kontakt aufnehmen. Sie können Menschen unterstützen, die besondere Hilfe benötigen, zum Beispiel indem sie Flüchtlingen helfen, sich an die neue Umgebung zu gewöhnen.

Viele Bewohner schließen sich auch einer örtlichen *Bürgerinitiative** an, wenn es ihnen darum geht, ein ganz bestimmtes Ziel zu erreichen.

Alle Einwohner können sich mit Anfragen, Bitten und Beschwerden an den Gemeinderat oder den Bürgermeister wenden.

Sie haben die Möglichkeit zum Besuch von *Einwohnerversammlungen*, in denen der Rat über bedeutsame Angelegenheiten in der Gemeinde informiert.

Ab 14 kann man einen *Einwohnerantrag* stellen. Darin fordert man den Stadtrat schriftlich dazu auf, sich mit einem bestimmten Thema zu beschäftigen.

Manchmal können die Bürgerinnen und Bürger auch direkt darüber entscheiden, was in der Stadt zu geschehen hat, zum Beispiel ob eine neue Sporthalle gebaut werden soll oder nicht. Das nennt man dann einen *Bürgerentscheid*.

*Zu den Begriffen Demokratie, Politik und Bürgerinitiative findest du weitere Informationen im Glossar.

Demokratie in der Gemeinde

Station 1

S M U H

Politik in der Gemeinde: Was habe ich damit zu tun?

Was muss eine Gemeinde leisten?
Viermal richtig – viermal falsch
Notiere nur die vier richtigen Antworten.

Im Rathaus einer Gemeinde wird entschieden,
1. welche öffentlichen Verkehrsmittel eingerichtet werden,
2. wer Mitglied des Landesparlamentes wird,
3. welche Artikel in der örtlichen Tageszeitung erscheinen,
4. wie die Müllabfuhr funktionieren soll,
5. ob städtische Theater, Museen oder Sportstätten gebaut werden,
6. welche Schulen in der Stadt renoviert werden,
7. wer Chef einer der großen Firmen in der Stadt wird,
8. wie Parkanlagen und Spielplätze in der Stadt gepflegt werden.

Station 2

S M U H

Sollen Kinder sich für Gemeindepolitik interessieren?

Zur Frage, ob Kinder mitreden und mitmachen sollen in der Gemeindepolitik, gibt es unterschiedliche Ansichten.
Einige sagen: „Nein, das ist noch nichts für Kinder."
Andere sagen: „Ja, viele Kinder sollen mitmachen."

Hier kannst du deinen ganz persönlichen Standpunkt zu dieser Frage formulieren. Schreibe dazu einen kleinen Text, der auf folgende Fragen Antwort gibt:
1. Welcher Grund spricht dagegen, dass Kinder mitreden und mitmachen?
2. Welcher Grund spricht dafür?
3. Wie denkst du über diese Frage und wie begründest du deine Ansicht?

Station 3

S M U H

Was geschieht in einem Rathaus?

Hier hat ein Karikaturist ein Problem dargestellt, mit dem viele gewählte Bürgermeister und Stadträte sich herumschlagen müssen. Beschreibe das Problem. Verwende in deiner Beschreibung die Begriffe (1) Haushaltsberatungen, (2) Wunschliste, (3) Sparen.

„Nein, Liebling, es ist nicht die Caritas, es ist der Oberbürgermeister"

Station 4

S M U H

Planspiel
Demokratie in der Gemeinde

Die folgenden Begriffe bezeichnen unterschiedliche Mitwirkungsmöglichkeiten in der Gemeindepolitik. Wie viele davon kannst du in je einem Satz erklären: eine, zwei, alle drei?

Bürgerentscheid

Bürgerinitiative

Einwohnerantrag

6 Grundlagen des Wirtschaftens

Wir untersuchen die Bedeutung der Wirtschaft für unseren Alltag

1. Allein nachdenken

Alle Fotos haben etwas mit Wirtschaft zu tun. Beschreibe, welche Tätigkeiten Menschen in den dargestellten Situationen ausüben.

2. Zu zweit beraten

Welche weiteren wirtschaftlichen Tätigkeiten fallen euch ein?

3. In der Klasse sammeln

Warum sollten sich Schülerinnen und Schüler in wirtschaftlichen Fragen auskennen?

Im Verlauf dieses Kapitels könnt ihr …

- **die Bedeutung der Wirtschaft in eurem Alltag beschreiben,**
- **das Grundprinzip wirtschaftlichen Handelns erklären und anwenden,**
- **erläutern, welche Arten von Bedürfnissen es gibt,**
- **begründen, warum sich Politiker intensiv um wirtschaftliche Probleme kümmern.**

Eigene Schwerpunkte könnt ihr setzen, indem ihr …

- **Eltern oder andere Menschen in eurer Umgebung nach ihren Bedürfnissen befragt,**
- **in der Rolle von Politikern diskutiert und eine Entscheidung trefft.**

Detektivaufgabe für das ganze Kapitel:
Finde heraus, was sich Ella wünscht.

1 Was habe ich mit Wirtschaft zu tun?
Wir ermitteln Merkmale guten Wirtschaftens

A Bilder erzählen eine Geschichte

1

2

3

4

5

1. Beschreibe, was auf den fünf Zeichnungen zu sehen ist.

2. Erzähle die Geschichte anhand der Bilder nach.

3. Sammelt gemeinsam weitere Situationen, in denen ihr und eure Familie mit Wirtschaft zu tun habt.

Was auch noch interessant sein kann:

- aufschreiben, was du gestern gemacht hast, und prüfen, welche Tätigkeiten etwas mit Wirtschaft zu tun haben.

B Der Fall: Vom Eichhörnchen lernen

Eichhörnchen sind niedliche Tiere. Im Spätsommer und Herbst können wir sie besonders häufig in Parks beobachten. Für sie ist jetzt ihr Tisch reich gedeckt, weil es Früchte und Nüsse im Überfluss gibt. Besonders gerne sammeln sie unter großen, alten Bäumen, denn dort finden sie leicht und ohne Anstrengung, was sie suchen. Sie könnten sich jetzt jeden Tag so richtig den Bauch vollschlagen – doch darauf verzichten sie. Stattdessen legen sie sich einen Vorrat für den Winter an und sorgen damit vor. Ihre „gesparten" Nüsse legen sie in verschiedenen Verstecken ab. Wenn im Winter die Nahrung knapp wird, suchen sie ihre Verstecke auf und versorgen sich mit den Nüssen, die sie in Zeiten des Überflusses gespart haben. So können sie auch dann überleben, wenn sie eines der Verstecke nicht wiederfinden. Die Eichhörnchen leben von den Schätzen der Natur, doch sie schädigen sie nicht.

C Merkmale guten Wirtschaftens

Sehr vieles, was ihr den Tag über macht, hat mit Wirtschaft zu tun: wenn ihr euch Werbung anschaut oder einkaufen geht, wenn ihr Geld spart oder auf dem Flohmarkt altes Spielzeug verkauft. Wer sich in solchen Situationen klug verhalten will, muss sich auskennen.

Das ging schon den ersten Menschen auf der Erde nicht anders. Sie mussten in wirtschaftlichen Fragen fit sein – sonst hätten sie nicht überlebt. Essen, Trinkwasser, ein Dach über dem Kopf und Kleidung zum Schutz gegen Regen und Kälte – für alles mussten sie sorgen, an alles denken. Dafür mussten sie lernen, gut zu wirtschaften: also zu planen, zu organisieren, für schwierige Zeiten vorzusorgen, sich die Vorräte einzuteilen und erfinderisch zu sein, um sich die schwere Arbeit zu erleichtern. Schon früh erkannten sie, dass der sorgsame Umgang mit der Natur, den mühsam hergestellten Produkten und der menschlichen Arbeitskraft ein Grundprinzip des guten Wirtschaftens ist. Auch du wirtschaftest, wenn du dir zum Beispiel dein Taschengeld einteilst, für unerwartete Ausgaben sparst, größere Anschaffungen planst oder Preise vor dem Einkaufen vergleichst.

Nichts anderes meinen wir, wenn wir heute sagen, jemand kann mit seinem Geld und seinen Mitteln haushalten.

Das griechische Wort für Haushalt heißt „Oikos". Deshalb wird Wirtschaft häufig auch als Ökonomie bezeichnet. Als Wirtschaft bezeichnen wir alle Tätigkeiten, die sich mit der Herstellung, der Verteilung und dem Verbrauch von all den Dingen beschäftigen, die wir zum täglichen Leben brauchen.

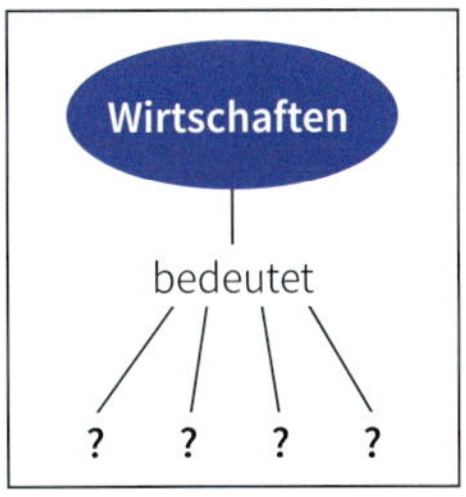

1. Warum mussten sich bereits die ersten Menschen in wirtschaftlichen Fragen gut auskennen? Begründe.
2. Arbeite aus dem Text heraus, welche Tätigkeiten zum guten Wirtschaften gehören.
3. Stelle die Merkmale guten Wirtschaftens in einem Schaubild dar.
4. Auch das Eichhörnchen wirtschaftet. Überlege, welche menschlichen Tätigkeiten sich auf das Beispiel des Eichhörnchens übertragen lassen.

2 Warum können wir nicht alles haben, was wir uns wünschen?

Wir entscheiden, was wir zum Leben brauchen

Eine Einstiegsübung für alle

- Notiere alle persönlichen Wünsche, die dir spontan einfallen.
- Wie wahrscheinlich ist es, dass du alle Wünsche in den nächsten Wochen erfüllen kannst: sehr wahrscheinlich, eher wahrscheinlich, nicht wahrscheinlich?

A Der Fall: Ella hat ein Problem

Jede Woche besucht sie einmal den Klarinettenunterricht und dreimal das Basketballtraining. Als Schülerin muss sie Hausaufgaben machen. Hin und wieder soll sie im Haushalt helfen. Schließlich braucht sie Zeit zum Chillen, zum Chatten, zum Shoppen und um sich mit Freunden zu treffen. Sie würde gerne zusätzlich noch Saxofon lernen, Gesangsstunden nehmen, bei einer Musicalaufführung mitmachen, regelmäßig reiten, schwimmen und öfter ausschlafen.

Ella bräuchte für ihr Wunschprogramm doppelt so viel Zeit, wie sie hat. Auch mehr Geld wäre nötig, denn Reitstunden sind nicht umsonst. Und ein Chauffeur wäre nicht schlecht, der sie schnell zu ihren Terminen bringt.

Meistens sind die Wünsche einer Person größer als ihre Fähigkeiten und Mittel, diese zu erfüllen. Knappheit nennen das die Leute, die sich mit Wirtschaft wissenschaftlich befassen.

Meine Tochter hat also genau dieses Knappheitsproblem. Alle Menschen wollen immer mehr von irgendetwas: mehr Zeit, mehr Schnitzel, mehr Cola, mehr Autos, mehr Gesundheit, mehr Liebe, mehr Benzin, mehr saubere Luft, mehr Ferien, mehr Tickets für das Champions-League-Finale oder mehr Schokolade. Wie dieses Problem meiner Tochter und all ihrer Mitmenschen am besten gelöst oder zumindest behandelt werden kann, davon handelt die Wirtschaft.

(Aus: Winand von Petersdorff-Campen: Das Geld reicht nie, Frankfurter Societätsverlag, Frankfurt 2013, S. 9 f.)

Schwimmen und/oder ...

shoppen und/oder ...

chillen mit Freunden?

1. Welches Problem hat Ella? Beschreibe es.
2. Erkläre, was Ellas Problem mit dem Thema Wirtschaft zu tun hat.

B Knappheit zwingt zu Entscheidungen

Im folgenden Text geht es ebenfalls um Wünsche. Wünsche, die man sich unbedingt erfüllen möchte, nennt man Bedürfnisse. Wenn man mehrere Bedürfnisse hat, muss man sich entscheiden – denn alle auf einmal zu erfüllen, ist nicht möglich. Eine solche Entscheidung könnt ihr in der Klasse nachspielen.

Diskussion über den Klassenausflug

Schon seit vielen Wochen freut ihr euch auf euren Schulausflug. Er soll in eine große Stadt führen. Da ihr beim letzten Schulfest Kuchen verkauft habt, befindet sich in der Klassenkasse ein stattlicher Überschuss, den ihr für diesen Ausflug verwenden wollt. Nächsten Freitag soll es losgehen. Der Wetterbericht hat strahlend schönes Sommerwetter angekündigt. Am Vormittag wollt ihr das neue Mitmach-Museum besuchen, die Führung wird ungefähr bis ein Uhr mittags dauern. Bis der Bus zurückfährt, habt ihr dann noch drei Stunden Zeit. Einige Eltern haben sich bereit erklärt, euch zu begleiten und die Aufsichtspflicht zu übernehmen. So könnt ihr euch in verschiedene Gruppen aufteilen, die ganz unterschiedliche Dinge unternehmen. Was wollt ihr mit eurer freien Zeit anfangen? Mit Freunden Karten spielen oder euch einfach nur ausruhen und quatschen, lieber ins Kino gehen, shoppen, etwas besichtigen, Fußball in einem Park spielen oder eher ins Schwimmbad gehen? Ihr sollt nun über eure Bedürfnisse reden und einen Programmvorschlag für die drei freien Stunden entwickeln.

1. Wie sieht euer Programm für die freie Zeit aus? Formuliert einen Vorschlag für die drei freien Stunden. (Das geht auch in Gruppen.)
2. Die Knappheit von Zeit und Geld zwingt dazu, Entscheidungen zu treffen – und das bedeutet auch, stets auf etwas zu verzichten. Erläutert diese Aussage an einem Beispiel.

C Bedürfnisse

1. Beschreibe, welche Arten von Bedürfnissen es gibt, und nenne jeweils ein Beispiel.
2. Wovon hängen Bedürfnisse ab? Erläutere die verschiedenen Einflüsse.
3. Stell dir ein Land vor, in dem Krieg herrscht: Welche Stufen der Bedürfnistreppe können viele Menschen dann nicht erreichen. Begründe deine Antwort.

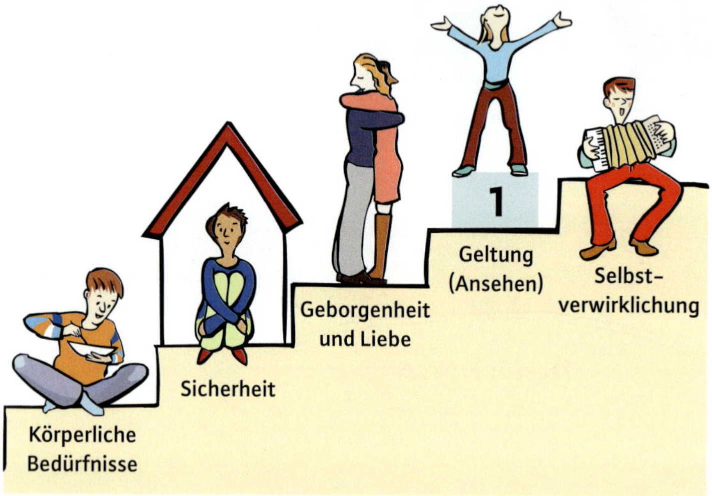

Teil 1: Welche Arten von Bedürfnissen gibt es?

Menschen haben unterschiedliche Bedürfnisse. So braucht jeder Mensch Essen und Trinken, Kleidung und ein Dach über dem Kopf. Weil diese Bedürfnisse überlebenswichtig sind, spricht man von *Grundbedürfnissen*.
Daneben gibt es Dinge, die wir zwar nicht zum Überleben brauchen, die aber unser Leben sehr viel angenehmer und leichter machen: zum Beispiel Autos, Schmuck, Fernseher, Parfüm, Reisen. Diese Art von Bedürfnissen nennt man *Konsum-* oder *Luxusbedürfnisse*.
Sicherlich verspürt ihr auch manchmal das Bedürfnis, Musik zu hören oder einen Film im Kino anzuschauen. In diesen Fällen befriedigt ihr *kulturelle Bedürfnisse*. Das sind Bedürfnisse nach Unterhaltung und Bildung.

Nicht alle Bedürfnisse lassen sich mit Geld stillen. Mit unseren Bedürfnissen nach Zuwendung oder Freundschaft können wir nicht einfach in das nächste Kaufhaus gehen. Gerade deswegen kann es manchmal schwierig sein, solche Bedürfnisse zu befriedigen. Diese Art von Bedürfnissen nennt man *soziale Bedürfnisse*.

Teil 2: Unterschiede von Mensch zu Mensch

Manche Bedürfnisse sind von Mensch zu Mensch verschieden. Sie werden beeinflusst

- vom Lebensalter: Ein 13-jähriges Mädchen möchte am Wochenende in einen Freizeitpark, während seine Eltern vielleicht lieber eine Radtour unternehmen.
- von den geografischen Verhältnissen: Ein Jugendlicher in Afrika hat manchmal andere Bedürfnisse als ein deutscher Jugendlicher.
- von der Kultur und Religion: Bewohner einer Südseeinsel kleiden und ernähren sich anders als zum Beispiel Menschen in Ägypten.
- von äußeren Einflüssen: Was die Familie, Verwandte und Freunde denken, ist den meisten Menschen sehr wichtig. Sie orientieren sich in ihren Wünschen und Bedürfnissen an ihnen: Was sie haben, möchte man auch selbst gerne besitzen.
- von der Werbung: Sie hat zum Ziel, Bedürfnisse gezielt zu beeinflussen und Wünsche nach ganz bestimmten Produkten zu wecken.

D Wir entscheiden, was wir wirklich zum Leben brauchen

1. Zahnbürste
2. Duschgel
3. Spielkonsole
4. Bikini/Badehose
5. Schlafsack
6. Kopfkissen
7. Feuerzeug
8. Trinkwasser
9. Schuhe
10. Lebensmittel
11. Taschenlampe
12. Bücher
13. Haarbürste
14. Sonnenschutzmittel
15. Schreibzeug
16. Foto
17. Windjacke
18. Jeans
19. Unterwäsche
20. Seekarte
21. Taschenmesser
22. Gaskocher
23. Handtücher
24. Batterien
25. Handy
26. Spielkarten
27. Schreibblock
28. Wecker
29. Foto meiner Familie
30. Heftpflaster
31. Zahnpasta
32. Wasser
33. Uhr
34. Föhn
35. Poster meiner Lieblingsstars
36. Strümpfe
37. T-Shirts
38. Sonnenbrille
39. Pullover
40. Süßigkeiten

Grundbedürfnisse

Konsum- und Luxusbedürfnisse

Kulturelle Bedürfnisse

Soziale Bedürfnisse

Stellt euch vor, ihr nehmt an einer 14-tägigen Schiffsreise teil. Das Segelschiff wird euch mit der Mannschaft zur Verfügung gestellt. Alles, was ihr zum Leben braucht, müsst ihr mitnehmen. An Bord gibt es keinen Strom. Der Platz an Bord ist sehr begrenzt. Deswegen könnt ihr insgesamt nur 20 Gepäckstücke mitnehmen. Worauf könnt ihr verzichten? Was braucht ihr wirklich zum Leben?

Euer Auftrag:

1. Entscheidet euch in Einzelarbeit für die 20 Gegenstände, die ihr für wichtig haltet. Notiert die Nummern.
2. Tauscht euch dann mit einem Partner aus und einigt euch auf eine gemeinsame Liste.
3. Ordnet eure ausgewählten Gegenstände den vier Bedürfnisarten zu und stellt eure Liste in der Klasse vor.
4. Welche Bedürfnisse verlieren in Notsituationen ihre Bedeutung? Redet darüber in der Klasse.

E Wie wird die Kartoffel zur Tiefkühlfritte?

Eine Einstiegsübung für alle

Wie stellst du dir den Weg einer Kartoffel bis zu tiefgekühlten Pommes frites vor? Erzähle.

Was sind Güter?

Um unsere Bedürfnisse nach Essen und Trinken, nach Kleidung und einem Dach über dem Kopf zu befriedigen, brauchen wir Güter. Wir verstehen darunter die Mittel, die erforderlich sind, um Bedürfnisse zu befriedigen.

Freie Güter sind umsonst

An einem Strand, wie er auf dem Foto zu sehen ist, habt ihr vielleicht das Bedürfnis, eine Sandburg zu bauen. Die Mittel dazu sind Sand und Wasser. Kein Problem: Beides steht euch im Überfluss zur Verfügung und kostet nichts. Einige wenige Güter nennt man daher freie Güter.

Wie kann man Wirtschaftsgüter einteilen?

Die meisten Güter, die wir zum Leben brauchen, kosten allerdings Geld. Güter, die Geld kosten, werden als Wirtschaftsgüter bezeichnet.

Wenn man sich zum Beispiel eine Portion Pommes frites kauft, erwirbt man ein Wirtschaftsgut, weil man dafür bezahlen muss. Um die knusprig frittierten Kartoffelstäbchen herzustellen, muss man arbeiten. Das trifft für alle Wirtschaftsgüter zu, egal, ob es sich um Nahrungsmittel, T-Shirts oder Fahrräder handelt. Insgesamt bilden die Wirtschaftsgüter eine riesige Gruppe sehr verschiedener Dinge. Daher hat man sie eingeteilt, um sie besser unterscheiden zu können.

Sand, Luft und Wasser kosten am Strand nichts und sind freie Güter; Strandkörbe kosten Geld und sind Wirtschaftsgüter.

Sachgüter

Was braucht man zum Beispiel zur Herstellung von Pommes frites? Natürlich zunächst einmal Kartoffeln. Kartoffeln sind ein Rohstoff. Weil sie Geld kosten, sind sie ein Wirtschaftsgut. Rohstoffe werden meist verarbeitet, um sie zu einem nützlichen Gut zu machen. Bei der Herstellung von Pommes frites werden Kartoffeln in Fabriken mithilfe von vielen Maschinen gesäubert, getrocknet und in riesigen Fritteusen in Pflanzenfett frittiert. Danach werden sie verpackt, in Kühlhäusern gelagert und zu den Käufern transportiert. Zur Herstellung von Pommes frites braucht man viele Sachen, alle zusammen werden als *Sachgüter* bezeichnet. Weil die fertigen Pommes nach der Herstellung gegessen, also konsumiert werden, bezeichnet man diese Art von Gütern als *Konsumgüter*. Dazu zählen zum Beispiel auch Messer und Gabel, die man vielleicht zum Essen der Pommes benutzt. Konsumgüter sind also Sachen, die man benutzt, um ein Bedürfnis zu befriedigen. Die vielen Maschinen, die zur Herstellung der Pommes nötig waren, werden als *Produktionsgüter* bezeichnet.

Dienstleistungen

Wir benötigen auch noch Güter zum Leben, die keine Sachen sind. Zum Beispiel braucht man einen Fahrer, der die verpackten Pommes frites zu den Verkaufsstellen transportiert.
Fahrerinnen und Fahrer werden für ihre Arbeit bezahlt. Daher stellt auch ihre Arbeit ein Wirtschaftsgut dar. Alle Güter, die daraus bestehen, dass Menschen anderen Menschen einen Dienst erweisen, werden *Dienstleistungen* genannt. Dazu gehört die Leistung von Köchen und Kellnern, die Pommes frites in Restaurants zubereiten und servieren, aber auch die Leistungen von Friseuren, Ärzten, Lehrern, Bankangestellten und vielen anderen, die in Dienstleistungsberufen tätig sind.

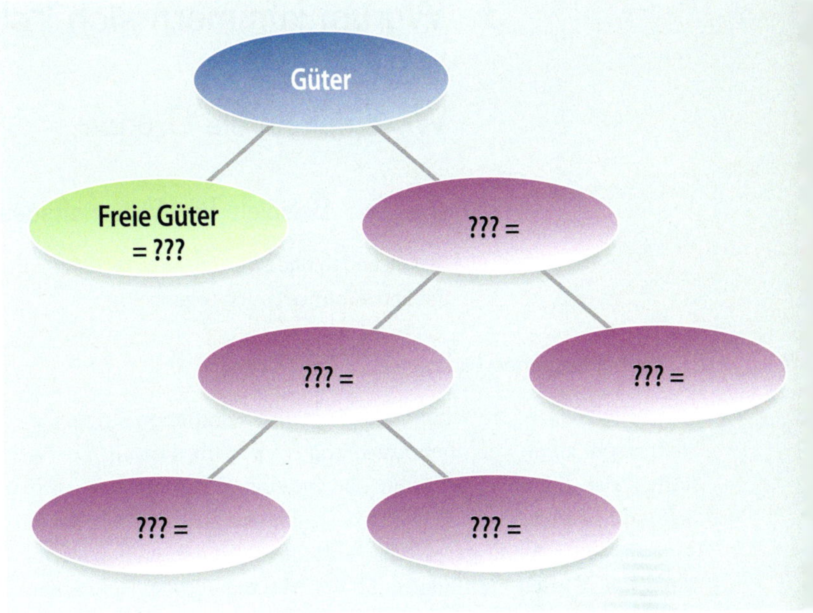

Julia benutzt die unterschiedlichsten Güter

A Zum Frühstück isst Julia wie jeden Morgen **Müsli.**

B Danach packt sie ein **Frühstücksbrot** und die für den Tag benötigten **Schulbücher** in ihre Tasche.

C Wenn sie aus dem Haus tritt, freut sie sich über die Sonne und atmet tief die **frische Luft** ein, jetzt erst wird sie richtig wach.

D Der **Busfahrer im Schulbus** bringt sie und andere Kinder sicher zur Schule.

E Im Kunstunterricht stellt sie mithilfe eines **Keramikofens** ihre selbst glasierte **Blumenvase** fertig.

F Um vier Uhr holt sie ihre Mutter ab, die als **Bankkauffrau** in einer großen Bank arbeitet.

G Anschließend geht sie zusammen mit ihrer Mutter zum **Friseur** und lässt sich die Haare schneiden.

H Zu Hause angekommen, benutzen Mutter und Tochter eine **elektrische Küchenmaschine**, um Saft aus den Früchten zu pressen.

I Nach dem Abendessen schalten sie und ihre Mutter noch für eine Stunde den **Fernseher** ein.

Güter	Güterart
A Müsli	Wirtschaftsgut Sachgut Konsumgut
…	…

1. Welche verschiedenen Güter werden benötigt, um Pommes frites industriell herzustellen? Nenne sie.

2. Übertrage die Zeichnung rechts oben in dein Heft und erstelle ein Schaubild, in dem du die verschiedenen Güterarten einträgst und kurz erklärst.

3. Welche Güterarten nutzt Julia den Tag über? Legt dazu eine Tabelle an und tragt die passenden Güterarten ein.

3 Warum kümmern sich Politiker so intensiv um Wirtschaft?

Wir ermitteln die Gründe

A Zwei Beispiele für Wirtschaftsgesetze

Im Folgenden findet ihr zwei Beispiele für Wirtschaftsgesetze. Teilt euch die Bearbeitung zu zweit auf und informiert euch gegenseitig.

1. Preisabsprachen verboten!

Elf große Firmen, die Schokolade herstellen, wurden in einem Gerichtsurteil zu 60 Millionen Euro Strafe verurteilt. Der Grund: Sie hatten sich heimlich getroffen und miteinander vereinbart, ihre Schokolade zu einem hohen Preis anzubieten. Solche Absprachen sind in Deutschland gesetzlich verboten. Politiker wollen damit Verhaltensweisen verhindern, die den Wettbewerb zwischen den Unternehmen verhindern. Warum ist Wettbewerb so wichtig? Bei freiem Wettbewerb kämpfen die Unternehmen gegeneinander um Kunden. Sie sind also gezwungen, ständig Neuheiten zu entwickeln und ihre Produkte zu günstigen Preisen anzubieten. Sonst kauft der Kunde sofort das Produkt eines Konkurrenten.

2. Wer arbeitet, hat das Recht auf einen Mindestlohn!

Seit 2015 bekommt fast jeder Beschäftigte in Deutschland einen gesetzlich garantierten Mindestlohn pro Arbeitsstunde (ab 2017 8,84 Euro). Vorher gab es viele Menschen, die so wenig Lohn bekamen, dass sie oft davon nicht leben konnten. Das war zum Beispiel bei vielen Friseurinnen der Fall. Nach langer Diskussion verabschiedete der Deutsche Bundestag deshalb ein Gesetz, das vorschreibt, wie viel Beschäftigte mindestens in der Stunde verdienen müssen. Obwohl man auch vom gesetzlichen Mindestlohn nicht üppig leben kann, bekommen nun viele Beschäftigte deutlich mehr Lohn als vorher. Unternehmen beklagen jedoch die stark gestiegenen Lohnkosten und fürchten, dass Arbeitsplätze gefährdet werden.

1. Stelle deinem Partner das von dir gewählte Beispiel vor. Antworte dabei auf folgende Fragen: Was ist der Inhalt der Regelung? Warum wurde das Gesetz beschlossen?
2. Wem nützen die Gesetze? Wen schränken sie eher ein? Nennt die betroffenen Gruppen.
3. War es richtig, dass sich die Politiker um diese Probleme gekümmert haben? Diskutiert darüber in der Klasse. Berücksichtigt dabei, welche Folgen es hätte, wenn die Politik nicht eingreifen würde.

INFO S M U H

B Wirtschaft und Politik

Teil 1: Gesetze für die Wirtschaft

Ohne Regeln geht es nicht. Das gilt für die Wirtschaft genauso wie für die Schule oder den Sport. Sie stellen sicher, dass alle Beteiligten in der Wirtschaft fair miteinander umgehen und dass sich jeder auf den anderen verlassen kann. So muss zum Beispiel ein Kaufmann sicher sein, dass jeder Kunde seine Ware bezahlt. Sonst hätte er in kürzester Zeit selbst kein Geld mehr. Umgekehrt muss jeder Kunde sicher sein, dass der Kaufmann ehrlich ist und für seine Ware nicht mehr verlangt, als vereinbart war.

Damit alle diese Dinge nach festen Regeln ablaufen können, greift die Politik mit Gesetzen in die Wirtschaft ein. Gesetze zum Verbraucherschutz regeln zum Beispiel, welche Rechte man beim Kauf einer Ware hat. Für bestimmte Waren gelten besondere gesetzliche Schutzbestimmen, zum Beispiel für die Qualität von Lebensmitteln.

Eine besondere Funktion der Gesetze für die Wirtschaft besteht darin, bestimmte Gruppen vor Gefährdungen zu schützen. So ist zum Beispiel Kinderarbeit in Deutschland bis auf wenige Ausnahmen per Gesetz verboten. In Betrieben ist für die Auszubildenden das Jugendarbeitsschutzgesetz zu beachten. Auch für andere Mitarbeiterinnen und Mitarbeiter in Betrieben hat der Staat Gesetze erlassen, welche das Ziel haben, den Ablauf der Arbeit fair zu regeln und die Menschen vor ungerechter Behandlung zu schützen.

Teil 2: Drei wichtige Ziele

Schutz der Schwachen

In der Wirtschaft herrscht harter Wettbewerb, in dem nur Leistung zählt. Nicht so leistungsfähige Menschen werden oft benachteiligt oder finden vielleicht gar nicht erst eine Arbeit. Der Staat schützt sie vor Ausbeutung und unterstützt sie in Notsituationen mit Geld.

Auch berufstätige Mütter haben es im Beruf meist schwerer, weil sie sich neben ihrer Arbeit noch um die Kinder kümmern. Der Staat setzt sich deshalb besonders für sie ein, etwa indem er Kündigungen nach der Elternzeit verbietet oder Müttern ein Recht auf Teilzeitarbeit garantiert.

Sicherung von Arbeitsplätzen

Die Politik hat großes Interesse daran, dass Unternehmen erfolgreich sind. Nur dann können neue Arbeitsplätze geschaffen und bestehende gesichert werden. Der Staat fördert deshalb zum Beispiel auch die Gründung neuer Firmen. In Krisenzeiten müssen Unternehmen manchmal weniger Steuern zahlen oder bekommen Unterstützung, damit sie ihre Beschäftigten nicht entlassen müssen.

Umweltschutz und Wirtschaft

Wenn Unternehmen produzieren, können manchmal Umweltschäden entstehen, unter denen alle zu leiden haben. Der Schutz der Umwelt durch Gesetze ist deshalb eine Aufgabe des Staates.

1. Warum greift die Politik in die Wirtschaft ein? Nenne den wichtigsten Grund.
2. Nenne mindestens zwei gesetzliche Bestimmungen, mit denen der Staat in die Wirtschaft eingreift.
3. Führende Politikerinnen und Politiker kümmern sich oft intensiv um die Wirtschaft. Ermittle aus Teil 2 des Textes Gründe, warum Wirtschaftspolitik so wichtig für uns alle ist.

Spitzenpolitiker suchen häufig das Gespräch mit der Wirtschaft, hier zum Beispiel Bundeskanzlerin Angela Merkel mit einem Mitarbeiter einer Maschinenfabrik.

C Wir diskutieren: Sollen ungesunde Lebensmittel deutlich teurer werden?

Wirtschaftspolitische Entscheidungen bekommen wir oft direkt im Alltag zu spüren. Ihr sollt in dieser Stunde in die Haut von Politikerinnen und Politikern schlüpfen und aus ihrer Sicht diskutieren. Wie würdet ihr entscheiden?

Wie in anderen Industrieländern werden auch in Deutschland die Menschen immer dicker. Auch viele Kinder sind davon betroffen. Wissenschaftler sind davon überzeugt, dass der häufige Verzehr von Fastfood und süßen Getränken eine wichtige Ursache ist.
Mehrere Politiker schlagen nun vor, eine Sonderabgabe auf Fastfood, Chips, fettiges Gebäck und süße Limonaden einzuführen. Damit würde ungesundes Essen und Trinken deutlich teurer.

Gründe dafür und dagegen

1. Es gibt viele Gründe für Übergewicht. Eine Sondersteuer beseitigt nur eine Ursache. Mehr Sport würde besser helfen.

2. Wenn Kinder von ihrem Taschengeld nicht mehr so viel Ungesundes kaufen können, verringert sich die Gefahr, dick zu werden.

3. Was jemand isst und trinkt, ist Privatsache. Da darf sich der Staat nicht einmischen.

4. Wenn Fastfood teurer wird, kaufen die Kunden weniger. Die Beschäftigten in der Lebensmittelindustrie müssten Angst um ihre Arbeitsplätze haben.

5. Übergewicht verursacht viele Krankheiten. Die Kosten müssen wir alle tragen, weil Krankenkassenbeiträge steigen. Mit einer Steuer werden weniger Menschen krank.

6. Menschen, die viel Fastfood essen, werden richtig süchtig danach. Vor solchen Gefahren müssen Politiker schützen.

So könnt ihr vorgehen:

1. Ordne die Aussagen in den Kästen in Argumente, die für und gegen den Vorschlag sprechen.
2. Bilde dir ein Urteil. Tauscht euch anschließend in Gruppen aus.
3. Stellt eure Arbeitsergebnisse in der Klasse vor.
4. Diskutiert nun wie Politiker. Wie im Bundestag könnt ihr abschließend über die Frage abstimmen.

Grundlagen des Wirtschaftens

Station 1

S M U H

Was habe ich mit Wirtschaft zu tun?

Was würdest du Nicolas erwidern?
Formuliere eine Antwort und gehe dabei auf folgende Punkte ein:

- Erläutere ihm an Beispielen, welche Bedeutung Wirtschaft im Alltag für Kinder und Jugendliche hat.
- Begründe, warum auch Kinder und Jugendliche wirtschaften.

Station 2

S M U H

Das Grundproblem: Von allem gibt es immer zu wenig

Vielleicht habt ihr schon einmal von Robinson Crusoe gehört, der in einem berühmten Roman von Daniel Defoe die Hauptfigur ist. Er landete als Schiffbrüchiger auf einer einsamen Insel. Zunächst war er glücklich, mit dem Leben davongekommen zu sein. Doch er hatte nichts retten können – außer seiner Kleidung, die er bei sich trug. Erst nach 28 Jahren auf der Insel wurde er gerettet.
Beschreibe in einem kurzen Text, warum Robinson auf der Insel wirtschaften musste. Wofür musste Robinson zunächst sorgen? Welche Bedürfnisse konnte er auf der Insel wahrscheinlich stillen, welche nicht?

Station 3

S M U H

Warum kümmern sich Politiker so intensiv um Wirtschaft?

Das ist doch nicht erlaubt! Warum eigentlich?

Tischlerei Metzger verlangt für Einbauschrank das Doppelte wie mit dem Kunden vereinbart.

Frau Walter wird von ihrem Arbeitgeber gekündigt, weil sie schwanger ist.

Papierfabrik leitet ungereinigtes Abwasser in den Rhein.

- Begründe, warum solche Situationen durch Gesetze geregelt sind.
- Was wäre passiert, wenn sich die Politik nicht um diese Probleme gekümmert hätte? Erkläre die Folgen.

7 Vom richtigen Umgang mit Geld

Wir planen wirtschaftliches Handeln

1. Allein nachdenken

Einmal angenommen, du bekommst einen 20-Euro-Schein geschenkt. Was würdest du damit machen? Sparen oder alles ausgeben?

2. Zu zweit beraten

Welche Bedeutung hat Geld in eurem Leben, eine große oder eine eher geringe?

3. In der Klasse sammeln

Manche sagen, Geld macht glücklich. Was meint ihr?

Im Verlauf dieses Kapitels könnt ihr …

- **beschreiben, warum die Menschen das Geld erfunden haben,**
- **erläutern, warum auch Papiergeld wertvoll ist,**
- **einen Jungen in Geldnöten beraten und Tipps für den Umgang mit Geld formulieren,**
- **erläutern, woher Familien ihr Geld bekommen,**
- **einen Haushaltsplan für eine Familie erstellen.**

Eigene Schwerpunkte könnt ihr setzen, indem ihr …

- **eine Befragung zum Thema Taschengeld durchführt,**
- **für euch selbst einen Taschengeldplan erstellt,**
- **die Ergebnisse eines berühmten Experiments auf den Umgang mit Geld übertragt.**

Detektivaufgabe für das ganze Kapitel:
Warum können die Frauen in Kiriwina ihr Geld nicht im Portemonnaie aufbewahren? Finde es heraus.

1 Welche Rolle spielt das Geld?

Wir erklären, warum Papierscheine wertvoll sein können

Eine Einstiegsübung für alle

Rebecca kann sehr gut zeichnen und hat zum Spaß einen 10-Euro-Schein gezeichnet, der einem echten täuschend ähnlich ist. Nachdenklich fragt sie sich: „Warum ist dieses Papier nichts wert und der echte Schein so viel?" Überlege dir den Grund.

A Der Fall: Soll Carlo seine neuen Kopfhörer gegen Pizza tauschen?

Carlo und Paul haben zwei Stunden Fußballtraining hinter sich. Beide spielen im gleichen Verein, kennen sich aber bisher privat noch kaum. Als sie gemeinsam durch die Stadt nach Hause gehen, merken die beiden Hobbyfußballer, wie extrem hungrig und durstig sie nach dem anstrengenden Training sind. Carlo sagt: „Wir kommen gleich an einem Restaurant vorbei, wo die Pizza klasse schmeckt. Sollen wir da reingehen und uns eine große Pizza und was zu trinken bestellen? Ich habe Geld dabei." „Ich leider nicht", antwortet Paul und dabei würde er so gerne Pizza essen gehen. „Ich kann dir bis morgen was leihen", schlägt Carlo vor. Traurig winkt Paul ab: „Nächste Woche kriege ich erst wieder neues Taschengeld." Dabei denkt er insgeheim: „Eine große Pizza genießen und das noch schön im italienischen Restaurant – was für ein Traum!" Plötzlich kommt ihm eine Idee: „Du, Carlo, ich habe neue Kopfhörer geschenkt bekommen. Die überlasse ich dir, wenn du mir dafür das Geld für die Pizza gibst!" Verblüfft schaut Carlo ihn an: „Neue Kopfhörer gegen eine Pizza samt Getränk im Restaurant: Ist denn beides gleich viel wert?"

1. Paul und Carlo haben beide Appetit auf Pizza. Beschreibe, auf welchem Weg sie sich diesen Wunsch erfüllen möchten.
2. Ist das ein kluger Tausch, den Paul vorschlägt? Begründe deine Antwort.

B Warum gibt es das Geld?

Gäbe es kein Geld, würde meine Friseurin mir die Haare schneiden, wenn ich ihr dafür etwas gäbe, das in ihren Augen genau einen Haarschnitt wert ist. Ich könnte dafür abends vielleicht den Salon ausfegen. Andererseits kann ich besser schreiben als fegen. Ich könnte ihr Wurst mitbringen von meinen Eltern, die Landwirte sind. Das könnte klappen.

???

Aber in meiner Stammkneipe könnte ich nicht mit Wurstdosen bezahlen, in Supermärkten sowieso nicht. Tauschen ist aus mehreren Gründen schwierig. Wenn jemand etwas hat, was ich haben will, dann bekomme ich es nur, wenn zwei Bedingungen erfüllt sind: Er will mein Wunschobjekt verkaufen und er will haben, was ich ihm zum Tausch anbiete. Dazu kommt noch ein Problem: Beide Wunschobjekte müssen in den Augen beider Betrachter gleich viel wert sein. Wenn jemand eine Jeans anbietet und auf mein Fahrrad scharf ist, welches ich gerade loswerden will, dann ist nur der erste Schritt getan. Mir könnte dann der Gedanke kommen, dass seine Jeans nur 30 Prozent Fahrrad wert ist. Was nun? Fahrräder kann man nicht zerteilen.

???

Wenn ich dagegen mit Geld statt mit einem Fahrrad bezahle, habe ich beide Probleme nicht. Der Jeanshändler nimmt das Geld gerne, weil er es selber überall einsetzen kann. Außerdem ist das Geld auch in kleine Einheiten teilbar, ohne dass es an Wert verliert.

???

Experten sagen, Geld ist nützlich als *Recheneinheit* und als *Tauschmittel*. Und es gibt noch etwas Nützliches am Geld: Es verdirbt nicht, nutzt sich nicht ab. Zumindest meistens ist das so. Selbst ein abgegriffener bekleckerter, eingerissener 10-Euro-Schein ist genauso viel wert wie ein nagelneuer 10-Euro-Schein. Dazu sagen die Fachleute, Geld dient als *Wertaufbewahrungsmittel*. Damit das Geld funktioniert, müssen die Menschen ihm Vertrauen schenken. Sie müssen an den Wert glauben und daran, dass es auch für andere wertvoll ist. Ohne Vertrauen in den Wert würde ich meine Sachen nicht gegen Geld abgeben.

???

Theoretisch kann alles zu Geld erklärt werden: Kugelschreiber, Ansichtskarten oder irgendetwas anderes. Die Hauptsache ist das Vertrauen. Der Glauben an den Wert verschwindet schnell, wenn jeder das „Geld" ohne Aufwand herstellen kann und darf.

(Nach: Winand von Petersdorff-Campen: Das Geld reicht nie, Frankfurter Societätsverlag, Frankfurt 2013, Seite 92 f.)

Auf der tropischen Insel Kiriwina bezahlten bis vor Kurzem die Einwohner mit Geld, das aus Bananenblättern hergestellt wurde.

1. Beschreibe, warum Tauschgeschäfte im Alltag schwierig sind.
2. Jeder Text ist besser lesbar, wenn er durch Überschriften gegliedert wird. Formuliere für die einzelnen Abschnitte Zwischenüberschriften.
3. Suche nach Gründen, warum die Einwohner von Kiriwina das Bananengeld abgeschafft haben.

INFO

S M U H

C Geld

1. Erkläre den Unterschied zwischen Bargeld und Buchgeld.

2. Erläutere, welche Vorteile und Nachteile der Euro gegenüber den ehemaligen Währungen in Europa hat.

3. Einmal angenommen, du könntest als Regierungschef darüber entscheiden: Würdest du lieber eine eigene Währung in deinem Land behalten oder den Euro einführen? Begründe deine Entscheidung.

Teil 1

Warum Geldscheine wertvoll sind

Wenn ihr in eure Geldbörse schaut, dann seht ihr darin Münzen und vielleicht auch Scheine. Wie aber ist es möglich, dass kleine Papierscheine zehn, zwanzig oder gar hundert Euro wert sein können? Geldscheine an sich sind natürlich fast gar nichts wert. Sie stehen nur als Zeichen für einen Wert. Die Menschen haben sich darauf verständigt, dass ein Schein über zehn Euro eben diesem Wert entspricht. Damit Geld seinen Wert behält, darf es nur in begrenzter Menge vorhanden sein, es muss also stets knapp sein.

Bargeld – Buchgeld

Wenn du dir ein neues Schulheft kaufst, bezahlst du an der Kasse wahrscheinlich direkt mit Münzen oder einem Schein. Diese Art der Bezahlung nennt man Barzahlung. Neben dem Bargeld gibt es aber auch unsichtbares Geld, das man nicht anfassen kann. Es entsteht, wenn du Geld auf ein Sparbuch oder ein Konto einbezahlst. Weil die Bank den Betrag in ihren Büchern verbucht, also notiert, heißt dieses Geld Buchgeld. Wenn du es wieder von deinem Sparbuch abhebst, wird es wieder zu Bargeld.

Bargeldlos bezahlen

Heute werden größere Beträge nur noch selten in bar bezahlt.
Zum Beispiel bekommen deine Eltern ihr Gehalt vom Arbeitgeber auf ihr Konto überwiesen. Sehr viele Menschen bezahlen inzwischen auch ihre täglichen Einkäufe bargeldlos, indem sie an der Kasse ihre Bankkarte oder Kreditkarte benutzen. Der zu zahlende Betrag wird ihnen dann von ihrem Bankkonto abgebucht. Weil immer mehr Menschen mit Karte bezahlen, wird diskutiert, das Bargeld nach und nach abzuschaffen.

Teil 2

Der Euro – die gemeinsame europäische Währung

Das Geld, das in einem bestimmten Land oder in mehreren Ländern von allen benutzt wird, nennt man Währung. In Europa haben viele Staaten eine gemeinsame Währung – den Euro. Damit kann man in diesen Ländern bezahlen. Bis zum Jahr 2002 hatten diese Länder jeweils eine eigene Währung, zum Beispiel Frankreich den Franc, Italien die Lira, Deutschland die D-Mark.

Vorteile

Ein Vorteil der europäischen Währung ist, dass man heute an den Grenzen nicht mehr sein Geld in eine andere Währung umtauschen muss. Auch die Unternehmen können viel einfacher Geschäfte machen. In einem Euro-Land sieht man auch sofort, was die angebotenen Waren kosten. Früher musste man erst umrechnen, bevor man den Wert vergleichen konnte.

Nachteile

Viele Menschen meinen, dass Einkaufen seit der Einführung des Euros viel teurer geworden ist. Fachleute haben allerdings nachgewiesen, dass das nur zum Teil stimmt. Andere kritisieren, dass nun die Europäische Zentralbank über den Wert des Euros wacht. Die deutsche Regierung muss ihre Entscheidungen akzeptieren, auch wenn sie diese nicht gut findet. Wenn manche Euroländer sehr hohe Schulden machen, müssen Länder wie Deutschland ihnen helfen, obwohl sie selbst gut gewirtschaftet haben.

D In welchen Ländern kann man mit dem Euro bezahlen?

Endlich Ferien! Die Schülerinnen und Schüler der Klasse 6b haben ganz unterschiedliche Pläne für die Sommerferien. In vielen Ferienländern können sie mit dem Euro bezahlen, in drei Ländern gelten andere Währungen.

Euer Auftrag:
Betrachtet die Karte und sucht die in den Beispielen genannten Länder. Findet heraus ob man dort mit dem Euro bezahlen kann. Wer muss Geld tauschen?

Beispiele

1. Lea fährt mit ihrer Familie zum Campen nach Italien.
2. Nils besucht seine Oma in Schweden.
3. Ibrahim macht mit einer Jugendgruppe in Spanien den Segelschein.
4. Gordana will ihre Mail-Freundin in Polen endlich persönlich kennenlernen.
5. Julia hat eine Sprachreise in Großbritannien gebucht.
6. Nicos Familie hat ein Ferienhaus in Frankreich gemietet.
7. Elena unternimmt mit ihren Eltern eine Städtereise nach Budapest in Ungarn.
8. Antonio reist mit seiner Pfadfindergruppe zwei Wochen quer durch Irland.

2 Sparen oder alles ausgeben? Wir bewerten Vorschläge zum Umgang mit Geld

A Der Fall: Andi in Geldnöten

Andi und Robin sind seit der Grundschule eng befreundet …

Andi und Robin laufen nach der Schule gemeinsam zur Bushaltestelle und unterhalten sich:

ROBIN: Nina hat gefragt, ob wir Lust haben, heute Nachmittag noch ein Eis zu essen.

ANDI: Mist, das würde ich wirklich gerne, doch bin ich im Moment wirklich knapp mit meinem Geld. Ich habe sogar von meiner Mutter schon einen Vorschuss für den nächsten Monat bekommen.

ROBIN: Ach, komm doch mit, bald beginnt doch ein neuer Monat, dann hast du doch wieder Geld.

ANDI: Ich weiß wirklich nicht, wie ich das bezahlen soll. Ich könnte vielleicht noch meine Schwester anpumpen, meine Mutter leiht mir mit Sicherheit nichts mehr.

ROBIN: Sei kein Spielverderber. Alle sind dabei.

ANDI: Ich muss mir das noch überlegen. Da kommt mir eine Idee: Ich rufe einfach meine Oma an und jammere ein wenig. Wahrscheinlich schenkt sie mir dann das Geld fürs Eisessen.

ROBIN: Zur Not leihe eben ich dir das Geld und du gibst es mir wieder zurück, sobald du kannst. Das mache ich wirklich gerne – ich habe doch genügend Geld.

ANDI: Wie machst du das nur? Ich komme in letzter Zeit nie mit meinem Geld klar. Ständig bin ich pleite. Und sparen kann ich rein gar nichts.

ROBIN *lacht*: Du kaufst auch viel unnützen Kram. Ich lasse mich eben nicht so leicht verführen.

Da mischt sich Hatice ein, die in der gleichen Klasse wie die beiden ist.

HATICE: Wenn du dir jetzt noch weiteres Geld leihst, kommst du doch nächsten Monat wieder nicht mit deinem Geld aus. Du musst das Ganze doch zurückzahlen. Also ich mache mir jeden Monat einen Plan, was ich wofür ausgeben will.

ROBIN: Also ich spare immer etwas für überraschende Ausgaben, wie zum Beispiel heute.

ANDI: Das hilft mir jetzt im Moment nicht viel. Ich muss mich jetzt entscheiden, was ich mache. Soll ich mir das Geld leihen, meine Oma anbetteln oder aufs Eisessen verzichten – auch wenn's schwerfällt?

1. Beschreibe, welche Schwierigkeiten Andi im Umgang mit Geld hat.
2. Wie würdest du dich an Andis Stelle verhalten? Begründe deine Entscheidung.

B Warum bekommen Kinder Taschengeld?

Zu dieser Frage führte die Süddeutsche Zeitung ein Gespräch mit der Wissenschaftlerin Kirsten Schlegel-Matthies:

Kinder müssen lernen, mit Geld umzugehen. Das können sie nicht, wenn sie nur zuschauen, wie es ausgegeben wird. Wenn sie selbst ein paar Cent – mehr sind es am Anfang ja nicht – zur Verfügung haben, müssen sie selbst überlegen, wofür sie ihr Geld ausgeben.

Was kaufen sich Kinder und Jugendliche denn?

Jüngere Süßigkeiten, Ältere übrigens oft auch. Bei ihnen kommen dann noch Ausgehen, Kleidung, Computerspiele und Handys hinzu.

Wie stark sollten Eltern Einfluss nehmen?

Überhaupt nicht. Es ist das Geld der Kinder, dafür sind sie verantwortlich. Also sollen sie auch allein entscheiden dürfen, was sie kaufen. Wenn Kinder immer dann Geld bekommen, wenn sie sich einen Wunsch erfüllen wollen, entwickeln sie kein Verhältnis dazu. Und ihnen fehlt die Erkenntnis, dass Geld nicht unbegrenzt vorhanden ist.

Süßigkeiten, Sammelkarten oder auch Schulsachen: Was sollten Kinder von ihrem Taschengeld zahlen müssen?

Jüngere sollten es zur freien Verfügung haben. Mit Jugendlichen können Eltern aber durchaus verhandeln: Du kannst mehr Geld bekommen, musst davon aber bestimmte Dinge kaufen. Wenn etwa ein 14-Jähriger 75 statt 25 Euro bekommt, muss er davon auch Schulsachen und Kleidung kaufen.

(Nach: Katja Schnitzter, Eltern sollten über Geld reden, in: www.sueddeutsche.de; 17.09.2012, Zugriff: 30.10.2014)

3 Mal Taschengeld

Andi bekommt von seinen Eltern monatlich 20 Euro Taschengeld, von seiner Oma 8 Euro. Er kann sein Geld für seine persönlichen Wünsche verwenden.

Robin bekommt kein festes Taschengeld. Er erhält von seiner Mutter alle paar Tage zwischen drei und fünf Euro. Auch sein Vater steckt ihm hin und wieder einen Zehn-Euro-Schein zu.

Hatice bekommt von ihren Eltern 30 Euro im Monat. Sie muss davon allerdings alle Schulsachen bezahlen, also Hefte, Stifte usw.

1. Warum bekommen viele Kinder und Jugendliche regelmäßig Taschengeld? Nenne Gründe.
2. Welche der drei Taschengeldregelungen würdest du dir wünschen? Begründe deine Entscheidungen und vergleiche dein Ergebnis mit einem Partner.
3. Andi hatte im Monat März folgende Ausgaben: Kino 5 €, Schwimmbad (3-mal) 6,90 €, Geschenk 5 €, Sammelmarken 8 €, Hamburger 4,60 €. Außerdem hat er einen Vorschuss von 3,50 € erhalten. Im April will er ohne Schulden auskommen und möchte deshalb genau planen. Formuliert – allein oder in Gruppen – einen Vorschlag, wie viel Geld er für die einzelnen Dinge höchstens ausgeben soll. Ihr könnt auch einen oder zwei Punkte ganz streichen. Stellt eure Pläne anschließend in der Klasse vor.

Was auch noch interessant sein kann:

- für sich selbst einen Taschengeldplan erstellen

C Sparen heißt verzichten – wozu kann das gut sein?

Manchmal kann es ganz schön hart sein, den alltäglichen Kaufverlockungen zu widerstehen und geduldig zu warten, bis man das Geld für den Kauf angespart hat. Dass sich das lohnt, zeigt ein berühmtes Experiment, das der amerikanische Wissenschaftler Walter Mischel mit Kindern durchgeführt hat.

Kann er widerstehen? Marshmallows sind bei Kindern beliebte Süßigkeiten aus Schaum mit Zucker.

Das Marshmallow-Experiment

Ein Kind nach dem anderen, allesamt zwischen vier und sechs Jahre alt, setzte er in einen kargen Untersuchungsraum an einen Tisch. Darauf stand ein Teller mit einem Marshmallow, sonst nichts. Während das Kind begierig auf die klebrige Süßigkeit starrte, erklärte Mischel ihm, dass es das Marshmallow sofort essen könnte oder aber eine Weile warten und dafür später zwei bekommen würde.

Dann verließ er den Raum und beobachtete durch einen Einwegspiegel, was die Kinder anstellten, bis er 15 Minuten später zurückkam. Einige Kinder schafften es, unter Aufbietung all ihrer Kräfte zu warten. Andere konnten oder wollten nicht – und das Marshmallow war vom Teller verschwunden, als Mischel zurück ins Zimmer kam.
[...]

Warten können zahlt sich aus

Als er die Kinder 13 Jahre später nochmals einlud, gab es erstaunliche Ergebnisse. Jene, die schon im Vorschulalter hatten warten können, waren als junge Erwachsene zielstrebiger und erfolgreicher in Schule und Ausbildung. Außerdem konnten sie besser mit Rückschlägen umgehen, wurden als sozial kompetenter beurteilt und waren seltener drogenabhängig. Die Ungeduldigen dagegen waren gefühlsmäßig instabiler und schnitten in der Schule schlechter ab – obwohl sie nicht weniger intelligent waren.
Dazu schreibt der Wirtschaftswissenschaftler Matthias Sutter in seinem neuen Buch: „Geduld heißt: Ich verzichte auf heutigen Konsum, um in der Zukunft mehr davon zu haben. So haben die Ungeduldigen später durch eine kürzere Ausbildungszeit nicht nur ein geringeres Einkommen, sie tendieren auch deutlich mehr dazu, kein oder nur sehr wenig Geld zu sparen und stattdessen Schulden anzuhäufen."

(Nach: Fanny Jiménez, Alles kommt zu dem von selbst, der warten kann, in: www.welt.de, 15.07.14)

1. Beschreibe den Ablauf des Marshmallow-Experiments.
2. Begründe, warum sich die Fähigkeit, warten zu können, im späteren Leben auszahlt.
3. Angenommen, du hättest selbst an dem Experiment teilgenommen: Was hättest du dir einfallen lassen, um die Wartezeit zu überbrücken?

D Wir treffen eine Entscheidung im Umgang mit Geld

Nadja ist sehr sportlich. In ihrer Freizeit trainiert sie zusammen mit ihrem Freund Malte Skateboard in einem nahe gelegenen Park. Ihr größter Wunsch ist ein eigenes Skateboard, da sie bisher immer mit dem geliehenen Gerät von Malte geübt hat. Eisern hat sie das ganze Jahr über gespart. Nun fehlen ihr noch 50 Euro bis zur Erfüllung ihres Wunsches. Sie hat sich nun mehrere Möglichkeiten überlegt, wie sie an das Geld kommen könnte. Doch kann sie sich noch nicht entscheiden. Ihr sollt sie dabei beraten.

Euer Auftrag:

1. Überlege zunächst allein und entscheide dich für die deiner Ansicht nach beste Lösung. Begründe deine Entscheidung.
2. Suche dir einen Partner, tauscht euch über eure Entscheidung aus und einigt euch auf eine gemeinsame Lösung. Stellt diese in der Klasse vor.
3. Welche Möglichkeit kommt für euch auf keinen Fall infrage? Diskutiert darüber in der Klasse.

Möglichkeit 1:
In vier Monaten ist Weihnachten. Sie kann sich zu Weihnachten ein Skateboard wünschen und hoffen, dass sie es von ihren Eltern geschenkt bekommt.

Möglichkeit 2:
Sie kann ihre Eltern bitten, ihr die 50 Euro zu geben, und das Skateboard sofort kaufen. Dafür bietet sie an, an freien Nachmittagen auf ihren kleinen Bruder aufzupassen.

Möglichkeit 3:
Sie kann sich das Geld von ihrer Oma leihen und das Skateboard sofort kaufen. Sie müsste dann das Geld in den nächsten Monaten in kleinen Beträgen zurückzahlen.

Möglichkeit 4:
Sie kann im Internet nach einem gebrauchten Skateboard suchen, das sie von ihren Ersparnissen bezahlen kann.

Möglichkeit 5:
Sie kann so lange sparen, bis sie die erforderliche Summe beisammenhat. Das würde einige Monate dauern.

Möglichkeit 6:
Sie kann auf ein eigenes Skateboard verzichten, weil es eigentlich zu teuer für sie ist. Das bisher gesparte Geld kann für wichtigere Dinge genutzt werden.

Eine Befragung durchführen

Thema: Umgang mit Geld

Warum werden Befragungen durchgeführt?

Mit einer Befragung könnt ihr herausfinden, was andere Menschen über ein Thema denken oder wie sie mit einem Problem umgehen. In unserem Beispiel geht es darum, in Erfahrung zu bringen, wie Kinder ihr Taschengeld verwenden. Ihr könnt so eigene Ansichten mit denen anderer Kinder und Jugendlicher vergleichen.

1. Vorbereitung

- Zunächst muss man sich klar werden, was man wissen möchte. Auf der nächsten Seite findet ihr einen Vorschlag für einen Fragebogen. Natürlich könnt ihr auch eigene Fragen formulieren oder den Bogen mit weiteren Fragen ergänzen.
- Überlegt euch dann, wen ihr befragen wollt. Ihr könnt Schülerinnen und Schüler aus anderen Klassen in eurer Schule befragen oder auch Freunde. Wenn ihr die Umfrage an eurer Schule durchführen wollt, müsst ihr eure Schulleitung um Erlaubnis bitten.
- Denkt daran, dass eine Befragung normalerweise anonym, also ohne die Nennung des Namens, durchgeführt wird.

2. Durchführung

Ihr könnt euch zum Beispiel in Kleingruppen aufteilen, die dann Schülerinnen und Schüler aufsuchen und befragen. Das hat den Vorteil, dass ihr auf mögliche Fragen zum Bogen direkt antworten könnt. Ihr könnt auch die Fragebogen verteilen und am nächsten Tag einsammeln. Damit spart ihr Zeit.

3. Auswertung

- Für die Auswertung ist es hilfreich, die Klasse in Gruppen aufzuteilen. Zum Beispiel können einzelne Gruppen die Auswertung von jeweils einer Frage übernehmen. Zerschneidet dazu die Bögen so, dass jede Frage für sich allein ausgewertet werden kann. Bei der Auswertung ist eine Strichliste sinnvoll.
- Wenn alle Zahlen vorliegen, könnt ihr zum Beispiel in einem Plakat zusammenfassen, was ihr herausgefunden habt.
- Redet anschließend in der Klasse über die einzelnen Ergebnisse. Überraschen sie euch oder entsprechen sie euren Erwartungen?

Worauf solltet ihr noch achten?

- Für den Erfolg der Befragung ist es wichtig, dass die Befragten gerne daran teilnehmen und bereit sind, den Fragebogen ehrlich auszufüllen. Tretet also freundlich auf und setzt sie nicht unter Zeitdruck. Stellt euch kurz vor und erklärt, warum eure Klasse eine Befragung durchführt. Informiert die Befragten auch gleich zu Beginn darüber, dass die Befragung anonym, also ohne Nennung des Namens, durchgeführt wird.

Vorschlag für die Gestaltung eines Fragebogens

Persönliche Angaben

Mädchen ☐ Junge ☐ Alter ______

1. Wie viel Geld steht dir im Monat zur Verfügung?

☐ weniger als 20 € ☐ 20 bis 25 €
☐ 25 bis 30 € ☐ mehr als 30 €

2 Wofür gibst du dein Taschengeld hauptsächlich aus? (maximal 3 Nennungen)

☐ Kleidung ☐ Fastfood
☐ Süßigkeiten ☐ Apps für mein Handy
☐ Spiele für Spielkonsolen ☐ Geschenke
☐ Hobbys ☐ Computer
☐ Zeitschriften, Comics ☐ Kosmetika
☐ Sonstiges

3. Sparst du einen Teil deines Geldes?

☐ regelmäßig ☐ selten ☐ nie

4. Ist es dir schon passiert, dass du beim Einkaufen mehr Geld ausgegeben hast, als du wolltest?

☐ häufig ☐ manchmal ☐ selten

5. Wie kommst du mit deinem Geld aus?

a) Ich komme im Allgemeinen gut aus und habe am Monatsende noch Geld übrig. ☐
b) Ich komme gerade so aus, ich habe am Monatsende kein Geld übrig. ☐
c) Ich habe schon vor Monatsende kein Geld mehr. ☐

6. Was ist für dich besonders wichtig? Bringe die folgenden Wünsche in eine Reihenfolge von 1 bis 4. Der wichtigste Wunsch soll auf Platz 1 stehen.

a) viel Geld besitzen
b) gute Freunde haben
c) gesund sein
d) gute Noten in der Schule haben

3 Wie können Familien mit ihrem Einkommen auskommen?

Wir beraten bei der Haushaltsplanung

A Woher bekommen Familien ihr Geld?

Familie Steinke sitzt am Samstagabend gemütlich beim Abendessen. Alle genießen es, endlich einmal Zeit füreinander zu haben. Beide Eltern sind berufstätig. Herr Steinke ist bei einer großen Versicherung angestellt, Frau Steinke arbeitet in Teilzeit als Erzieherin in einem Kindergarten. Nachdem sie schon eine Weile über ihre Erlebnisse der vergangenen Woche geredet haben, schaltet sich Robin in das Gespräch ein.

ROBIN: Du, Papa, was verdient ihr beiden eigentlich?
VATER: Nanu? Wie kommst du denn darauf? Willst du etwa eine Taschengelderhöhung?
ROBIN: Nein, das ist nicht der Grund. Es interessiert mich eben.
VATER: Also, ich bekomme im Monat 3600 Euro und Mama verdient 1150 Euro.
ROBIN: So viel? Dann sind wir ja richtig reich!
VATER: Das sieht nur auf den ersten Blick so aus. Wir sind weder reich noch arm, sondern wir liegen im Durchschnitt. Das ist unser Brutto-Gehalt.
NIKE: Was ist denn Brutto-Gehalt?
MUTTER: Das Brutto-Gehalt ist also unser Gesamtverdienst, das bekommen wir nicht ausbezahlt. Davon gehen allerdings noch eine Menge Abzüge weg.
ROBIN: Was denn?
VATER: Wir müssen zum Beispiel Steuern* an den Staat bezahlen. Das sind Abgaben, die der Staat braucht, um seine Aufgaben zu erledigen. So braucht er zum Beispiel Geld, um Schulen zu unterhalten, Lehrer zu bezahlen oder um Straßen zu bauen.
NIKE: Und wie viel ist das?

*Zum Begriff Steuern findest du weitere Informationen im Glossar.

VATER: Das habe ich jetzt nicht im Kopf. Lass mich mal nachschauen ...

Wenig später kommt der Vater mit den Lohnabrechnungen zurück.

VATER: Also, Mama und ich bezahlen zusammen 454 Euro Steuern, dazu kommt noch die Kirchensteuer von 41 Euro. Die Kirchensteuer erhält aber nicht der Staat, sondern das Geld wird gleich an die Kirchen weitergeleitet, die damit ihre Ausgaben bezahlen.

NIKE: Na ja, trotz der Steuern haben wir doch noch sehr viel Geld übrig ...

MUTTER: Halt, das war noch nicht alles. Wir zahlen auch jeden Monat Geld in die Krankenversicherung ein. Von unserem Krankenkassenbeitrag zahlen die Kassen dann Arztrechnungen, Medikamente oder eine Behandlung im Krankenhaus. Wie hoch ist unser Krankenkassenbeitrag, Johannes?

VATER: Pro Monat beträgt er 359 Euro.

MUTTER: Wir sind auch versichert, wenn wir im Alter einmal so krank werden, dass wir nicht mehr für uns selbst sorgen können. Diese Versicherung heißt Pflegeversicherung.

VATER: Dafür zahlen wir 56 Euro.

MUTTER: Ach, das hätte ich fast vergessen. Damit wir später im Alter einmal genug Geld zum Leben haben, zahlen wir jeden Monat 444 Euro in die Rentenversicherung. Wenn wir dann nicht mehr arbeiten können, bekommen wir trotzdem jeden Monat Geld, das ist die Rente.

NIKE: Oma bekommt ja auch eine Rente, das hat sie mir einmal erzählt.

MUTTER: Ganz genau. Johannes, haben wir jetzt alle Abzüge?

VATER: Es fehlt noch die Arbeitslosenversicherung. Die beträgt insgesamt 71 Euro. Damit sind wir versichert, wenn einer von uns beiden vielleicht einmal arbeitslos wird. In einem solchen Fall bekommen wir wenigstens einen Teil unseres früheren Gehaltes überwiesen.

MUTTER: Alle diese Versicherungen heißen zusammen Sozialversicherungen. Dieses Geld sehen wir gar nicht auf dem Konto, sondern es wird gleich von unserem Brutto-Lohn an die Kassen überwiesen. Die Arbeitgeber, also unsere Betriebe, zahlen dann noch einmal in ca. gleicher Höhe Sozialversicherungsabgaben für uns. Das ist gesetzlich so geregelt.

NIKE: So kompliziert habe ich mir das mit dem Geld nicht vorgestellt.

ROBIN: Und was haben wir dann im Monat für uns noch übrig?

VATER: Das ist unser Netto-Lohn, aber das könnt ihr euch doch ganz leicht selbst ausrechnen. Zusätzlich zu unserem Netto-Gehalt bekommen wir übrigens vom Staat noch das Kindergeld – für jeden von euch 190 Euro im Monat.

Brutto-Gehalt	**4 750 Euro**
– Steuern	???
– Kirchensteuer	??
– Krankenversicherung	???
– Pflegeversicherung	???
– Rentenversicherung	???
– Arbeitslosenversicherung	???
Netto-Gehalt	???
+ Kindergeld	???
Verfügbares Einkommen	???

1. Erkläre, was man unter dem Brutto- und dem Netto-Gehalt versteht.
2. Schreibe Brutto-Gehalt, Steuern und die einzelnen Sozialversicherungen übersichtlich untereinander.
3. Berechne das Netto-Gehalt von Frau und Herrn Steinke.
4. Viele Menschen in Deutschland schimpfen über die ihrer Meinung nach zu hohen Abgaben. Was würde passieren, wenn niemand mehr Abgaben zahlen müsste? Erläutert mehrere Folgen.

AKTIV LERNEN

S M U H

B Wir entwerfen einen Haushaltsplan

War das ein Schock für Robin und Nike! Als sie aus der Schule kamen, stand der Krankenwagen vor der Tür. „Die kommen bestimmt wegen Mama", rief Robin voller Schreck. Er sollte recht behalten. Seine Mutter hatte schon seit einigen Tagen über Bauchschmerzen geklagt. Es war der Blinddarm – und der musste raus.

Der Vater war auch schon da und fuhr mit ins Krankenhaus. Abends sprach Herr Steinke mit seinen Kindern. „Es ist alles noch einmal gut gegangen. Gefährlich ist es nicht, aber Mama muss mindestens fünf Tage im Krankenhaus bleiben. Ich könnte Tante Andrea bitten, zu uns zu kommen und für euch zu sorgen." „Also was denkst du denn, Papi? Wir sind doch schließlich alt genug, um uns ein paar Tage lang selbst zu versorgen." „Also gut. Dann müsst ihr einkaufen gehen und euch etwas zu essen machen, denn ich gehe abends nach der Arbeit zu Mama und komme erst nach Hause, wenn die Geschäfte schon zu sind."

Am nächsten Tag haben Nike und Robin keine Lust zum Kochen. Sie gehen in eine Pizzeria und bestellen sich eine Pizza. Nike trinkt einen Orangensaft, Robin eine große Cola. Zum Nachtisch essen beide noch ein Eis. Dafür müssen sie 24,50 Euro bezahlen. Auf dem Weg zum Krankenhaus gehen sie noch schnell in den Supermarkt und kaufen sich ein paar Süßigkeiten für 1,80 Euro und einen Blumenstrauß für ihre Mutter im Krankenhaus. Am Abend bittet Nike ihren Vater um Geld. „Ich habe dir doch gestern erst 35 Euro gegeben", ruft Herr Steinke entsetzt, „die können doch unmöglich schon weg sein. Und der Kühlschrank ist auch leer, für mich ist nichts zu essen da." Herr Steinke ist stocksauer. Nun setzen sich die drei zusammen und beschließen, in Zukunft vernünftiger zu wirtschaften. Dazu gehört, dass genau geplant wird, was gekauft wird.

Nike und Robin bekommen nochmals 50 Euro. Damit müssen sie jetzt die drei Tage bis zum Wochenende auskommen. Sie setzen sich hin und machen einen Plan.

Euer Auftrag:

1. Stellt mithilfe der Preisliste auf der folgenden Seite jeweils Frühstück und ein warmes Abendessen für drei Tage zusammen. Herr Steinke nimmt auch an diesen Mahlzeiten teil. Einzige Bedingung: Das Haushaltsgeld von 50 Euro muss für drei Tage reichen.
2. Präsentiert eure Vorschläge in der Klasse und bewertet sie. Dabei könnt ihr euch unter anderem fragen: Sind die Vorgaben eingehalten worden? Sind die Mahlzeiten abwechslungsreich und gesund?

AKTIV LERNEN

Was brauchen wir?	Das kostet ungefähr*	Was braucht eine Person pro Mahlzeit?
Milch	80 Cent (1 l)	0,25 l
Butter	1,5 € (250 g)	40 g
Zucker	1 € (kg)	20 g
Apfelsaft	1,50 € (1 l)	0,5 l
Mineralwasser	4 € (12 Flaschen)	0,5 l
Tee	1,5 € (20 Teebeutel)	1 Teebeutel
Brot	3 € (kg)	150 g
Brötchen	40 Cent (Stück)	2
Marmelade	2 € (500 g)	50 g
Honig	6 € (500 g)	50 g
Joghurt	50 Cent (150 g)	150 g
Eier	2,5 € (10 Stück)	1 bis 2
Cornflakes	3 € (750 g)	75 g
Äpfel	2,5 € (kg)	200 g
Bananen	2 € (kg)	200 g
Orangen	2,5 € (kg)	200 g
Nudeln	1,5 € (500 g)	125 g
Kartoffeln	2 € (kg)	250 g
Reis	1,5 € (4 Portionen)	1 Portion
Kartoffelpüree	2 € (4 Portionen)	1 Portion
Tomatensoße (Glas)	2 € (2 Portionen)	1 Portion
Hackfleisch	7 € (kg)	150 g
Putenschnitzel	12 € (kg)	150 g
Hähnchenkeule	10 € (kg)	250 g
Fischstäbchen	3 € (12 Stück)	6
Aufschnitt	2 € (100 g)	50 g
Käse	2 € (100 g)	50 g
Salat	1 € (Stück)	0,5
Tomaten	2 € (kg)	250 g
Gurke	1 € (Stück)	0,5
Karotten	1,6 € (kg)	250 g
Brokkoli	2 € (kg)	250 g
Spinat (Tiefkühl)	2 € (750 g)	250 g

*Bei den Preisangaben handelt es sich um Durchschnittswerte, die zur Zeit des Drucks von TEAM aktuell waren. Ihr könnt sowohl billiger als auch teurer einkaufen. Tipp: Im Supermarkt Preise vergleichen.

C Der Fall: Eine Jeans für 100 Euro?
Wir entwickeln Lösungsvorschläge für einen Streit um Geld

Bepackt mit vielen Einkaufstüten kommt Claras Mutter von einem Ausflug in die Stadt zurück.

MUTTER: Hallo Clara, ich habe gerade ein wirklich tolles Schnäppchen gemacht. Schau mal, ich habe im Zero-Shop eine Jeans für dich gekauft. Die war auf 25 Euro reduziert.

CLARA: Aber Mami, du weißt doch, dass ich solche Jeans nicht mag. Die ziehe ich nicht an. Wie stehe ich denn damit vor meinen Freundinnen da! Schau sie dir doch mal an: Die gefällt doch keinem, da lachen doch alle. Nein, die kannst du gleich zurückbringen.

MUTTER: Jetzt bin ich wirklich enttäuscht. Da laufe ich mir die Hacken ab, um eine schöne Jeans für dich zu finden ... und nun so etwas. Du bist wirklich undankbar. Was willst du denn eigentlich?

CLARA: Das weißt du ganz genau, ich will unbedingt eine Original Miss-B-Jeans. Die hat in unserer Klasse fast jedes Mädchen. Bitte, bitte, Mami, du weißt doch, wie wichtig mir das ist.

MUTTER: Kommt gar nicht infrage, die kostet doch mindestens 100 Euro. Das leiste ich mir selbst nicht mal. Du hast keine Ahnung, wie hart wir unser Geld verdienen müssen. So viel Geld gebe ich auf keinen Fall für eine ganz gewöhnliche Jeans aus.

CLARA: Und diese blöde Jeans hier ziehe ich auf keinen Fall an, ich mache mich vor meinen Freundinnen doch nicht lächerlich.

MUTTER: Dann kann ich dir nicht helfen, lass dir etwas einfallen.

1. Beschreibe, worüber sich Clara und ihre Mutter streiten.
2. Wie könnte der Streit beigelegt werden? Entwickle einen Vorschlag.
3. Bereitet ein Gespräch zwischen Sarah und ihrer Mutter vor und spielt die Lösung in einem Rollenspiel nach.

Tipp: Die Aufgaben können auch in der Gruppe bearbeitet werden.

Vom richtigen Umgang mit Geld

Station 1

S M U H

Welche Rolle spielt das Geld?

- Erkläre dem Mann mit dem Huhn, warum es viel praktischer ist, mit Geld zu bezahlen. Nenne mindestens drei Vorteile.
- Eine Legehenne ist eigentlich viel mehr wert als ein 10-Euro-Schein, der doch nur aus Papier ist. Begründe, warum der Schein trotzdem wertvoll ist.

Station 2

S M U H

Sparen oder alles ausgeben?

1. Wie kann Cynthia mit diesem Wunsch umgehen? Beschreibe drei Möglichkeiten.
2. Für welche Möglichkeit würdest du dich entscheiden? Begründe dein Urteil.

Station 3

S M U H

Wie können Familien mit ihrem Einkommen auskommen?

B	X	Z	A	L	P	N	N	Q	S	B	C	O	E	S	L	D	D	N
R	E	N	T	E	N	V	E	R	S	I	C	H	E	R	U	N	G	E
U	V	R	U	Z	N	M	B	F	T	F	A	I	O	U	W	E	K	T
T	M	C	N	L	G	Y	H	M	E	N	B	A	R	T	T	H	O	T
T	A	D	O	K	E	E	R	V	U	O	R	S	C	H	P	P	I	O
O	N	I	A	C	B	P	R	S	E	U	V	X	Z	C	W	P	S	G
G	S	K	L	L	O	M	W	B	R	C	Q	A	F	G	I	I	K	E
E	V	E	N	I	M	W	T	S	N	U	Y	B	D	E	A	C	F	H
H	K	N	O	M	Z	X	L	T	T	E	P	L	P	R	T	W	O	A
A	M	O	D	N	I	L	P	X	Y	D	F	E	C	H	W	Y	L	L
L	W	K	I	N	D	E	R	G	E	L	D	U	D	E	S	S	T	T
T	A	L	X	Z	N	R	U	L	Z	C	T	N	M	D	F	I	P	V
K	R	A	N	K	E	N	V	E	R	S	I	C	H	E	R	U	N	G

- In dem Buchstabensalat verstecken sich sechs Begriffe, die für das Einkommen einer Familie wichtig sind, davon drei Begriffe in den waagerechten Spalten, drei in den senkrechten Spalten. Verfasse für jeden Begriff eine kurze Erklärung.

8 Kinder und Jugendliche als Verbraucher

Wir treffen gut überlegte Kaufentscheidungen

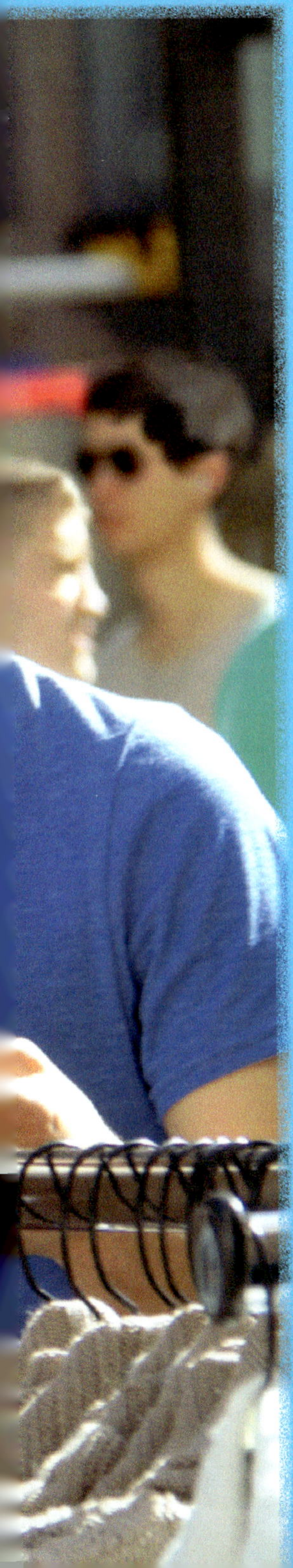

1. Allein nachdenken

Angenommen, dein altes Fahrrad geht kaputt und du möchtest ein neues haben. Was musst du überlegen, bevor dein Wunsch Wirklichkeit wird?

2. Zu zweit beraten

Stell dir vor, dein neues Fahrrad gefällt dir kurz nach dem Kauf nicht mehr. Darfst du es im Geschäft umtauschen?

3. In der Klasse sammeln

Warum sollte man als Käufer seine Rechte kennen?

Im Verlauf dieses Kapitels könnt ihr …

- **eure Rechte als Käufer erklären,**
- **beschreiben, wie Werbung wirkt,**
- **in einem Marktspiel untersuchen, warum sich Preise ändern,**
- **erklären, worauf man beim Einkaufen achten sollte.**

Eigene Schwerpunkte könnt ihr setzen, indem ihr …

- **euch ein Urteil darüber bildet, wie wichtig die Marke beim Einkaufen ist,**
- **bei einer Supermarktrallye kluge Tipps zum Einkaufen auf einem Plakat darstellt.**

Detektivaufgabe für das ganze Kapitel:
Finde heraus, warum die Fische in einem Werbespot die Flucht ergreifen.

1 Darf ich einkaufen, was ich will?
Wir lösen Fälle zum Verbraucherrecht

A Einkaufsgeschichten: Welche Rechte haben Kinder und Jugendliche?

Die meisten Kinder und Jugendlichen gehen gerne shoppen. Doch dürfen sie von ihrem Taschengeld wirklich kaufen, was sie wollen? Und was passiert, wenn die Freude an dem Gekauften nicht lange anhält? Diese Fragen sind Thema der beiden Einkaufsgeschichten auf dieser Doppelseite. Wählt ein Beispiel aus, das ihr bearbeiten wollt.

Der Fall: 1. Darf Tim sein Meerschweinchen behalten?

Der 11-jährige Tim liebt Tiere über alles. Deshalb besucht er zusammen mit seinem besten Freund Emilian wann immer möglich ein Tierheim wenige Straßen weiter.
„Du, es gibt Neuigkeiten: Ich darf mir ein Meerschweinchen kaufen", erzählt Emilian eines Tages aufgeregt. „Meine Mutter hat bei den Kleinanzeigen in der Zeitung ein tolles Angebot entdeckt. Kommst du mit?" Gemeinsam mit Emilians Mutter fahren sie zur Züchterin. Zusammen suchen sie bei ihr ein junges schwarzes Meerschweinchen aus. „Möchtest du auch eines? Ich würde es dir zum Sonderpreis von 5 Euro geben", fragt die Züchterin, als sie Tims sehnsüchtigen Blick sieht. Zunächst zögert Tim noch, doch dann gibt er sich einen Ruck. „Ja, natürlich. Den Kaufpreis kann ich von meinem Taschengeld bezahlen." „Bist du auch sicher, dass deine Eltern damit einverstanden sind?", fragt Emilians Mutter nach. „Ja, natürlich, das geht schon klar", flunkert Tim. Als er freudestrahlend mit dem kleinen Meerschweinchen nach Hause kommt, reagiert seine Mutter entsetzt: „Du weißt ganz genau, dass wir in der engen Wohnung hier nicht auch noch ein Haustier halten können. Darüber haben wir doch schon gesprochen." „Ein Meerschweinchen braucht doch nur wenig Platz. Außerdem würde ich mich ganz allein darum kümmern." „Kommt gar nicht infrage, du bringst das Meerschweinchen sofort zurück." Jetzt reagiert Tim trotzig: „Nein, das habe ich mir von meinem Taschengeld gekauft. Und ihr habt immer gesagt, dass ich damit machen kann, was ich will." Muss Tim das Meerschweinchen wirklich zurückgeben?

Nein, weil er es von seinem Taschengeld gekauft hat. Er darf damit machen, was er will.

Ja, weil er für den Kauf eines Haustieres die Erlaubnis seiner Eltern braucht.

Der Fall: 2. Kann Lilly ihr Skateboard umtauschen?

Die 12-jährige Lilly ist überglücklich, als sie zum Geburtstag von ihren Eltern und Großeltern das lang ersehnte Skateboard geschenkt bekommt.

Sie kann schon sehr geschickt damit umgehen, weil sie den ganzen Sommer über mit ihren Freunden auf der Halfpipe geübt hat. Selbst kleinere Kunststücke gelingen ihr. Ganz klar, dass sie auf fast allen Wegen ihr Skateboard dabeihat. Trotz allem Spaß geht sie keine unnötigen Risiken auf der Straße ein. Deshalb erschrickt sie umso mehr, als sie auf einer ebenen Straße plötzlich strauchelt und stürzt. Ihre beiden Freundinnen können sie gerade noch abfangen. „Hast du dir wehgetan?", fragen sie. „Gott sei Dank nicht, ich kann mir das gar nicht erklären, warum ich gestürzt bin", erwidert Lilly. Gemeinsam untersuchen sie den Schaden: Eine Rolle hat sich gelöst und den Sturz verursacht. „Das gibt's doch nicht – das Skateboard ist gerade mal zwei Monate alt. So etwas darf doch nicht passieren, damit kann ich nicht mehr fahren", regt sich Lilly auf. Ihre beiden Freundinnen geben ihr recht. Was tun? „Vielleicht kann man die Rolle reparieren. Auch wenn das wieder Geld kostet, lohnt es sich doch", schlagen ihre Freundinnen vor. „Nein, das kommt gar nicht infrage. Ich bin doch nicht schuld daran, dass sich die Rolle gelöst hat", erwidert Lilly.

Lilly kann das Skateboard in das Geschäft zurückbringen und darauf bestehen, dass es repariert wird. Schließlich ist sie ja nicht schuld an dem Schaden, die Ursache war wahrscheinlich ein Materialfehler.

Gekauft ist gekauft. Lilly oder ihre Eltern hätten das Skateboard schon im Geschäft prüfen müssen, ob es einwandfrei ist. Jetzt ist es zu spät. Vielleicht kann man es auf eigene Rechnung reparieren lassen.

1. Notiere die wichtigsten Informationen zu dem von dir gewählten Fall und lies dazu den Infotext auf Seite 148.
2. Suche einen Partner, der den anderen Fall bearbeitet hat. Informiert euch gegenseitig über eure Fälle, trefft gemeinsam eine Entscheidung, wer recht hat, und begründet sie.
3. Lilly hat sich entschieden, mit der Verkäuferin im Sportgeschäft wegen der kaputten Rolle zu reden. Das Gespräch könnt ihr in einem Rollenspiel nachspielen. Achtet dabei besonders auf eine angemessene Begrüßung, freundliches Auftreten und eine überzeugende Begründung eures Anliegens.

INFO S M U H

B Rechte beim Einkaufen

1. Beschreibe, welche Rechte du beim Einkaufen zum jetzigen Zeitpunkt hast.
2. Was kannst du tun, wenn zum Beispiel eine Jeans schon nach der ersten Wäsche kaputtgeht? Erkläre.
3. Die Rechte von Kindern und Jugendlichen beim Einkaufen sind durch Gesetze geregelt. Suche nach Gründen, warum das so ist. Findest du das gut oder eher überflüssig? Begründe dein Urteil.

Teil 1: Rechte nach dem Lebensalter

Ab wann dürft ihr allein einkaufen? Das hängt ganz von eurem Alter ab. Kinder bis zum 7. Geburtstag sind noch nicht geschäftsfähig. Das bedeutet, dass Kinder bis zu diesem Alter nicht alleine einkaufen dürfen. Wenn sich also eine Sechsjährige am Kiosk Süßigkeiten kauft, dann ist der Kauf ungültig. Das heißt, dass ihre Mutter die Süßigkeiten zurückgeben kann und den Kaufpreis erstattet bekommt.
Ab dem 7. Geburtstag bis zum 18. Geburtstag sind Kinder und Jugendliche „beschränkt geschäftsfähig". Das bedeutet, dass ihr mit eurem Taschengeld oder geschenktem Geld grundsätzlich kaufen dürft, was ihr wollt.

Einschränkungen

Einige Einschränkungen gibt es allerdings:

- Unter 16 Jahren dürft ihr keinen Alkohol, unter 18 Jahren keine Zigaretten kaufen;
- für größere Käufe braucht ihr die Zustimmung der Eltern;
- wenn ihr ein Haustier kaufen wollt, braucht ihr bis zum Alter von 14 Jahren die Erlaubnis der Eltern;
- ihr dürft keine Videospiele oder Filme kaufen, die für euer Alter nicht zugelassen sind.

All diese Einschränkungen haben den Zweck, Kinder und Jugendliche zu schützen. In einigen Fällen können Kinder auch sicherlich nicht genau abschätzen, welche Folgen ein Kauf hat, zum Beispiel dann, wenn sie ein Kaninchen kaufen, das jahrelang betreut und versorgt werden muss.

Teil 2: Rechte der Käufer

Wenn ein Händler etwas verkauft, ist er verpflichtet, die Ware in einwandfreier Qualität zu liefern. Doch vielleicht stellt man erst nachträglich fest, dass zum Beispiel nach dem Waschen die Nähte einer Jeans aufgehen. In diesem Fall kannst du dort reklamieren, wo du die Jeans gekauft hast. Der Händler muss dann die Jeans entweder kostenlos reparieren oder – wenn das nicht möglich ist – eine neue einwandfreie Jeans liefern. Wenn es das Modell nicht mehr gibt, kann man einen Preisnachlass aushandeln oder den Kaufpreis zurückverlangen. Bis zu zwei Jahre nach dem Kauf müssen Händler berechtigte Reklamationen anerkennen. Der Käufer muss das Datum des Kaufs nachweisen, indem er die Quittung vorlegt.

AKTIV LERNEN

S M U H

C Wir entscheiden, wer was kaufen darf

3 x Ja – 3 x Nein	Ja, das geht, weil …	Nein, das geht nicht, weil …
1. Maren (12 Jahre) ist ganz stolz auf ihre neueste Anschaffung: einen quietschgrünen Sitzsack, den sie im Ausverkauf zum Preis von 23,90 Euro sehr günstig kaufen konnte. Finanziert hat sie den Kauf von ihrem Taschengeld und dem Geld, das sie zu ihrem Geburtstag bekommen hat. Ihre Eltern finden den Sitzsack geschmacklos und vertreten die Ansicht, dass er ihr hübsches Zimmer verschandelt. Durfte sie den Sitzsack auch ohne die Erlaubnis der Eltern kaufen?		
2. Der 26-jährige Kosta schickt seinen kleinen Bruder Mikis (12 Jahre) zum Kiosk mit dem Auftrag, für ihn und seine zwei Freunde drei Bier zu kaufen.		
3. Die 11-jährige Caroline hat sich von ihrem Taschengeld ein Buch ihrer Lieblingsautorin gekauft. Doch nach den ersten 30 Seiten findet sie es langweilig und will es in den Laden zurückbringen und umtauschen. „Die Verkäuferin merkt doch gar nicht, dass ich schon darin gelesen habe“, meint sie.		
4. Die 12-jährige Teresa hat sich im Supermarkt ihre Lieblingsjoghurts gekauft. Zu Hause stellt sie verärgert fest, dass das Haltbarkeitsdatum schon seit zwei Tagen abgelaufen ist. Kann sie die Joghurts zurückbringen?		
5. Der 15-jährige Mark hat von seinen Eltern 400 Euro für den Kauf eines neuen Mountainbikes bekommen. Zusammen mit seinem Freund sucht er in einem Fachgeschäft ein geeignetes Rad für 370 Euro aus. Darf er das Fahrrad allein kaufen?		
6. Die 10-jährige Julie liebt Tiere über alles. Sie kann sich gar nicht sattsehen an den kleinen Kätzchen ihrer besten Freundin. Diese ist bereit, ihr ein Kätzchen für einen Euro zu verkaufen, wenn sie verspricht, es gut zu versorgen.		

Euer Auftrag:

1. Treffe für jedes Beispiel eine Entscheidung und begründe diese.

2. Stellt eure Ergebnisse in der Klasse vor.

2 Lassen wir uns zu sehr von der Werbung verführen?
Wir formulieren Tipps gegen Supermarktfallen

Eine Einstiegsübung für alle
Adidas, Nike, Cola, Nivea … die meisten Kinder und Jugendlichen kennen viele Marken. Welche Rolle spielt die Marke für dich? Warum? Sammle zunächst allein und tausche dich dann mit einem Partner aus.

A Muss es immer die Marke sein?

Die Versprechen der Marken

Warum kaufen Jugendliche T-Shirts von Nike oder Adidas, obwohl die gut und gerne zehnmal teurer sind als ganz normale T-Shirts ohne Logo? Billiges verkauft sich gut, haben wir gelernt. Und was noch? Cooles verkauft sich gut. Nike, Adidas, Red Bull, Coca Cola, iPods. Alle diese Sachen haben eines gemeinsam: einen berühmten Namen. Alle sind Markenartikel. Jeder kennt sie. Aber das kommt nicht von ungefähr: Die Unternehmen geben sehr viel Geld für Werbefilme, Plakate oder Anzeigen aus, um ihre Produkte bekannt zu machen. […]
In erfolgreichen Marken steckt ein Gefühl, das der Kunde haben möchte. Adidas war lange erfolgreich. Später wurde das Sportschuhunternehmen etwas langweilig. Doch dann, vor 25 Jahren, machten die New Yorker Rapper Run DMC ein Lied auf Adidas-Superstar-Turnschuhe („My Adidas"), das ein Nummer-1-Hit wurde. Einige Leute behaupten, die Rapper hätten auch die Mode erfunden, Turnschuhe mit offenen Schuhbändern zu tragen. Nach dem Lied machte Adidas einen Werbevertrag mit den Rappern. Für Adidas war das Lied sehr gut, weil das Unternehmen dadurch nicht mehr altmodisch wirkte. Rapper waren damals jung und aufregend. Der Ruf der Rapper sollte sich auf Adidas übertragen und als Nächstes auf den Käufer.
[…] Bei der Marke bezahlt man das Gefühl immer mit. Deswegen können Markenwaren ein bisschen teurer sein. Wenn man Glück hat, kann man bei Aldi Jeans ohne bekannten Namen für 12 Euro kaufen. Hosen der Marke Diesel kosten zehnmal so viel. Aber die teuersten kosten 100-mal so viel: Jeans der Edelmarke „7 for all Mankind". Die Hose hebt den Po, warben die Erfinder. Und sie macht lange Beine.

Wie wichtig ist die Marke?

Jil, 13, aus Freigericht
Wenn ich Geld kriege, gehe ich zu H&M oder kaufe mir Sachen von Adidas, Puma oder Nike. Man guckt schon so ein bisschen, was die anderen so anhaben, welche Marken und so. Ich glaube, das ist ganz normal.

Maren, 10, aus Ingolstadt
Ich bin keine große Geldausgeberin und denke auch nicht so viel über Geld nach. Das interessiert mich eigentlich nicht besonders. Auch Markensachen sind mir meistens egal.

Jonah, 12, aus Hamburg
Ich bin ein großer Fan von Apple-Produkten und spare immer so lange, bis ich mir etwas Neues leisten kann. Ich bin einfach so von den Produkten begeistert. Weil die Sachen so teuer sind, verdiene ich mir auf Flohmärkten etwas hinzu und zu Weihnachten und zum Geburtstag wünsche ich mir Geld.

(Aus: Dein Spiegel, 08/2012, S. 31)

Bekannte Marken bestimmen das Stadtbild großer Städte, wie hier in New York.

Deshalb haben Hollywood-Stars wie Nicole Kidman, Cameron Diaz und Gwyneth Paltrow die Hose gekauft. Weil Stars oft fotografiert werden, landete die Hose in Illustrierten. Bald wollten viele Frauen „7 for all Mankind" tragen. Jeder spielt in der Hose ein bisschen Hollywood. Oder er will ein bisschen verrückt sein. Dafür geben Kunden Geld aus. [...] Inzwischen ist die Welt weitergezogen. Die Edeljeans sind viel billiger geworden. Die Marke ist verblasst.

(Aus: Winand von Petersdorff-Campen: Das Geld reicht nie, Frankfurter Societätsverlag, Frankfurt 2013, S. 151 ff.)

Warum sind Kinder und Jugendliche für Markenproduzenten so wichtig?

Auf der Einkaufsliste: drei Privatinseln mit Palmen in der Karibik, zehn Airbus-318-Flugzeuge, plus Benzin – und eine eigene Eisfabrik, die alle Kinder am Strand mit zwei Kugeln Himbeereis beliefert. Wenn alle Kinder in Deutschland ein Jahr lang ihr Taschengeld zusammenlegen würden, können sie sich das gemeinsam leisten.

18,7 Milliarden Euro – so viel Taschengeld haben Kinder 2013 bekommen. Dass Kinder gern einkaufen, wissen auch Firmen, die zum Beispiel Spielzeug erfinden oder Lebensmittel herstellen [...] Kinder bestimmen bei den Eltern mit, was im Einkaufswagen landet. Auch deshalb sind Kinder als Zielgruppe der Werbung interessant. Sie geben nicht nur ihr eigenes Geld aus, sondern sie haben großen Einfluss darauf, was die Eltern kaufen. [...]

Imen und Henna gehen in Berlin in die 5. Klasse. Ihnen fällt auf, dass an ihrer Schule viele sehr ähnliche Sachen tragen – obwohl es keine Schuluniform gibt. Auf einmal haben viele Kinder die gleiche Uhr, einen ähnlichen Rucksack oder die gleichen Shorts. „Das nervt manchmal", stöhnt Imen, „und es ist auch total langweilig."

(Aktualisiert nach: Antonia Bauer: Unser Taschengeld, in: Dein Spiegel 08/2012, S. 28 ff.)

1. Warum kaufen Verbraucher gerne Markenprodukte? Beschreibe die Gründe.
2. Welche der drei Stellungnahmen entspricht am ehesten deiner Einstellung zu Marken? Stelle deine Ansicht in der Klasse vor und begründe.
3. Imen beobachtet, dass in ihrer Schule viele Kinder ähnliche Sachen tragen. Wie findet ihr das? Diskutiert darüber in der Klasse.

Was auch noch interessant sein kann:

- eine Umfrage zum Thema „Wie wichtig ist die Marke?" durchführen
- Werbeanzeigen und Spots bekannter Marken untersuchen: Was versprechen sie direkt oder indirekt den Käufern?

B Ein neues Eis kommt auf den Markt

Am liebsten mögen die Deutschen Vanille und Schokolade. Dennoch bringen die Eis-Hersteller jedes Jahr neue Sorten auf den Markt. „Es kommt darauf an, dass wir vertraute Dinge mit etwas Neuem mischen", erklärt Torsten Müller, Marketing-Manager der Firma Nestlé Schöller. Was das sein könnte, darüber diskutiert er mit seinen Kollegen. Testkunden werden befragt. Am Ende sieht das Ergebnis so aus: Schoko und Vanille, die vertrauten Sorten, werden getrennt durch eine Schicht fester Knack-Schokolade. Die ist dann neu.

Kaufinteresse wecken

Danach müssen Mark Scheller und seine Kollegen ran, die eigentlichen Eisköche: Sie mischen Zutaten, frieren sie ein, probieren und mischen neu. Wenn alle zufrieden sind, kommt für die Marketing-Leute die Hauptarbeit: Sie müssen dafür sorgen, dass die Menschen das Eis haben wollen. Mövenpick ist eine sogenannte Premium-Marke. Das bedeutet: Die Produkte sind etwas teurer als andere. Dafür soll der Käufer das Gefühl haben, sich etwas ganz Besonderes zu gönnen.

Ein toller Name muss her

Schon der Name muss nach etwas Besonderem klingen: „Chocolat Creation" klingt französisch und soll ausdrücken, dass es mehr als nur Schokoladen-Eis ist. „Creation" soll zeigen, dass es sich um eine Art kleines Kunstwerk handelt. Auch die Verpackung soll edel aussehen. Hellbraun ist sie, mit goldener Schrift.

Ein lustiger Werbespot

Dann muss ein Werbespot her. Einer, den die Leute sich auch merken. Der geht so: Eine hübsche Frau setzt sich vor ein Aquarium und öffnet die Eistüte. Die Fische werden neugierig und schwimmen an die Scheibe. Dann beißt die Frau in das Eis. Es knackt laut und deutlich. Die Frau reißt die Augen auf – mit so einem Geräusch hat sie anscheinend nicht gerechnet. Auch die Fische nicht: Sie erschrecken und ergreifen die Flucht. „An dieser Stelle müssen viele schmunzeln", sagt Julia Aldejohann, die Produkt-Managerin. Das bleibt eher im Kopf als etwas Langweiliges. Zwischen 100 000 und einer Million Euro kostet der Dreh so eines Filmchens. Damit es im Fernsehen läuft, muss Mövenpick noch einmal zahlen: 20 Sekunden Werbezeit kosten bis zu 100 000 Euro.

Die Kunden sind begeistert

Manchmal bleibt Julia Aldejohann im Supermarkt an der Kühltruhe stehen und hört zu, wie sich Kunden über Eis unterhalten. Und wenn sie sagen: „Das kenn ich aus der Werbung", weiß Aldejohann: Sie hat ihren Job gut gemacht.

(Nach: Miriam Olbrisch: Das will ich auch, in: Dein Spiegel, 08/2012, S. 33)

1. Eigentlich braucht niemand eine neue Eissorte. Was unternimmt die Firma, damit sie trotzdem gekauft wird? Beschreibe die einzelnen Maßnahmen.
2. Bei Marken bezahlt man das Gefühl immer mit. Erkläre die Aussage am Beispiel von „Chocolat Creation".

INFO S M U H

C Werbung

Teil 1

Was ist Werbung?

Als Werbung* bezeichnet man alle Maßnahmen, die den Verkauf eines Produkts steigern. Unternehmen wollen mit Werbung in den Käufern den Wunsch wecken, die Waren zu kaufen. Da Werbung für die Unternehmen wichtig ist, geben sie auch sehr viel Geld dafür aus. Wenn zum Beispiel in der Autoindustrie neue Modelle eingeführt werden, kann die Werbekampagne dafür oft mehrere Hundert Millionen Euro kosten.

Arten von Werbung

Bei Werbung denkt ihr sicherlich zuerst an Anzeigen in Zeitungen, Zeitschriften, Anzeigenblättern und im Internet, aber auch an Werbespots im Radio, Fernsehen und im Kino.
Immer wichtiger werden jedoch auch andere Formen der Werbung. Beim Sponsoring unterstützt ein Unternehmen mit einem Geldbetrag Sport-Teams, Ausstellungen, Schulen oder andere Einrichtungen. Wenn dann darüber in den Zeitungen oder im Fernsehen berichtet wird, nützt es den Unternehmen, weil sie bekannt werden und die Menschen positiv über sie denken.
Bei der Schleichwerbung – auf Englisch Product Placement – werden in beliebten Fernsehsendungen Produkte eines Unternehmens so geschickt in die Handlung eingebaut, dass der Zuschauer meist gar nicht merkt, dass es sich um Werbung handelt. So trinkt zum Beispiel der Hauptdarsteller einer beliebten Serie immer wieder ein Erfrischungsgetränk einer bestimmten Marke. Die Folge ist, dass Zuschauer dasselbe Produkt wie der Fernsehstar kaufen, und manchmal ist ihnen gar nicht bewusst, warum sie das tun.

1. Erkläre, was man unter Werbung versteht und welche Arten von Werbung es gibt.
2. Warum werben Unternehmen gerne mit Stars? Begründe.
3. Wie sollten kluge Verbraucher mit Werbung umgehen? Formuliere Tipps.

Teil 2

Tricks der Werbemacher

Werbung ist besonders wirkungsvoll, wenn sie nicht nur informiert, sondern darüber hinaus auch die Gefühle der Menschen anspricht. Die Botschaft, die die Werbung vermittelt, ist einfach: Wenn du dieses Produkt kaufst, erfüllen sich alle deine Wünsche. Um dieses Ziel zu erreichen, bedienen sich die Werbemacher vieler Tricks:
So sind zum Beispiel fast alle Menschen in Werbespots jung, braungebrannt, fröhlich, haben wunderschönes Haar und eine makellose Haut.
Gerne wird auch mit Stars geworben. Dabei benutzt man die Tatsache, dass die Fans Stars als Vorbild empfinden, also auch zum Beispiel das gleiche Haarshampoo wie sie benutzen wollen. Stars wollen mit Werbung natürlich vor allem Geld verdienen – und es ist eher unwahrscheinlich, dass sie privat tatsächlich das Haarshampoo benutzen, für das sie geworben haben.
Werbung hat einen besonders großen Einfluss auf Menschen, die über ihre Tricks nicht aufgeklärt sind. Kluge Verbraucher können entscheiden, wie sie mit Werbung umgehen.

*Zum Begriff Werbung findest du weitere Informationen im Glossar.

D Einkaufsfalle Supermarkt: Wir formulieren kluge Tipps

Wahrscheinlich ist es euch auch schon einmal so gegangen: Eure Mutter hat euch zum Einkaufen in den Supermarkt geschickt – vielleicht, um Milch zu holen. Und ihr habt euch von dem verlockenden Angebot an Süßigkeiten verführen lassen und Schokolade gekauft, obwohl ihr das eigentlich nicht vorhattet.
So wie euch ergeht es jeden Tag sehr vielen Menschen. Jedes zweite Produkt, das im Einkaufswagen landet, wird ungeplant gekauft. Kein Wunder, denn die Unternehmen gestalten mit vielen Werbe- und Verkaufstricks die Supermärkte so, dass sich Kunden dazu verleiten lassen, mehr zu kaufen, als sie brauchen. Hier könnt ihr zeigen, dass ihr schlau wie Füchse seid und euch im Supermarkt nicht austricksen lasst.

So könnt ihr vorgehen:

1. Formuliere allein zu jeder Supermarktfalle einen Einkaufstipp.
2. Stellt euch gegenseitig eure Ergebnisse vor und einigt euch in der Gruppe auf einen Tipp, den ihr auf einem Plakat darstellt. Wie ihr dabei vorgehen könnt, erfahrt ihr auf der Methodenkarte, S. 156.
3. Präsentiert eure Plakate in der Klasse. Welche gefallen euch besonders gut? Begründet eure Entscheidung.
4. Die Plakate könnt ihr in der Schule aufhängen, damit alle Schülerinnen und Schüler eure Arbeitsergebnisse kennenlernen und nutzen können.

1. Supermarktfalle: Einkaufswagen

Die Einkaufswagen in Supermärkten sind nicht zufällig viel zu groß für die meisten Kunden. Ein einzelner Salat wirkt darin ganz verloren. Die Kunden sollen dazu verführt werden, noch einige Dinge hineinzulegen, damit es nicht so leer im Wagen aussieht.

Unsere Tipps als Einkaufsfüchse:

...

2. Supermarktfalle: Weite Wege für Alltagsdinge

Forscher haben herausgefunden, dass die meisten Menschen mehr einkaufen, wenn es im Supermarkt linksherum geht. Warum das so ist, weiß noch niemand. Aber deswegen läuft man in fast allen Supermärkten linksherum. Die Waren sind so angeordnet, dass die Dinge, die man fast immer braucht, zum Beispiel Milch, in der hinteren Ecke des Supermarktes zu finden sind. Auf dem Weg dorthin sieht man viele andere Waren und lässt sich gerne verleiten, mehr zu kaufen, als man braucht.

Unsere Tipps als Einkaufsfüchse:

...

3. Supermarktfalle: Teure Waren stehen immer in Augenhöhe

Die Regale sind in den Märkten immer gleich aufgebaut: Die teuren Produkte findet man in Augenhöhe von Erwachsenen oder kurz darüber. Der Trick dabei: Wer im Vorbeilaufen nach einer Ware greift, erwischt immer die teure. Ganz unten in den Regalen findet man die billigen Produkte. Sie sind von der Qualität her meist nicht schlechter, doch die Supermärkte verdienen nicht so viel daran.

Unsere Tipps als Einkaufsfüchse:

...

4. Supermarktfalle: Angebliche Sonderangebote

Früher oder später trifft jeder Kunde auf kunstvoll aufgehäufte Berge von Limonadenflaschen, Schokotafeln oder Konserven. Sie werden abseits der Regale präsentiert. Wenn dann noch die Preisschilder gelb oder rot sind, denken die meisten Kunden automatisch, dass es sich hier um Sonderangebote handelt. Das ist jedoch nicht immer der Fall, oft sind die Produkte sogar eher teurer. Die Hersteller bezahlen häufig viel Geld dafür, dass ihre Produkte außerhalb der normalen Regale aufgestellt werden.

Unsere Tipps als Einkaufsfüchse:

...

5. Supermarktfalle: Verlockende Gerüche

In manchen Supermärkten duftet es zum Beispiel in der Backwarenabteilung verführerisch nach frischem Brot, auch wenn gerade gar nicht gebacken wird. Wer kann da widerstehen, besonders wenn man gerade hungrig ist? Und schon landen die Brötchen im Einkaufswagen. Die Supermarktbetreiber haben nämlich herausgefunden, dass Düfte Menschen zum Kaufen verleiten, und setzen deswegen auch künstlich hergestellte Gerüche ein.

Unsere Tipps als Einkaufsfüchse:

...

6. Supermarktfalle: Süßigkeiten im Kassenbereich

Meist muss man einige Zeit warten, bis man mit dem Bezahlen dran ist. Gerade kleinere Kinder fangen dann häufig an zu quengeln. Die Supermarktchefs haben sich dafür einen besonders wirkungsvollen Trick ausgedacht: Direkt an der Kasse gibt es besonders viele Schokoriegel, Kaugummis, Getränkedosen oder Eis zu kaufen. Viele Eltern sind genervt und geben den Wünschen der Kinder nach – dabei sind die Riegel oft viel teurer als die Süßigkeiten in den Regalen.

Unsere Tipps als Einkaufsfüchse:

...

Ein Plakat entwerfen

Was ist ein Plakat?

Plakate sind große, bedruckte Papierbögen, die an öffentlichen Plätzen zu sehen sind. Sie begegnen uns überall in unserem Alltag auf Schritt und Tritt. Sie wollen in Sekundenschnelle die Aufmerksamkeit des Betrachters gewinnen und ihn dazu bringen, über etwas nachzudenken, etwas zu kaufen oder sich anders zu verhalten. Damit sie das erreichen, dürfen sie nur wenig Text enthalten. Ein Plakat besteht in der Regel nur aus

- einem guten Spruch,
- einem interessanten Bild,
- einer ansprechenden Gesamtgestaltung.

Das auf dieser Seite abgebildete Plakat enthält einen Einkaufstipp für die Kunden in einem Supermarkt. Es warnt davor, auf den Trick mit den zu großen Einkaufswagen hereinzufallen. Mit weiteren Tipps zum klugen Einkaufen könnt ihr selbst ein Plakat gestalten. Wählt als Grundlage dazu eines der Beispiele aus, das ihr auf den zurückliegenden Seiten kennengelernt habt, und versucht, ein Plakat zu gestalten, das sofort die Aufmerksamkeit der Betrachter gewinnt.

Thema: Supermarktfallen

Wie macht man das?

- Überlegt, welche Textaussage euer Plakat enthalten soll. Sie sollte kurz und einprägsam sein. Wählt dazu ein passendes Bildmotiv aus. Das kann eine von euch selbst angefertigte Zeichnung sein.
- Kombiniert euren Text und euer Bild so, dass ein optisch ansprechender Gesamteindruck entsteht. Skizziert mehrere Entwürfe. Übertragt dann den besten Entwurf auf ein großes Blatt Papier.

Worauf man noch achten sollte

- Eure Schrift muss auch noch aus einigen Metern Entfernung gut lesbar sein.
- Man kann ein Plakat auch am Computer entwerfen.

3 Wie werden Preise gemacht?

Wir finden in einem Spiel heraus, warum sich Preise ändern

A Das Beispiel Sportschuhe

„Wow, ist der Schuh teuer! Wieso verlangen die Geschäfte so viel Geld dafür?“, staunt Jana, als sie ein Paar Sportschuhe im Schaufenster eines Sportgeschäfts betrachtet. Wie kommen die Händler auf genau diesen Preis? Diese Frage könnt ihr mithilfe des folgenden Textes und des Schaubildes beantworten.

Die Kosten der Hersteller

Sportschuhe werden meist in Asien hergestellt, weil dort die Löhne sehr viel niedriger sind als in Deutschland. Oft können die Beschäftigten dort kaum von ihrem Lohn leben. Das kritisieren viele Menschen in Deutschland.
Bei der Herstellung von Schuhen fallen für die Besitzer der Fabriken viele Kosten an: Sie müssen das Rohmaterial für die Schuhe kaufen, die Löhne für die Beschäftigten bezahlen, Maschinen bereitstellen und instand halten, die Räume kaufen oder mieten, für Strom, Wasser und Heizung aufkommen. All diese Kosten nennt man Selbstkosten. Wenn ein Hersteller seine Schuhe verkauft, schlägt er auf die Selbstkosten nochmals eine Summe auf, die ihm als Gewinn bleibt. Die fertigen Schuhe werden dann in riesigen Schiffen nach Europa transportiert. Auch die Transportunternehmen bekommen für ihre Arbeit Geld.

Sportfirmen entwickeln die Modelle und werben dafür

Die Markenfirmen kaufen die Schuhe bei den Herstellern in Asien ein. Die Preise sind sehr niedrig, weil die Arbeiter in den Fabriken sehr wenig verdienen. Auch sie haben Selbstkosten: zum Beispiel für die Verpackung, für Werbung und für die Entwicklung von neuen modischen Schuhmodellen. Natürlich müssen auch sie ihr Personal bezahlen. Auf ihre Selbstkosten schlagen sie ebenfalls einen Gewinn auf und verkaufen die Schuhe weiter.

Preiskalkulation am Beispiel eines Sportschuhs

Herstellungskosten 12 €
Material 8 €
Fabrikgewinn 2 €
Produktionskosten 2 € davon: Löhne 0,4 €

Transport 5 €

Markenfirma (z. B. Adidas, Nike, Puma) 33 €
Selbstkosten + Gewinn 13,50 €
Forschung 11 €
Werbung 8,50 €

Einzelhandel 50 €
Selbstkosten + Gewinn 31 €
Steuern 19 €

(Daten nach: www.learn-line.nrw.de)

Die Händler verkaufen die Ware an den Kunden

Die Händler kaufen die Schuhe zum Einkaufspreis von den Markenfirmen. Auf diesen Preis schlagen sie ihre Selbstkosten auf: die Ladenmiete, die Kosten für die Einrichtung, Personalkosten, Kosten für Energie, Steuern usw. Hinzu kommt ihr Gewinn und die Mehrwertsteuer, die sie an den Staat bezahlen müssen. Alles zusammengerechnet ergibt das den Verkaufspreis, den die Kunden im Laden bezahlen.

1. Beschreibe anhand des Textes und des Schaubildes, wie der Preis für ein Paar Sportschuhe zustande kommt.
2. Warum können Hersteller, Markenfirmen und Einzelhändler die Schuhe nicht zum Selbstkostenpreis verkaufen? Sucht nach Gründen.

B Das Marktspiel: Warum ändern sich Preise?

Vielleicht gehen eure Eltern auch manchmal auf dem Wochenmarkt einkaufen. Das ist ein Ort, auf dem Landwirte und Händler aus der Umgebung ihre Produkte anbieten. Stellt euch vor, in eurer Gemeinde findet jeden Freitag ein solcher Markt statt. Ihr seid Bäuerinnen und Bauern, die dort selbst angebaute Erdbeeren verkaufen. Ihr wollt möglichst viele Waren verkaufen und dabei auch noch gut verdienen. Bildet in der Klasse mehrere Gruppen. Jede Gruppe hat nun die Aufgabe, die Preise für ihre Waren zu berechnen.

Spielablauf

1. Schritt: Lest euch zunächst die Informationen zu den Selbstkosten auf der nächsten Seite durch und errechnet eure eigenen Kosten.
2. Schritt: Überlegt nun, zu welchem Preis ihr eure Erdbeeren anbieten wollt. Schreibt den Preis auf ein großes Blatt Papier, stellt diesen in der Klasse vor und erklärt, wie er zustande gekommen ist.
3. Schritt: Vergleicht eure Preise. Welche Gruppe wird wohl als erste ihre Erdbeeren verkauft haben?
4. Schritt: Die Situation verändert sich. Nun kommen die Ereigniskarten ins Spiel. Lest euch zunächst die erste Ereigniskarte durch. Jede Gruppe bekommt nun einige Minuten Zeit, um ein neues Preisschild anzufertigen. Präsentiert anschließend eure neuen Preise. Was stellt ihr fest? Verfahrt mit der zweiten Ereigniskarte ebenso.
5. Schritt: Wertet nun eure Ergebnisse in der Klasse aus. Könnt ihr einen Zusammenhang zwischen der Menge der angebotenen Erdbeeren, der Zahl der Käufer und den Preisen entdecken?

Wie hoch sind eure Selbstkosten, um ein Kilo Erdbeeren zu produzieren?

Um ein Kilo Erdbeeren zu erzeugen, braucht ihr zunächst Setzlinge. Diese kosten 20 Cent. Für die Miete (Pacht) des Erdbeerfeldes, für Dünger und für Bewässerung müsst ihr pro Kilo Erdbeeren mit etwa 30 Cent rechnen. Um das Feld zu bewirtschaften, braucht ihr einen Traktor und Geräte, um die Kisten zum Marktstand zu transportieren, einen Kleintransporter. Dafür könnt ihr ca. 30 Cent pro Kilo veranschlagen. Da die Ernte innerhalb weniger Wochen reif wird, braucht ihr zusätzlich Erntehelfer, denen ihr Lohn zahlen müsst. Das kostet euch etwa 70 Cent. Auf das Kilo umgerechnet beträgt die Miete für den Marktstand ca. 30 Cent. Manchmal verderben Erdbeeren auf dem Transport oder sie können am Markttag nicht verkauft werden, weil es zum Beispiel den ganzen Tag regnet. Dafür müsst ihr ca. 20 Cent einkalkulieren.

Das sind die Kosten, die bei der Produktion eines Kilos Erdbeeren entstehen. Damit habt ihr aber noch nichts verdient. Euer Verdienst wird der Gewinn sein. An den Kosten lässt sich nur schwer etwas ändern. Anders ist es bei der Gewinnerwartung. Hier könnt ihr selbst festlegen, ob es zum Beispiel euer Ziel ist, 20 Cent an einem Kilo Erdbeeren zu erwirtschaften oder sogar einen Euro oder mehr.

Wie verändern sich die Preise auf dem Markt?

Ereigniskarte 1

Heute Nacht hat es ein heftiges Gewitter gegeben. Der Hagel und der Sturm haben die Ernte beschädigt, sodass nur noch halb so viele Erdbeeren geerntet werden konnten. Den anderen Bauern in der Umgebung ging es ganz ähnlich. Auch sie können sehr viel weniger Erdbeeren auf dem Markt anbieten. Doch die Kunden stehen Schlange, denn die Erdbeeren auf dem Markt schmecken ihnen viel besser als die aus dem Supermarkt.

Zu welchem Preis bietet ihr die Erdbeeren an?

Ereigniskarte 2

Es ist eine halbe Stunde vor Marktschluss und ihr habt noch viele Körbchen Erdbeeren übrig. Wenn ihr sie heute nicht verkauft, verderben sie und ihr verdient gar nichts an ihnen. Auf dem Markt tummeln sich nur noch wenige Kunden.

Zu welchem Preis bietet ihr die Erdbeeren an?

INFO

S M U H

C Preisbildung

1. Was versteht man unter einem Markt? Erkläre den Begriff anhand von Beispielen.
2. Wie verändern sich Preise? Vervollständige dazu folgende Sätze:
   a) Wenn das Angebot größer wird, ...
   b) Wenn das Angebot geringer wird, ...
   c) Wenn die Nachfrage größer wird, ...
   d) Wenn die Nachfrage geringer wird, ...

Teil 1: Der Markt – Treffpunkt von Verkäufern und Käufern

In vielen Gemeinden findet an einem bestimmten Tag in der Woche ein Wochenmarkt statt. Dort treffen Händler, die ihr Obst oder Gemüse verkaufen wollen, auf Menschen, die etwas kaufen möchten. Einen solchen Treffpunkt von Verkäufern und Käufern nennt man Markt. Auf dem Wochenmarkt oder im Kaufhaus stehen sie sich persönlich gegenüber. Man spricht jedoch auch von Märkten, wenn es keinen tatsächlich existierenden Treffpunkt gibt, zum Beispiel beim Automarkt. Dort stehen sich Käufer und Verkäufer von Autos gegenüber. Sie können dabei an ganz unterschiedlichen Orten zusammentreffen: zum Beispiel im Autohaus, im Internet oder über eine Verkaufsanzeige in einer Zeitung.

Auf jedem Markt gibt es viele Händler, die ihre Produkte zum Verkauf anbieten. Alle Waren, die dort verkauft werden sollen, bezeichnet man zusammenfassend als Angebot. Alle Kunden eines Marktes, die Waren kaufen wollen, bilden die Nachfrage. Angebot und Nachfrage wirken sich auf die Höhe der Preise aus.

Teil 2: Angebot + Nachfrage = Preis

Wenn ihr zum Beispiel in einem Supermarkt einkauft, könnt ihr feststellen, dass Obst und Gemüse nicht immer dasselbe kosten. Im September sind zum Beispiel Trauben ganz billig, im Februar sind sie sehr teuer. Das liegt daran, dass im Herbst in Deutschland die Trauben reif sind, also das Angebot sehr groß ist. Die Händler müssen große Mengen von Trauben verkaufen. Sie versuchen dies, indem sie den Preis senken, um damit mehr Käufer anzulocken. Im Februar müssen die Trauben aus dem Ausland eingeflogen werden, deshalb ist das Angebot gering. Das bedeutet, dass die Händler höhere Einkaufspreise für Trauben bezahlen müssen. Das geringe Angebot und die höheren Kosten der Händler lassen die Preise der Trauben steigen.

Ähnlich wirken sich Veränderungen der Nachfrage aus. Wenn zum Beispiel eine bestimmte Kleidermarke in Mode kommt, möchten viele die begehrte Marke kaufen. Die Nachfrage ist also sehr groß. Die Händler können hohe Preise verlangen und die Kunden sind trotzdem bereit, diese zu zahlen. Kommt dieselbe Marke außer Mode, wollen weniger Menschen die Marke kaufen. Die Nachfrage sinkt also. Die Händler senken deshalb die Preise und versuchen mit Sonderangeboten doch noch Käufer zu finden.

D Wir kalkulieren für ein Kaufhaus Preise

Einmal angenommen, ihr arbeitet in der Geschäftsleitung eines großen Kaufhauses. Heute findet eure wöchentliche Besprechung statt, auf der Preise in den einzelnen Ausstellungen neu berechnet werden sollen. Diesen Vorgang nennt man Kalkulieren. Die Geschäftsleitung ist dafür verantwortlich, dass möglichst viele Waren verkauft werden und das Kaufhaus gute Gewinne erzielt.

Euer Auftrag:

1. Auf dieser Seite findet ihr vier Situationen. Entscheidet jeweils, ob die Preise angehoben oder gesenkt werden sollen, und begründet eure Empfehlung.
2. Stellt eure Ergebnisse in der Klasse vor.

Tipp: Partnerarbeit

Süßwarenabteilung

Auf der ganzen Welt wird Schokolade immer beliebter, die Kakaobauern können kaum mehr genug für den Rohstoff von Schokolade liefern, die Preise dafür haben sich im letzten Jahr verdoppelt. Euer Lieferant kündigt an, dass die Ware in den nächsten Monaten knapp werden könnte. Sollen die Preise gleich bleiben, angehoben oder gesenkt werden?

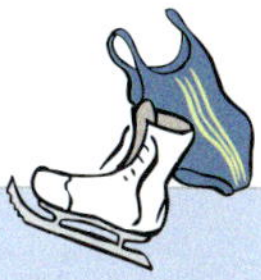

Sportabteilung

Der letzte milde Winter hatte zur Folge, dass sich die Käufer nicht für neue Skiausrüstungen interessierten. Ski und Skistiefel liegen wie Blei in den Regalen. Andererseits wird in den nächsten Wochen schon die neue Bade- und Joggingmode geliefert. Dafür wird dringend Platz benötigt.
Sollen die Preise gleich bleiben, angehoben oder gesenkt werden?

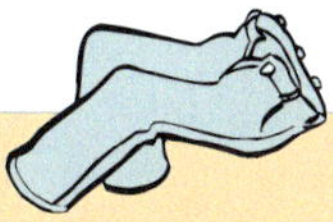

Kleiderabteilung

Besonders angesagt bei Jugendlichen sind zurzeit Jeans der Marke Mister Zero. Bisher war das Kaufhaus der einzige Anbieter vor Ort, an dem die Jugendlichen solche Jeans kaufen konnten. Nun bieten einige Internet-Shops die Jeans zum Teil erheblich billiger an. Sollen die Preise gleich bleiben, angehoben oder gesenkt werden?

Rucksäcke und Taschen

Gestern wurde die neue Kollektion der Trendmarke Southpack geliefert. Nachdem das Lederfachgeschäft pleitegegangen ist, ist das Kaufhaus der einzige Anbieter in der Stadt, der die Taschen und Rucksäcke dieses Herstellers verkauft. Sollen die Preise gleich bleiben, angehoben oder gesenkt werden?

4 Wie kauft man klug ein?
Wir bewerten unterschiedliche Standpunkte

A Soll Familie Wieland künftig Bio-Lebensmittel kaufen?

Familie Wieland sitzt zusammen und unterhält sich über die Erlebnisse des Tages:

KATHARINA: Wir haben heute in der Schule einen Film angeschaut. Dort wurde gezeigt, wie Legehennen gehalten werden. Das ist ja wirklich widerlich, wie man die armen Tiere quält. Ich konnte gar nicht mehr zuschauen. Mir ist der Appetit auf Eier wirklich gründlich vergangen.

MUTTER: Na ja, Fleisch isst du seit einiger Zeit auch nicht mehr wegen der armen Tiere – da wird dein Speisezettel langsam wirklich eintönig …

KATHARINA: Du verstehst mich nicht. Ich will gar nicht ganz auf Eier und Fleisch verzichten. Aber ich finde, wir sollten nur noch Bio-Lebensmittel kaufen – da wüsste ich wenigstens, dass die Tiere nicht leiden müssen und das Gemüse ohne Giftstoffe angebaut wird. Überhaupt sind in Bio-Produkten viel weniger Schadstoffe und wir schonen die Umwelt.

LENNART: Weißt du, was das ganze Zeug kostet? Also, mir ist ziemlich egal, woher unser Essen kommt. Hauptsache, ich bekomme weiterhin Schnitzel und Eier. Das esse ich nämlich im Gegensatz zu dir unheimlich gern. Gemüse und Salat mag ich ja eh nicht besonders, da könnt ihr meinetwegen auf Bio umsteigen.

VATER: Ich finde, wir sollten eher auf die Qualität unserer Lebensmittel achten. Unsere Nahrung soll frisch sein und aus unserer Gegend stammen. Angegammelte Tomaten schmecken nicht – egal, ob sie aus normalem Anbau oder Bio-Anbau sind. Fleisch können wir bei unserem Metzger kaufen – da wissen wir, dass das Fleisch aus der Gegend kommt. Das ist zwar etwas teurer als im Supermarkt, dann essen wir das eben etwas seltener.

MUTTER: Viele Supermärkte bieten jetzt Bio-Produkte an und die sind nicht mal so teuer. Wir könnten doch dort ab und zu einige Bio-Produkte kaufen. Aber ganz auf Bio umstellen, das wird für eine vierköpfige Familie zu teuer.

KATHARINA: Das bringt doch nichts. Ich wäre gerne bereit, auf etwas zu verzichten, zum Beispiel bei Kleidung, wenn wir dafür nur noch Bio-Produkte kaufen.

1. Welche Standpunkte vertreten die einzelnen Familienmitglieder in diesem Gespräch? Beschreibe sie.
2. Welche Ansichten hältst du für vernünftig, welche weniger? Begründe deinen Standpunkt.

INFO S M U H

B Klug einkaufen

Teil 1

Ein kluger Verbraucher überlegt sich vor dem Kauf ganz genau, was er will und wie viel er dafür ausgeben kann. Wenn ihr etwas kaufen wollt, könnt ihr euch bei der Entscheidung an Kriterien orientieren. Kriterien sind Wertmaßstäbe, die man bei Entscheidungen – zum Beispiel beim Einkaufen – beachten sollte.

Preiskriterien

Das bedeutet, dass man vor dem Kauf die Preise von mehreren Herstellern vergleicht. Das ist nicht immer einfach, weil die abgepackten Mengen unterschiedlich sind. So wiegt eine Tafel Schokolade mal 100 g, mal 80 g. Deshalb muss im Supermarkt auf den Preisschildern immer auch der Preis für 100 g oder 1 kg abgedruckt werden. Viel Geld kann man sparen, wenn man auf Sonderangebote achtet.

Qualitätskriterien

Bei Lebensmitteln bedeutet das, dass man schaut, ob die Ware frisch ist. Bei Kleidung achtet man eher darauf, ob sie aus einem guten Stoff gemacht ist, ob sie gut waschbar ist und vieles mehr. Manchmal kann es billiger sein, ein etwas teureres T-Shirt zu kaufen, wenn es dafür länger hält und beim Waschen seine Farbe behält.
Qualitätsbewusst kauft man auch ein, wenn man darauf achtet, wie die Ware hergestellt wurde. Billigwaren werden oft in armen Ländern hergestellt. Dort bekommen die Beschäftigten für ihre Arbeit oft einen Hungerlohn, von dem sie kaum leben können. Damit Verbraucher auf einen Blick erkennen können, welche besonderen Eigenschaften eine Ware hat, hat man Gütesiegel geschaffen, eine Art Abzeichen. Waren mit dem Fairtrade-Siegel garantieren zum Beispiel, dass Bauern oder Arbeiter in armen Ländern faire Löhne bekommen.

1. Wie kann man klug einkaufen? Beschreibe, was dazugehört.
2. Erkläre, welche Bedingungen Bio-Produkte erfüllen müssen, um das Bio-Siegel zu bekommen.
3. Murat ist mit seinem neuen Fußball nicht zufrieden. Weil er wenig Zeit hatte, hat er im Sportgeschäft einfach den ersten Ball gekauft, den er im Regal fand. Wie kann er in Zukunft solche schlechten Käufe verhindern? Formuliere mindestens einen Ratschlag.

Teil 2

Kriterien zum nachhaltigen Einkaufen

Wenn man Waren mit dem Bio-Siegel kauft, sind diese besonders umweltschonend hergestellt. Damit Lebensmittel das staatliche Bio-Siegel tragen, müssen sie unter strengen Bedingungen hergestellt werden: So sind nur ganz bestimmte Dünger und Futtermittel erlaubt, die der Natur nicht schaden. Bei der Tierhaltung wird Wert auf eine artgerechte Haltung gelegt, die Tiere haben wesentlich mehr Platz.
Umweltbewusst verhält man sich auch, wenn man Produkte aus der näheren Umgebung kauft. Wenn zum Beispiel Obst viele Hundert Kilometer transportiert wird, wird die Luft verschmutzt und außerdem viel Energie benötigt. Erdbeeren sind zum Beispiel erst im Juni und Juli reif. Ein kluger Verbraucher kauft sie erst zu diesem Zeitpunkt ein, weil sie dann viel besser schmecken und billiger sind als zu anderen Zeiten.

FAIRTRADE

Bio nach EG-Öko-Verordnung

C Wie wählerisch dürfen Verbraucher sein?

Stellt euch vor, ihr sitzt vor einem reichlich gefüllten Teller mit leckerem Hähnchenfilet, das ihr im Supermarkt zum Sonderangebot gekauft habt. Und was passiert mit dem Rest des Hähnchens? Das erfahrt ihr aus dem folgenden Text.

Markt in Kamerun

Der Hühnerzüchter Francis Mvomba aus einem Dorf rund fünfzig Kilometer von Douala entfernt, ist verzweifelt. Er steht seit Stunden auf dem Markt der größten Stadt Kameruns mit seinen Helfern inmitten der rund um ihn aufgebauten Käfige mit seinem gackernden, kreischenden Federvieh. Er wird sein Geflügel einfach nicht los.

Dabei ist er seit Tagen Stück für Stück mit dem Preis bereits nach unten gegangen und macht jetzt schweren Verlust. [...]

„Wir müssen aufgeben!", klagt Mvomba resigniert und fängt an, seine Käfige auf den klapprigen Lieferwagen zu laden. Wieder hat er an diesem Tag nichts verdient. Wie soll er seine Familie ernähren, die Kredite zurückzahlen?

„Die machen uns kaputt!", klagt Mvomba und mit ihm viele Hühnerzüchter aus Kamerun. Mit „die" meint er europäische Unternehmen, die Hähnchenteile und Hühnerschenkel nach Afrika ausführen. Auf Kameruns Märkten tauchen sie seit einiger Zeit auf – für weniger als einen Euro das Kilo. Diese Firmen führen billige Hühnerteile in arme Länder aus, das „wertvolle" weiße Fleisch, vor allem Filets vom Huhn, wandern in die Kühlregale der Supermärkte in den reichen Industrieländern. Hühnerköpfe, Schenkel und Innereien und anderes, bei den reicheren Konsumenten nicht gewünschtes „Restfleisch" geht tiefgefroren nach Afrika. Für die traditionellen kleineren Betriebe in Kamerun eine Katastrophe.

(Nach: Gerd Schneider, Globalisierung, Arena Verlag Würzburg 2008, S. 79 ff.)

Die Menschen in Afrika können doch froh sein, dass sie so billig Hähnchenteile bekommen. Sonst könnten sie sich vielleicht gar kein Fleisch leisten. Die Bauern in Kamerun müssen dann eben andere Lebensmittel produzieren, die sie gut verkaufen können.

Ich finde es nicht in Ordnung, dass Hähnchenteile, die wir nicht mögen, nach Afrika ausgeführt werden und dort sehr billig verkauft werden. Dort machen sie die Preise für die einheimischen Bauern kaputt und diese können ihre Familien nicht mehr ernähren.

1. Erkläre, welche Folgen die Essgewohnheiten in reichen Ländern für Francis Mvomba haben.
2. Betrachte den Text in den Sprechblasen. Welchem Standpunkt stimmst du eher zu? Redet darüber in der Klasse.

Kinder und Jugendliche als Verbraucher

Station 1

S M U H

Darf ich einkaufen, was ich will?

Die elfjährige Nelly ist großer Fußball-Fan. Nach einem Fußballspiel, bei dem ihre Lieblingsmannschaft gewonnen hat, kauft sie sich ganz spontan von ihrem Taschengeld und ihren Ersparnissen für 24,90 Euro einen Fan-Schal. Ihre Eltern sind mit dem Kauf überhaupt nicht einverstanden. Sie finden Fanartikel nutzlos und völlig überteuert. Zunächst versuchen sie, Nelly davon zu überzeugen, den Schal gegen einen Gutschein auf Eintrittskarten zu tauschen. Als sie jedoch uneinsichtig ist, verlangen sie von Nelly, den Schal sofort zurückzubringen und sich das Geld wieder auszahlen zu lassen.

- Muss Nelly den Schal zurückgeben? Begründe deine Entscheidung.

Station 2

S M U H

Lassen wir uns zu sehr von der Werbung verführen?

1. Die beiden Zeichnungen stellen zwei Verkaufstricks von Supermärkten dar. Beschreibe die beiden Tricks und formuliere jeweils mindestens einen Einkaufstipp, wie man diese Fallen umgehen kann.

Station 3

S M U H

Wie werden die Preise gemacht?

Wenn das Angebot	steigen
steigt,	Wenn die Nachfrage
die Preise.	sinkt,
sinken	sinken
die Preise.	steigen
steigt,	Wenn das Angebot
Wenn die Nachfrage	die Preise.
die Preise.	sinkt,

Wortpuzzle: Bildet aus den einzelnen Bausteinen vier sinnvolle Sätze. Jedes Puzzle-Stück muss verwendet werden.

Station 4

S M U H

Wie kauft man klug ein?

FAIRTRADE

BIO nach EG-Öko-Verordnung

Die beiden Logos hast du in dem Unterkapitel kennengelernt.

- Erkläre, was sie bedeuten und warum sie für kluges Einkaufen stehen.
- Jens meint: „Es kann einem doch egal sein, unter welchen Bedingungen Kleidung hergestellt wird. Hauptsache sie ist billig!“
  Formuliere eine Antwort und begründe sie.

9 Umgang mit Medien

Wir nutzen sie klug

1. Allein nachdenken
Welche Ereignisse fallen dir ein, über die du in den vergangenen Wochen durch das Fernsehen, das Radio, das Internet oder die Zeitung erfahren hast?

2. Zu zweit beraten
Welche der notierten Ereignisse haltet ihr für besonders wichtig?

3. In der Klasse sammeln
Wozu brauchen wir die Medien in der modernen Welt?

Im Verlauf dieses Kapitels könnt ihr …

- **Regeln für die kluge Nutzung unterschiedlicher Medien erarbeiten,**
- **die Bedeutung der Medien für das Zusammenleben in der Gesellschaft erklären,**
- **Chancen und Gefahren im Umgang mit dem Internet einander gegenüberstellen,**
- **einem Kind den Unterschied zwischen der virtuellen und der realen Welt erklären.**

Eigene Schwerpunkte könnt ihr setzen, indem ihr …

- **Tipps für das sichere Surfen im Netz zusammenstellt,**
- **euch über die Gestaltung von Schülerzeitungen informiert,**
- **eine eigene Präsentation mithilfe des PCs gestaltet.**

Detektivaufgabe für das ganze Kapitel:
Wer besucht die Shogakko?

1 Sind Medien ein Streitthema in der Familie?
Wir formulieren Regeln zum Umgang mit Medien im Alltag

A Der Fall: Medienalltag bei Familie Schmidt

Mit dem folgenden Beispiel beginnt ein Artikel in einer Fachzeitschrift zum Thema Medienalltag in der Familie. Die Autorin stellt dazu die Frage, ob das noch ein richtiges Familienleben ist.

Es ist Abend. Die Eltern sind von der Arbeit heimgekommen, die Kinder vom Sportplatz oder von der Theater-AG. Der Vater sitzt am PC und fertigt seine Steuererklärung an. Die Mutter telefoniert vom Handy aus mit einer Kollegin und räumt dabei den Abendbrottisch ab. Der Sohn, 13, sitzt vor seinem Computer und erzählt über Facebook, wie das Wochenende so war. Die Tochter, 10, erledigt rasch noch die liegen gebliebenen Hausaufgaben, hört dabei aber Musik über den MP3-Player. Ist das noch eine Familie? [...]

Eins ist klar: Die Vielfalt und ständige Verfügbarkeit der neuen Medien revolutionieren den Alltag bis in die „Keimzelle der Gesellschaft", die Familie. Die ständige Zunahme der Geräte als auch die inhaltlichen Angebote machen es, sagt man, immer schwieriger, am Abendbrottisch ein gemeinsames Thema zu finden und zu vertiefen: Lebt nicht jedes Familienmitglied in seiner eigenen medial vermittelten Welt?

(Aus: Barbara Sichtemann: Revolution in der Keimzelle der Gesellschaft (sprachlich bearbeitet), in Medien concret, Kinder und Medien, jfc Medienzentrum Köln, Heft 1, 2013)

Meinungen zum Fall

Wenn jeder in der Familie nur noch allein mit seinen eigenen Medien beschäftigt ist, dann ist das kein richtiges Familienleben mehr.

Klar ist das noch ein richtiges Familienleben. Das ist doch gut, dass alle Familienmitglieder die Medien benutzen, so wie sie es gerade für richtig halten.

1. Ist das noch ein richtiges Familienleben bei Familie Schmidt oder nicht? Entscheide spontan.
2. Beschreibe die Szene, die der Karikaturist darstellt, und erkläre, worüber er sich lustig macht.
2. Wie groß ist deiner Ansicht nach der Einfluss moderner Medien auf den Alltag in einer Familie: sehr groß oder eher gering? Nimm Stellung dazu.

AKTIV LERNEN

S M U H

B Mediennutzung in der Familie: Welche Regeln soll es geben?

Der Umgang mit modernen Medien kann in einer Familie oft zum Streitfall werden. Eltern haben manchmal andere Vorstellungen von einem vernünftigen Umgang damit als die Kinder. Sogar Expertinnen und Experten, die sich beruflich mit diesem Thema auseinandersetzen, vertreten unterschiedliche Ansichten. Welche Regeln gibt es, auf die sich Kinder und Eltern gemeinsam verständigen können? Über diese Frage könnt ihr hier nachdenken und Entscheidungen treffen.

Euer Auftrag:

1. Gehe zunächst die Liste allein durch und entscheide dich bei jedem Beispiel für A oder B. (Notiere die Zahlen untereinander und füge jeweils A oder B hinzu.)

2. Setzt euch dann in kleinen Gruppen zusammen. Einigt euch gemeinsam darauf, welche Regeln vernünftig sind und welche nicht.

3. Entwickelt gemeinsam eure Vorschläge für vernünftige Regeln im Umgang mit Medien in der Familie und stellt sie in der Klasse vor.

	10 Regeln	**A** Ja, das ist eine gute Regel	**B** Nein, das ist nicht gut
1	Kleine Kinder in der Familie haben ihren eigenen MP3-Player am Bettchen, der ihnen zum Einschlafen eine Geschichte vorspielt. Das beruhigt sie und führt zu einem guten Schlaf.		
2	In der Familie wird ein Zeitplan für die Internetnutzung vereinbart. Kein Familienmitglied darf länger als zwei Stunden am Stück surfen.		
3	Eltern nehmen sich mehrmals in der Woche eine halbe Stunde Zeit, um mit ihren 10- bis 13-jährigen Kindern gemeinsam zu surfen.		
4	Für Kinder im Vorschulalter, die noch nicht lesen und schreiben können, gilt komplettes Internetverbot.		
5	Eltern und Kinder schauen sich einmal in der Woche gemeinsam eine Sendung im Fernsehen an. Danach wird das Gerät ausgeschaltet.		
6	Wer als Kind oder Jugendlicher ein Spiel downloaden oder etwas im Internet bestellen will, muss erst die Eltern informieren und um Erlaubnis fragen.		
7	Kinderzimmer müssen ein privates Rückzugsgebiet sein. Eltern haben sich nicht dafür zu interessieren, wie ihre Kinder in ihren Zimmern mit Medien umgehen.		
8	Kinder versprechen ihren Eltern, dass sie diese regelmäßig darüber informieren, welche Internetseiten sie in letzter Zeit besucht haben.		
9	Wenn die Familie sich zum gemeinsamen Essen trifft, werden alle Handys ausgeschaltet oder bleiben vor der Tür.		
10	Um informiert zu sein, verpflichten sich Kinder ab zehn Jahren, einmal am Tag eine Nachrichtensendung im Fernsehen anzuschauen oder in der örtlichen Zeitung zu lesen.		

C Chancen und Gefahren im weltweiten Netz

Kinder kennen sich manchmal besser mit Computern aus als Eltern. Stellt euch vor, ihr hättet den Auftrag bekommen, die Eltern auf einer Elternversammlung über die Chancen und Gefahren des Internets für Kinder zu informieren. Als Informationsgrundlage steht euch diese Doppelseite zur Verfügung. Alle in der Klasse sollten sie zunächst allein und in Ruhe durchlesen. Danach könnt ihr euch zu zweit oder zu dritt zusammensetzen, die Arbeitsaufträge gemeinsam bearbeiten und die Elterninformation vorbereiten.

Was ist eigentlich das Internet?

Das Internet* muss man sich wie ein riesiges Netz vorstellen. In diesem Netz sind die Computer die Knoten. Alle diese Knoten sind mit unzähligen anderen Computerknoten durch elektronische Leitungen verbunden. Jeder, der einen Computer mit Internetanschluss besitzt, ist einer dieser Knoten und damit Teil des weltumspannenden Netzes. Weltraumsatelliten sorgen dafür, dass die Informationen versendet werden. So können unvorstellbar große Mengen an Informationen hin und her sausen. Das Netz umspannt die ganze Welt und wird täglich dichter und dichter.

*Zu den Begriffen Internet und Globalisierung findest du weitere Informationen im Glossar.

Die Chancen

Eine Schatztruhe für Informationen

Du sollst ein Referat über das Leben der Buckelwale halten? Kein Problem: Du gehst ins Internet, gibst den Begriff Buckelwale in eine Suchmaschine ein und schon findest du zahlreiche Internetseiten mit Informationen über deine gesuchte Tierart. Das Internet ist eine wahre Schatztruhe an Informationen über alle möglichen Themen. Und diese Schatztruhe wird jeden Tag größer.

Freizeitgestaltung und Lernen

Über die Hälfte der 10- bis 11-jährigen Kinder nutzt das Internet regelmäßig mehrfach in der Woche. Jedes vierte Kind gibt an, gemeinsam mit Mutter oder Vater im Netz zu surfen. So ist das Internet für die meisten von euch zu einem selbstverständlichen Teil der Freizeitgestaltung geworden.

Auch für das Lernen und die Schule werden die Internetangebote genutzt. 7 von 10 der Zehn- bis Elfjährigen geben an, das Internet zur Erledigung von Hausaufgaben zu benutzen, und ebenso viele sagen, dass sie Suchmaschinen wie Google regelmäßig zur Informationssuche für die Schule benutzen.

Weltweite Kommunikation

Experten sagen, dass mit dem Internet die Welt zum globalen Dorf geworden ist. Menschen aus allen Ländern der Welt können einander kennenlernen, Informationen austauschen, Freunde werden. Erwachsene nutzen das Internet, um kaufen und verkaufen zu können. Firmen können sich den Handel mit Waren ohne Internet gar nicht mehr vorstellen. Die Welt wird vernetzt und wächst immer weiter zusammen. Diesen Prozess bezeichnet man als *Globalisierung**. Die Globalisierung wurde durch das Internet ermöglicht und hat die Welt total verändert.

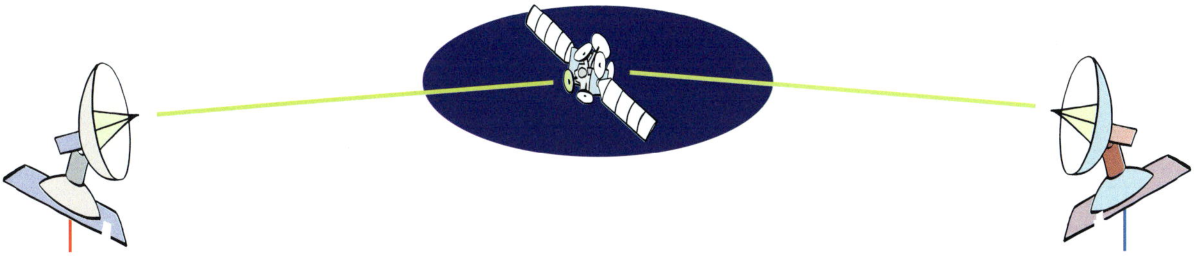

Die Gefahren

Fehlinformationen
Kehren wir noch einmal zum Referat über Buckelwale zurück. Circa 190 000 Internetadressen erhältst du bei der Suchmaschine Google, wenn du den Begriff eingibst. Wer aber sagt dir, welche davon gut oder schlecht, richtig oder falsch sind? Antwort: Niemand. Es gibt keine Kontrolle im Netz und weil das so ist, kann jeder Informationen darin verbreiten, auch wenn sie falsch sind. Manche machen sich sogar einen Spaß daraus, unsinnige Fehlinformationen im Netz zu verbreiten. Deshalb gilt: Niemals alles unkritisch für die Wahrheit halten, was man im Internet findet. Informationen sollten stets auf ihren Wahrheitsgehalt überprüft werden. Das ist schwierig, aber man kann es schaffen, indem man Informationen vergleicht oder Erwachsene fragt, die Spezialisten für Fachgebiete sind.

Computersucht
Gefährlich ist es, wenn Kinder und Jugendliche einen zu großen Teil ihrer Freizeit vor dem Computer verbringen und wenn dadurch Freunde, Sport und das Lernen für die Schule zu kurz kommen. Surfen, Chatten und Spielen können süchtig machen. Deshalb gilt: Niemals darf der Computer wichtiger als die Familie, die Freunde und die Schule werden.

Datenmissbrauch
Beim Chatten und in den sozialen Netzwerken trifft man sich und tauscht Informationen aus. Dabei ist Vorsicht geboten! Im Internet sind auch gefährliche Menschen unterwegs. Manche Erwachsene geben sich im Chatroom als Kinder oder Jugendliche aus. Sie wollen sich das Vertrauen von Kindern erschleichen und verfolgen in Wahrheit kriminelle Absichten. Dabei ist der Missbrauch von Daten eines der größten Probleme. Das geschieht, wenn man Name, Adresse und Telefonnummern ins Netz einstellt – meist in der guten Absicht, den Kontakt mit Freunden zu pflegen. Kriminelle können sich diese Daten zunutze machen, um Wohnorte auszuspionieren und sich das Vertrauen von Kindern zu erschleichen.

1. Nenne die in den Texten genannten Chancen und Gefahren.

2. Entwerft Plakate, auf denen ihr diese mit wenigen Stichworten darstellt. Beachtet dazu auch die Methodenkarte auf der Seite 156.

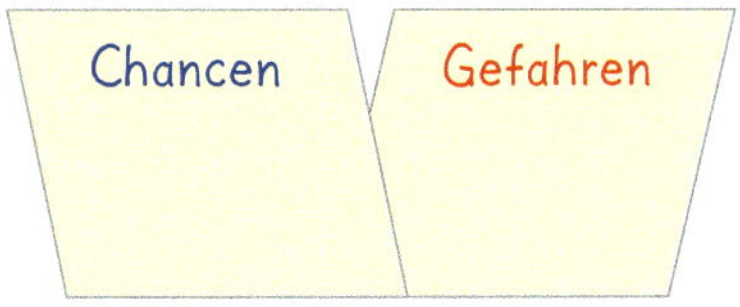

3. Die Eltern wollen auch wissen, ob die Schülerinnen und Schüler in eurer Klasse sich der Gefahren bewusst sind oder ob sie ihnen schutzlos ausgeliefert sind. Sprecht miteinander darüber und stellt den Eltern eure Antworten vor.

4. Übt eure Präsentationen für die Eltern in der Klasse ein.

Was auch noch interessant sein kann:
- Tipps für das sichere Surfen im Netz zusammenstellen; öffnet dazu die Internetseite www.klicksafe.de, hier findet ihr alle Informationen, die ihr dazu benötigt.

D Virtuelle und reale Welt: Wir erklären einem Kind den Unterschied

Stellt euch einmal vor, ihr würdet dem Kind gegenübersitzen, das auf die ihm gestellten Fragen die auf dieser Seite abgedruckten Antworten gegeben hat. Stellt euch weiterhin vor, das Kind sei sechs Jahre alt und hätte bisher sehr viel Zeit in seinem Leben vor dem Bildschirm am PC und vor dem Fernseher verbracht. Ihr habt die Aufgabe übernommen, ihm zu erklären, was falsch ist an seinen Antworten und wie die richtigen Antworten lauten könnten. Lest dazu den Text auf der rechten Seite. Er wird euch helfen, das Kind aufzuklären.

Was können Autos?

„Im Fernsehen habe ich ein Rennauto gesehen, das fliegen konnte. Als es an einen Fluss kam, flog es einfach über das Wasser. Es konnte auch lachen und mit seinen Leuchten als Augen zwinkern. Echt, solche Autos gibt es!"

Was für Flugzeuge gibt es?

„Es gibt ganz schnelle Flugzeuge. Die fliegen durch das All. Von der Erde bis zum Mars brauchen sie nur ein paar Sekunden. Sie fliegen nur, wenn es dunkel ist. Sie können feindliche Flugkörper abschießen. Manchmal sind sie so laut, dass ich mir die Ohren zuhalten muss, damit ich keine Angst bekomme."

Was für Wesen gibt es auf der Welt?

„Nachts kommen die Zombies, die Night-Ryder und die Untoten. Sie haben schreckliche Gesichter mit ganz vielen Narben. Und sie haben Waffen. Mit denen können sie Menschen töten. Manchmal kommen sie nachts zu mir in meinen Träumen. Dann werde ich oft vor Schreck wach und kann nicht mehr einschlafen."

Mit Computertechnik entstehen künstliche Welten

Für kleine Kinder ist alles, was sie sehen, reale Wirklichkeit. Zwischen der künstlichen Bilderwelt auf den Bildschirmen und der realen Welt zum Anfassen können sie noch nicht unterscheiden. Große Kinder lernen, zu unterscheiden. Deshalb könnt ihr das! Lest dazu den folgenden Text.

Ungeahnte Möglichkeiten für Film und Fernsehen

In früheren Zeiten konnten Film und Fernsehen nur solche Bilder senden, die in der Wirklichkeit existierten. Mit der Entwicklung hochleistungsfähiger Computer haben sich vollkommen neue Möglichkeiten erschlossen. Computer speichern Bilder wie Texte. Und so, wie man in einem Computer einen Text bearbeiten kann, so kann man es auch mit gespeicherten Bildern und mit Filmen tun. Man kann jedes Bild beliebig verändern und in Filmen unterschiedliche Aufnahmen miteinander kombinieren, zum Beispiel Trick- und Realaufnahmen. Filme, die für das Fernsehen und für das Kino produziert werden, benutzen heute völlig selbstverständlich die moderne Computertechnik. So bringt man Autos zum Lachen und Fliegen.

Konstruktion eigener Bilderwelten

Moderne Computer konstruieren ihre Bilderwelten selbst. Sie können nie gesehene Monster erschaffen und Flugkörper, die es so niemals geben wird. Mithilfe der Computer entstehen künstliche Welten. Wir erleben sie im Kino und im Fernsehen und besonders ausgeprägt in Computerspielen. Im Unterschied zur realen Wirklichkeit bezeichnet man diese künstliche Welt als virtuelle Medienwelt. Virtuell heißt, dass sie nur scheinbar vorhanden ist. Sie wurde mithilfe von Computern entwickelt und existiert nur innerhalb des Mediums. Die schrecklichen Aliens aus einem Fantasiefilm können uns zum Glück nicht am Abend besuchen.

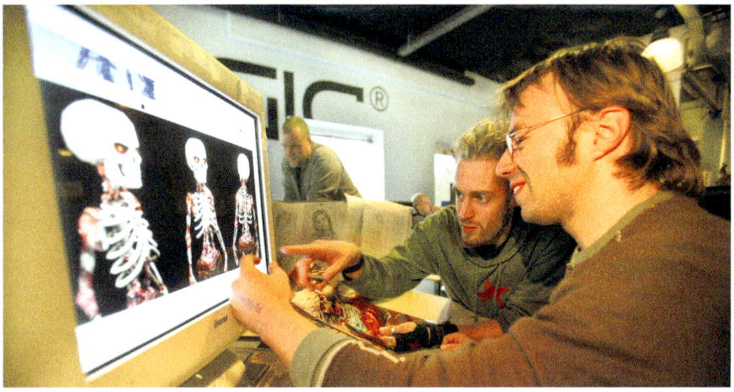

Computerdesigner erschaffen virtuelle Monster.

Manipulation* durch Bilder

Wenn eine Nachricht im Fernsehen gezeigt wird, glauben immer noch viele Menschen, dass die Bilder, die sie sehen, ein genaues Abbild der Wirklichkeit sind. Aber auch hier sind die Bilder oft virtuell. Man kann zum Beispiel einen Reporter, der in einem Studio steht, mittels Computertechnik an jeden beliebigen Ort der Welt versetzen. Der Mann, der die Wetterkarte erklärt, muss auch nicht wirklich vor einer riesigen Wetterkarte stehen. Durch das Zusammenfügen verschiedener Bildelemente entsteht ein Gesamtbild, das nur scheinbar die Wirklichkeit wiedergibt.

Menschen, welche die Möglichkeiten der Computertechnologie nicht erkennen, sind leicht manipulierbar. Das bedeutet, man kann sie beeinflussen, ohne dass sie es merken, und etwas für real darstellen, was es in Wirklichkeit gar nicht gibt. Es ist also wichtig, dass nicht nur Kinder den Unterschied zwischen virtueller und realer Welt kennen, sondern auch alle Erwachsenen.

*Zum Begriff Manipulation findest du weitere Informationen im Glossar.

1. Virtuelle und reale Welt: Erkläre den Unterschied.
2. Verdeutliche einem jüngeren Kind mit deinen eigenen Worten, was es mit den tanzenden Autos, den Flügen zum Mars und den Zombies, die nachts kommen, auf sich hat.
3. Begründe, warum es auch für Erwachsene wichtig ist, die Möglichkeiten der Computertechnologie zu kennen.

2 Wer klug sein will, muss sich informieren können
Wir analysieren Nachrichten aus Politik und Wirtschaft

Eine Einstiegsübung für alle

In dem Kasten findest du eine Auswahl Überschriften, die im Abstand von wenigen Wochen in Zeitungen zu lesen waren.

- Bei welchen der Überschriften 1 bis 4 kannst du dir denken, worum es in der Zeitungsnachricht geht?

Schlagzeilen aus Tageszeitungen

① **Als erster Bundesstaat der USA verbietet Kalifornien Plastiktüten**

② **Europäische Union verlangt Ende des Vogelfangs mit Netzen**

③ **Bürger in Dortmund wollen Flüchtlingen helfen**

④ **Bundesrepublik beschließt Sonderrechte für Elektroautos**

Wie kann man sich auf dem Laufenden halten über wichtige Dinge, die in der Welt passieren? Eine Grundvoraussetzung dazu ist die Fähigkeit, Texte zu verstehen, die uns über die Medien übermittelt werden. Hier könnt ihr diese Befähigung anhand von Nachrichten aus Tageszeitungen trainieren. Ihr könnt auch selbst Nachrichten produzieren.

A Lesen macht Kinder klüger

Wissenschaftler haben herausgefunden, dass Zeitunglesen Kinder klüger macht. In einer Untersuchung von Schulkindern in Finnland konnte nachgewiesen werden, dass diejenigen Schülerinnen und Schüler, die mehrmals die Woche die Tagezeitung studieren, nicht nur eine höhere Lesekompetenz aufweisen, sondern auch in Mathematik und in anderen Fächern ihre Leistungen verbessern. Zeitungen regen Schüler zum Nachdenken an und verschaffen ihnen einen Wissensvorsprung. Wer Zeitung liest, verbessert seine Bildung und kann mitreden.

1. Welche Gründe für das Zeitunglesen werden genannt?

2. Zwei Meinungen von Erwachsenen, über die ihr euch euer eigenes Urteil bilden solltet.

„Nachrichten sind oft ernst und manchmal auch traurig. Man sollte die Kinder davon fernhalten."

„Kinder wollen wissen, was in der Welt passiert, auch wenn es sich um ernste Angelegenheiten handelt."

Tipp: Zu den Überschriften findet ihr auf der folgenden Doppelseite auch die dazugehörigen Nachrichtentexte. Damit ihr diese richtig gut versteht, solltet ihr zunächst die Methodenkarte rechts lesen.

Nachrichten analysieren mit der W-Fragen-Methode

Was ist ein Nachrichtentext?

Ein Nachrichtentext enthält die Neuigkeiten, die für viele Menschen interessant sind. Nachrichtentexte kann man ganz leicht erkennen: Sie sind kurz. In der Zeitung sind sie oft nur zehn bis 20 Zeilen lang. Sie enthalten ausschließlich Informationen. Auf keinen Fall darf jemand, der Nachrichten verfasst, seine persönliche Meinung zu einem Ereignis hineinschreiben. Nachrichtentexte beginnen immer mit der wichtigsten Information.

Was heißt analysieren?

Analysieren bedeutet, dass man etwas unter bestimmten Fragestellungen sehr genau untersucht. Man geht dabei nach Plan Schritt für Schritt vor. Bei der Analyse einer Nachricht musst du sie ein zweites Mal lesen. Beim zweiten Mal stellst du sechs Fragen an den Text:

Was? Wann? Wo? Wie? Wer? Warum?
Auf mindestens fünf der sechs W-Fragen findest du in gut verfassten Nachrichten eine Antwort.

Wie kannst du vorgehen?

Erster Schritt: Du liest den Nachrichtentext vollständig durch.

Zweiter Schritt: Du liest die Nachricht ein zweites Mal, suchst der Reihe nach Antworten auf die sechs W-Fragen und notierst sie.

Dritter Schritt: Du markierst Begriffe, die du nicht verstanden hast, und versuchst, sie zu klären (Lexika benutzen, Lehrer fragen).

Vierter Schritt: Du fasst die Nachricht mit deinen eigenen Worten zusammen. Am Ende solltest du in der Lage sein, den Inhalt der Nachricht mündlich vorzutragen.

Thema: Aktuelle Tageszeitungen lesen

Beispiel: Indische Polizei verhaftet Ziege

Festgenommen wegen unerlaubten Grasens: In Indien wurde eine Ziege in Gewahrsam genommen, als sie sich einen Snack im Garten eines Richters genehmigte. Das weibliche Tier sei nach einer Nacht bei der Polizei von einem Gericht auf Kaution freigelassen worden, sagte ein Polizist. Die Ziege blieb nicht die einzige Tatverdächtige in dem Fall. „Wir haben später den Besitzer der Ziege herbeigerufen und gegen beide Anzeige wegen Hausfriedensbruchs und Sachbeschädigung erstattet“, berichtete ein örtlicher Polizist.

(Meldung der Deutschen Presseagentur (dpa) vom 9. Februar 2016)

Thema der Nachricht
Indische Polizei verhaftet Ziege

1. Was geschah?
In Indien wurde eine Ziege von der Polizei in Gewahrsam genommen, weil sie unerlaubt in einem fremden Garten graste.

2. Wann geschah es?
Im Februar 2016

3. Wo geschah es?
Irgendwo in Indien (keine genaue Ortsangabe)

4. Wie geschah es?
Die Polizei nahm die Ziege fest und ließ sie am nächsten Tag wieder frei.

5. Wer war beteiligt?
Die indische Polizei, die Ziege, ein Richter (Hausbesitzer), der Besitzer der Ziege

6. Warum wird diese Nachricht verbreitet?
Weil es absolut ungewöhnlich ist, dass die Polizei Tiere verhaftet.

Begriffe, die ich klären muss:
Gewahrsam, Kaution

B Wir stellen uns gegenseitig Nachrichtentexte vor

Euer Auftrag:
Die vier Nachrichtentexte auf dieser Doppelseite solltet ihr zur Bearbeitung aufteilen. Jeder von euch liest eine der Nachrichten und bearbeitet den Text mit der „W-Fragen-Methode". Verwendet dazu ein vorbereitetes Protokollblatt.
Danach könnt ihr euch in Vierergruppen zusammensetzen und euch die Ereignisse reihum vorstellen, von denen ihr durch das Lesen erfahren habt. Ihr solltet die Nachricht nicht vorlesen, sondern mit eigenen Worten berichten, was passiert ist.

Experte 1
Kalifornien verbietet Plastiktüten

Als erster amerikanischer Bundesstaat hat Kalifornien kostenlose Einweg-Plastiktüten verboten. Gouverneur Jerry Brown unterzeichnete am Dienstag ein entsprechendes Gesetz und lobte die Regelung als „Schritt in die richtige Richtung". Das Gesetz „verringert die Flut an Plastik, die unsere Strände, Parks und sogar den großen Ozean verschmutzen", erklärte Brown. Von Juli kommenden Jahres an dürfen Supermärkte und Drogeriemärkte keine kostenlosen Einweg-Plastiktüten mehr verteilen, ab Juli 2016 gilt das Verbot auch für kleinere Lebensmittelgeschäfte und Getränkehändler. Für wiederverwertbare Plastiktaschen sowie Papiertüten müssen Kunden in Kalifornien eine Gebühr von zehn amerikanischen Cent bezahlen.

(Nachricht der Agentur AFP vom 30.09.2014)

Experte 2
EU verlangt Ende des Vogelfangs mit Netzen

Brüssel – Die EU-Kommission hat von Italien die Beendigung des Vogelfangs mit Netzen verlangt und mit einer Klage vor dem Europäischen Gerichtshof gedroht. In mehreren Regionen des Landes würden seit Jahren Lerchen, Drosseln, Amseln und weitere Vögel mit Netzen eingefangen, obwohl das europäische Recht diese Methode verbiete, teilte die Kommission am Mittwoch mit. Die Tiere werden als lebende Köder eingesetzt, um Raubvögel anzulocken. Verbreitet ist die Praxis laut EU etwa in der Toskana und der Lombardei. Die dortigen Behörden haben trotz einer früheren Aufforderung aus Brüssel die Genehmigungen für die Jagd mit Netzen noch nicht widerrufen. Italien hat jetzt zwei Monate Zeit für eine Reaktion.

(AFP-Meldung vom 26. November 2014, in Spiegel-Online)

Experte 3
Bürger wollen Flüchtlingen helfen

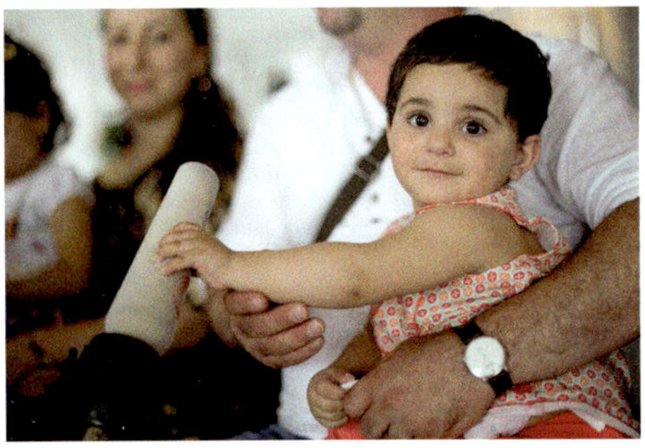

Dortmund: In die ehemalige Andreasschule an der Adlerstraße ziehen ab nächster Woche 150 Flüchtlinge. Eine Flüchtlingsunterkunft mitten im Wohngebiet – das sorgt häufig für Angst und Proteste. Nicht so im Unionviertel (Dortmund): Beim Bürgerdialog am Donnerstagabend wollten die Anwohner vor allem wissen, wie sie helfen können. Ein Klima der Fürsorge und Hilfsbereitschaft bestimmte den Bürgerdialog, zu dem die Bezirksvertretung Innenstadt-West am Donnerstagabend (6. November) in den Gemeindesaal der katholischen Suitbertus-Gemeinde eingeladen hatte. Im Unionviertel sind die 150 Flüchtlinge willkommen ...

(Heike Thelen, Nachrichtenredaktion der Ruhrnachrichten Dortmund, 7. November 2014)

Experte 4
Kostenlose Parkplätze für Elektroautos

Berlin: Die Bundesregierung hat eine weitere Anschubhilfe für Elektroautos beschlossen. Das Kabinett billigte am Mittwoch in Berlin das sogenannte Elektromobilitätsgesetz, mit dem Elektroautos im Straßenverkehr bevorzugt und aus ihrem bisherigen Nischendasein herausgeholt werden sollen. So soll den Kommunen unter anderem das Recht eingeräumt werden, kostenlose Parkplätze für Elektroautos zu reservieren und die Nutzung von Busspuren zu erlauben. [...] Die Bundesregierung will mehr umweltfreundliche Elektroautos auf die Straßen bringen. Ihr Ziel ist es, dass es im Jahr 2020 eine Million Elektroautos in Deutschland gibt.

(dpa-Meldung vom 24. September 2014)

Mein Auswertungsblatt für Nachrichten

Nachrichtentitel:

Datum:

1. Was geschah?
2. Wann geschah es?
3. Wo geschah es?
4. Wie geschah es?
5. Wer war daran beteiligt?
6. Warum geschah es?

1. Analysiere eine der vier Nachrichten mithilfe der W-Fragen schriftlich.

2. Setzt euch in Vierergruppen zusammen und stellt eure Analysen der Reihe nach vor.

3. Überlegt gemeinsam, welche der Informationen aus den vier gelesenen Nachrichten ihr alle euch langfristig merken wollt.

4. Stellt diese Informationen in der Klasse vor.

C Wir gestalten eine Zeitungsseite mit eigenen Nachrichten

Eine Zeitungsseite mit eigenen Nachrichten könnt ihr selbst gestalten. Sucht Themen aus, über die ihr schreiben wollt, und verteilt die Schreibaufträge untereinander.
Wenn mehrere Artikel fertig sind, könnt ihr daraus eine Seite gestalten. Dazu müsst ihr beachten, dass eine Zeitungsseite mehr als eine Sammlung von Nachrichtentexten ist. Sie muss über ein ansprechendes Layout verfügen. Unter dem Layout einer Zeitung versteht man die Form der Seitengestaltung. Überlegt euch einen Zeitungstitel und fügt ein oder zwei passende Fotos hinzu (auch Zeichnungen sind möglich).

Tipp: Benutzt große Papierbögen, um eure Texte aufzukleben, oder gestaltet das Seitenlayout mit dem PC.

Schülerzeitungsmacher lernen viel

Viele Journalisten haben ihre ersten Schritte auf dem Weg zum professionellen Schreiben bei einer Schülerzeitung gemacht. Schülerzeitungen sind eine wunderbare Möglichkeit, den Beruf des Journalisten auszuprobieren. Schülerzeitungsredakteure müssen wichtige von unwichtigen Themen unterscheiden, sie müssen recherchieren und an brisanten Themen dranbleiben. Sie bekommen die Möglichkeit, sich einzumischen und sich für die Belange ihrer Mitschüler einzusetzen. […] Kurz gesagt: Sie lernen viel fürs Leben und für den Beruf.

(Aus: Julia Jäckel, Vorstandsvorsitzende des Verlagshauses Gruner und Jahr, in: Kein Blatt vorm Mund, Festschrift zur Prämierung der besten Schülerzeitungen, Verlag Jugendpresse Deutschland e. V.)

1. Was versteht man unter dem Layout einer Zeitung? Erkläre es.
2. Warum kann es sinnvoll sein, dass Schüler eigene Zeitungen machen? Fasse zusammen, was Julia Jäckel dazu sagt.

Was auch noch interessant sein kann:

- sich informieren über die Schülerzeitung an der eigenen Schule, eigene Mitarbeit anbieten; eine gute Vorbereitung dazu gibt es im Internet unter www.schuelerzeitung.de.

D Wir wählen interessante Themen für Nachrichten aus

Zur Nachricht taugen nur Ereignisse, die für viele Leserinnen und Leser interessant sind. Sie müssen von etwas Besonderem berichten, von Ereignissen, die ungewöhnlich sind, zum Beispiel: *Der Oberbürgermeister unserer Stadt besucht unsere Schule.*

Das Ereignis, von dem berichtet wird, sollte wichtig sein, sodass die Leser etwas daraus lernen können, zum Beispiel: *Schülerinnen und Schüler unterstützen mit einer Hilfsaktion eine Schule in Indien.*

Nachrichten können von ernsten, aber auch von vergnüglichen Ereignissen berichten, zum Beispiel: *Lehrer Hinz verschießt zwei Elfmeter im Fußballspiel Lehrer gegen Schüler.*

Folgende Regeln gelten für das Schreiben einer Nachricht:

- Sie bezieht sich auf ein aktuelles Ereignis.
- Der Text muss auf folgende W-Fragen Antwort geben: Wer? Wann? Wo? Was? Wie?
- Er muss gut verständlich geschrieben sein.
- Er darf nur Informationen enthalten, keine persönlichen Meinungen.
- Die wichtigste Information muss bereits im ersten Satz stehen. Es folgt die zweitwichtigste usw.

Ereignis	Ja, das taugt zur Nachricht.	Nein, das taugt nicht.
1. Klasse 6a startet Aktion zur Verschönerung ihres Klassenraumes		
2. Lehrerehepaar Müller gewinnt Stadtmeisterschaft im Tanzwettbewerb		
3. Schuldirektorin lädt die Schülersprecher zu einer Gesprächsrunde ein		
4. Klasse 7d legt auf einem Ausflug 100 Kilometer mit dem Bus zurück		
5. Fünftklässler verbringen eine spannende Lesenacht in der Schule		
6. Hausmeister Schmidt schimpft lauthals über den Dreck in den Schulfluren		
7. Schülervertretung startet Hilfsaktion für Not leidende Kinder		
8. Lehrer Meyer gibt in der 6c Klassenarbeit zurück		
9. Schülerinnen und Schüler der 6d stellen Plakate zum Umweltschutz im Schulgebäude aus		
10. Lehrerin Schrader berichtet über ihre Studienreise nach Indien		
11. Schwertfische im Klassenaquarium sorgen für Nachwuchs		
12. Klasse 6b organisiert Hausaufgabendienst für kranke Klassenkameraden		

Euer Auftrag:
Hier könnt ihr beraten, welche Ereignisse aus dem Schulleben zur Nachricht taugen. Das geht am besten in Gruppenarbeit.
Besprecht dazu die folgenden Fragen:

1. Welche der Ereignisse aus der Liste eignen sich zum Schreiben einer interessanten Nachricht? Welche nicht? Entscheidet gemeinsam.
2. Welche weiteren Themen aus eurer Klasse oder eurer Schule sind so interessant, dass sich eine Nachricht darüber lohnt? Überlegt, beratet und entwickelt möglichst mehrere Themenvorschläge.

3 Weltweit Kontakte knüpfen mit Medien
Wir planen eine Präsentation mithilfe des PCs

A An einem Freitag in der 6c

Die Klassenlehrerin Frau Starkmut wirft Laptop und Beamer an und zeigt den Schülerinnen und Schülern ihrer Klasse eine E-Mail, die sie von einer Schulklasse in Japan erhalten hat, und dazu eine angehängte Internetpräsentation. Nachdem die Mail von allen gelesen wurde, schaut man sich sehr interessiert die angefügte Präsentation an, welche die japanischen Kinder in Form von Folien gestaltet haben.

Danach überlegen die Klasse und Frau Starkmut gemeinsam, wie man auf den Brief und die Präsentation reagieren sollte.

- Wie hättet ihr am liebsten reagiert?

Liebe Schülerinnen und Schüler,

wir sind die Klasse 6 der Shogakko-Primary-Scool in Kyoto, Japan. Wir möchten sehr gerne mehr darüber erfahren, wie gleichaltrige Schülerinnen und Schüler in Deutschland leben. Aus diesem Grund haben wir folgende herzliche Bitte an euch. Könnt ihr uns Informationen übermitteln?

Wir sind sehr interessiert an Informationen über eure Schule und über das Schulsystem in Deutschland. Wir möchten auch gerne mehr darüber erfahren, wie Kinder und Jugendliche in Deutschland leben. Könnt ihr uns berichten, wie es in eurer Stadt und in eurem Land aussieht?

Wir haben für euch eine Präsentation über uns und unser Land zusammengestellt und als Datei an diese E-Mail angehängt. Wir werden sehr glücklich sein, wenn ihr uns auch eine kleine Zeitung zusenden könntet.

Wir bedanken uns sehr herzlich im Voraus bei euch und wünschen euch immer Glück und ein langes Leben.

B Die Präsentation einer Schulklasse aus einem anderen Land

Nach und nach schauen sich die Schülerinnen und Schüler der Klasse 6c die folgende Computerpräsentation an:

1 Unsere Präsentation für unsere Freunde in Deutschland

2 Schulsystem

- Kindergarten und Kinderkrippen für fast alle Kinder
- von 6 – 12 Besuch der sechsjährigen Grundschule; sie heißt *Shogakko*
- von 13 – 15 drei Jahre *Chuakko* = Mittelschule

Prüfung

- von 16 – 18 drei Jahre Oberschule = *Kotogakko*

3 Die japanische Flagge

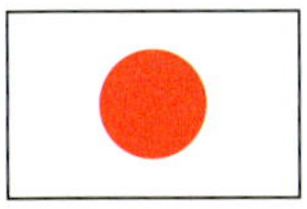

- Roter Punkt auf weißem Grund = Symbol einer Sonnenscheibe
- Japan ist das Land der aufgehenden Sonne.

4 Freizeit

- Schule dauert immer bis zum späten Nachmittag,
- viele haben Nachhilfeunterricht bis abends,
- es gibt kaum Freizeit in der Woche,
- Sport und Musik sind sehr beliebt.

5 Infos über unser Land

- Japan besteht aus vielen Inseln.
- Einwohner: etwa 127 Millionen
- Fläche: 378 000 km^2
- Hauptstadt = Tokio, etwa 28 Millionen Einwohner
- Staatsoberhaupt ist der Tenno. Das ist der Kaiser.
- Unser Land ist demokratisch mit einem gewählten Parlament.

Sehenswürdigkeiten

6

Die größte Natursehenswürdigkeit ist der Berg Fuji. Er ist ein Vulkan und 3 776 Meter hoch.

1. Hat Japan mehr oder weniger Einwohner als Deutschland und mehr oder weniger Fläche? Finde es so schnell wie möglich heraus.

2. Welche Informationen aus dieser Präsentation sind für dich neu und interessant?

3. Welche Gliederungspunkte würdet ihr für eine Computerpräsentation für eine Schulklasse in einem anderen Land wählen? Entwickelt Vorschläge. (Das geht auch zu zweit.)

Eine Internetpräsentation gestalten

Thema: Unsere Klasse, unser Land

Worum geht es?

Stellt euch vor, ihr möchtet eine Präsentation erstellen, in der ihr eure Klasse und euer Land anderen Kindern in einer anderen Schule irgendwo auf der Welt vorstellt. Das Internet bietet euch die Möglichkeit dazu.

Wie macht man das?

1. Wählt die Empfänger aus.

Ihr könnt überlegen, ob der Empfänger eurer Präsentation eine Partnerschule oder eine andere Schulklasse sein soll. Auch Eltern, Freunde und Bekannte kommen als Empfänger infrage. Sicherlich werden viele an eurer Präsentation interessiert sein.

2. Verständigt euch über die Themen eurer Präsentation.

Was soll in eurer Präsentation stehen? Ihr könnt zum Beispiel eure Klasse vorstellen, eure Schule, Hobbys, Freizeit, besondere Feste, Sehenswürdigkeiten in eurer Umgebung, Informationen über euer Bundesland, über Deutschland und anderes mehr. Verständigt euch über die Themen.

3. Einigt euch auf die Form.

Die japanischen Schüler haben die Form einer PowerPoint-Präsentation gewählt, um sich über das Internet zu präsentieren. Mit diesem Programm kann man Folien gestalten. Für eure Präsentation könnt ihr das gleiche oder ein ähnliches Programm verwenden.

Dabei solltet ihr darauf achten, dass alle Folien eine einheitliche Form haben. Die Form der Präsentationsgestaltung nennt man auch Layout.

4. Teilt die Arbeit auf.

Dazu könnt ihr Partnerschaften bilden. Die einen nehmen sich das Thema Schule vor, die anderen das Thema Hobbys, wieder andere stellen Informationen über die eigene Stadt, das Bundesland oder über Deutschland zusammen. Die Lernpartner können gemeinsam am Computer arbeiten und für die Präsentation jeweils eine oder zwei Folien gestalten.

5. Fügt die Einzelergebnisse zusammen.

Wenn alle Folien fertig sind, müssen sie zu einer Gesamtpräsentation zusammengestellt werden.

Das können einige wenige Schüler oder auch der Lehrer übernehmen.

6. Betrachtet und überarbeitet eure Gesamtpräsentation.

Schaut euch gemeinsam eure Präsentation an. Überlegt dabei, wie sie auf andere Kinder wirken wird. Überarbeitet die Folien noch einmal, bevor ihr sie versendet.

Worauf ihr noch achten solltet:

Denkt daran, dass Menschen eure Internetpräsentation anschauen werden, die ihr gar nicht persönlich kennt. Stellt daher nur Informationen zur Verfügung, die jeder wissen darf und die nicht zu privat sind.

Umgang mit Medien

Station 1

S M U H

Medien: Chancen nutzen, Gefahren vermeiden

1. Worin siehst du die Vorzüge, die das Internet dem Nutzer bietet? Formuliere möglichst mehrere.
2. Welchen Gefahren kann man deiner Ansicht nach ausgesetzt sein? Formuliere zwei.

Station 2

S M U H

Wer klug sein will, muss sich informieren können

Hier müssen jeweils zwei Satzteile so zusammengefügt werden, dass sich daraus wichtige Merksätze ergeben.

1. Ein Nachrichtentext ist …
2. Einen Nachrichtentext zu analysieren bedeutet, dass …
3. In Zeitungsnachrichten …
4. Unter dem Layout versteht man …

A … steht die wichtigste Information immer am Anfang.

B … ein informierender Text, der Informationen enthält, die für viele Menschen interessant sind.

C … die formale Seitengestaltung einer Zeitung.

D … man die unterschiedlichen Informationen darin mithilfe von W-Fragen ermittelt.

Station 3

S M U H

Weltweit Kontakte knüpfen mit Medien

Wenn man in der Klasse eine Internetpräsentation für eine andere Schulklasse irgendwo auf der Welt vorbereitet, sollte man Schritt für Schritt vorgehen. Schreibe die Schritte so untereinander, dass sich eine sinnvolle Reihenfolge ergibt.

Themen auswählen **Nr. ?**

die Präsentation versenden **Nr. ?**

Empfänger auswählen **Nr. ?**

die fertige Präsentation überarbeiten **Nr. ?**

sich über die Form der Präsentation verständigen **Nr. ?**

Einzelergebnisse zusammenfügen **Nr. ?**

die Arbeit auf Teams verteilen **Nr. ?**

10 Umweltschutz als Zukunftsaufgabe

Wir üben umweltfreundliches Verhalten

1. Allein nachdenken

Welche Gedanken zum Thema Umweltschutz löst das Foto auf dieser Doppelseite in dir aus?

2. Zu zweit beraten

Wir müssen die Umwelt schützen, weil …
Denkt euch mehrere Fortsetzungen für diesen Satz aus.

3. In der Klasse sammeln

Was kann jeder Einzelne zum Umweltschutz beitragen?

Im Verlauf dieses Kapitels könnt ihr …

- **erläutern, was man unter einem vorsorgenden und nachhaltigen Umweltschutz versteht,**
- **Zusammenhänge zwischen Treibhauseffekt, Klimaerwärmung und Klimaschutz darstellen,**
- **darüber diskutieren, ob in der Gemeinde Puststadt weitere Windkraftanlagen gebaut werden sollen,**
- **am Beispiel Umgang mit Wasser Tipps zum Umweltschutz im Alltag erstellen.**

Eigene Schwerpunkte könnt ihr setzen, indem ihr …

- **eigene Plakate und Wandzeitungen zum Thema Umweltschutz gestaltet,**
- **einen Vortrag zum Thema Stromversorgung und erneuerbare Energie vorbereitet,**
- **eine Umfrage zum Thema Umweltschutz durchführt und anderes mehr.**

Detektivaufgabe für das ganze Kapitel:
Wo lebt Kora?

1 Ist Umweltschutz „uncool"?

Wir erläutern, was unser Verhalten mit der Umwelt zu tun hat

A Der Fall: Auf dem Weg zur Umwelt-AG

Joy und Tarik warten auf den Beginn der Umwelt-AG, als Rahel zu ihnen stößt … Lest den Dialog mit verteilten Rollen.

1. Joy, Rahel und Tarik berichten von negativen und von positiven Erfahrungen. Welche nennen sie?

2. Joy meint, dass manche Schülerinnen und Schüler Umweltschutz für uncool halten. Glaubt ihr das auch? Tauscht eure Erfahrungen dazu aus.

3. Für wie wichtig hältst du es, dass man sich in der Schule mit dem Thema Umweltschutz beschäftigt? (A) Das ist sehr wichtig. (B) Es ist einigermaßen wichtig. (C) Es gibt wichtigere Themen. Entscheide dich und begründe deine Ansicht.

INFO S M U H

B Umweltschutz

1. Erkläre, was man unter Umweltschutz und dem Prinzip der Vorsorge versteht.
2. Warum sind Klimaschutz und Nachhaltigkeit besonders wichtig? Erläutere die Zusammenhänge.
3. Ist Umweltschutz überlebenswichtig? Formuliere dazu deine Stellungnahme, in der du auch Probleme nennst, die zu lösen sind.

Teil 1: Wir und die Umwelt

Reine Luft, sauberes Wasser, fruchtbare Böden: Das sind die natürlichen Lebensgrundlagen, die Menschen, Tiere und Pflanzen brauchen, um gesund leben zu können. Um diesen Zustand zu erreichen, brauchen wir den Umweltschutz.* Man versteht darunter alle Handlungen, die dem Ziel dienen, die natürlichen Lebensgrundlagen zu erhalten oder wiederherzustellen.

Umwelt: Das ist die Welt, die dich umgibt. Du wirst dein ganzes Leben darin verbringen und deshalb wird es dir wahrscheinlich nicht egal sein, ob diese Umwelt krank oder gesund ist.

Unser Alltag hat eine direkte Wirkung auf die Umwelt. Ob wir Papier einfach wegwerfen oder in der Papiertonne entsorgen, ob wir Plastiktüten benutzen und wegwerfen oder nicht, darüber entscheidet jeder Einzelne eigenverantwortlich tagtäglich selbst.

Wer durch überlegtes Handeln vermeidet, dass neue Umweltprobleme entstehen, handelt vorsorglich. Das Prinzip der Vorsorge ist ein wichtiger Schlüssel zum Umgang mit der Umwelt. Dieses Prinzip muss leitend sein beim Bau von Häusern, Fabriken und der Herstellung von Wirtschaftsgütern wie auch bei Maßnahmen, über welche die Politik in Sachen Umweltschutz entscheidet.

Es sollte auch ein leitendes Prinzip für den Umweltschutz durch jeden Einzelnen sein.

*Zu den Begriffen Umweltschutz und Nachhaltigkeit findest du weitere Informationen im Glossar.

Teil 2: Klimaschutz und Nachhaltigkeit

Der Schutz des Klimas gilt aktuell als die größte Herausforderung für den Umweltschutz. Andere Probleme – wie das Abholzen des tropischen Regenwaldes, die Zunahme der Stürme und der Trockenheit, das Ansteigen des Meeresspiegels und das Aussterben vieler Tierarten – stehen in einem direkten Zusammenhang mit diesem übergeordneten Superproblem.

Wenn das Klima wärmer wird, schmelzen die Gletscher und die Polkappen, steigt der Meeresspiegel an, trocknen anderswo Böden aus und so weiter. Klimaerwärmung führt zu einer Kettenreaktion ständig neu auftretender Folgeprobleme.

Ohne Eingriffe in die Natur kann der Mensch nicht leben. Um Möbelstücke zu bauen, müssen Bäume gefällt werden. Die Frage ist: Wie viele Bäume darf man fällen? Bei der Beantwortung gilt das Prinzip (= die grundlegende Regel) der Nachhaltigkeit. Es bedeutet, dass weltweit nicht mehr Bäume gefällt werden dürfen, als nachwachsen können. Einigkeit besteht mittlerweile darin, dass dieses Prinzip der Nachhaltigkeit für alle Bereiche des Umweltschutzes gelten muss. Alle Handlungen sind so durchzuführen, dass die Natur nicht geschädigt wird und das Leben zukünftiger Generationen auf der Erde geschützt ist.

AKTIV LERNEN

S M U H

C Was hat das mit Umweltschutz zu tun?

Wenn Ella ihr Zimmer verlässt, schaltet sie seit einiger Zeit ihren Tischcomputer immer aus. Ist sie für längere Zeit außer Haus, zieht sie alle Stecker raus. Mit der neuen Steckerleiste, an die mehrere technische Geräte angeschlossen sind, genügt dafür ein einziger Knopfdruck. Wenn alle es wie Ella machen, kann man zwei große Kraftwerke in Deutschland sparen.

In Familie Meierlink haben sich die Eltern, die Tochter und der Sohn darauf geeinigt, keine Plastiktüten mehr zu verwenden. Alle haben ihren eigenen Stoffbeutel, den sie zum Einkaufen oder zum Einpacken von Turnschuhen benutzen. Im Durchschnitt verwendete 2015 noch jeder Mensch in Deutschland 76 Plastiktüten und warf sie nach Gebrauch weg.

Emilian hat sich als Schreibtischlampe eine der neuen LED-Leuchten gewünscht. Seine Eltern haben erst mit dem Kauf gezögert, weil sie teurer ist als eine Lampe mit einer Energiesparlampe. Emilian hat ihnen erklärt, dass moderne LED-Leuchten noch weniger Energie benötigen als die herkömmlichen Sparlampen. Sie strahlen auch weniger Wärme ab, verbrauchen nur ein Viertel des Stromes, halten um Jahre länger und enthalten im Unterschied zu Sparglühbirnen kein giftiges Quecksilber.

Jeden Samstag hat Herr Schmidtmann sein Auto auf dem eigenen Grundstück vor seiner Garage gewaschen, schön mit warmem Seifenwasser und Kunstwachspflege, und sein Sohn Max musste ihm dabei helfen. Nachdem Herr Schmidtmann erfahren hat, dass in einer modernen Waschanlage das Schmutzwasser in einem geschlossenen Kreislaufsystem direkt recycelt wird (also wieder aufbereitet), lässt er dort waschen, und zwar nicht mehr jede Woche, sondern nur noch, wenn das Auto es wirklich nötig hat. Nicht nur sein Sohn Max ist froh über seine neue Einstellung.

Bei den folgenden Maßnahmen sollt ihr überlegen, worin die positiven Auswirkungen auf die Umwelt bestehen.

Euer Auftrag:

1. Bildet Partnerschaften oder Gruppen.
2. Vereinbart eine Zeit zur Bearbeitung (zum Beispiel 20 Minuten).
3. Bearbeitet ruhig und konzentriert so viele Beispiele, wie ihr in der vorgegebenen Zeit schafft.
4. Drei Fragen sollen für jedes der vier Beispiele beantwortet werden:

Welche positiven Auswirkungen kann diese Maßnahme haben

a für den Verbrauch von Energie (zum Beispiel Strom)?

b für den Verbrauch von Rohstoffen (die gebraucht werden, um Wirtschaftsgüter herzustellen)?

c für den Schutz des Klimas (zum Beispiel durch geringere Abgabe von Wärme oder Belastungen durch Schadstoffe)?

2 Problem Klimawandel: Warum hat die Erde Fieber?
Sachtexte verstehen und bewerten

A Der Fall: Die Koralle Kora und die globale Erwärmung

Kora ist ein Polyp. Kora und ihre vielen Geschwister bilden gemeinsam eine Koralle. Die Koralle ist sozusagen ihr Haus, in dem sie wohnen. Mehrere dieser Korallenfamilien bilden dann ein Korallenriff. Kora lebt im Meer direkt vor der Küste von Samoa. Koras bester Freund heißt Bodo. Bodo ist ein Büschelbarsch.

Büschelbarsche werden auch oft Korallenwächter genannt, weil sie sich so gerne in der Nähe von Korallen aufhalten.

In letzter Zeit beschäftigt Kora etwas Besonderes und sie nimmt sich vor, Bodo heute danach zu fragen, wenn er bei ihr vorbeischaut. Ihr ist nämlich aufgefallen, dass es um sie herum immer mehr graue und farblose Korallen gibt. Das beunruhigt Kora sehr. Sie zerbricht sich den Kopf darüber, woran es bloß liegen könnte, dass die Korallen grau werden. Endlich taucht Bodo auf und Kora teilt ihm sogleich ihre Vermutung mit und fragt besorgt, ob ihre Koralle wohl auch bald ihre Farbe verlieren wird. Doch Bodo schüttelt traurig den Kopf. Und Kora erfährt, dass die farblosen Korallen krank geworden und gestorben sind und deshalb alle ihre leuchtenden Farben verloren haben.

„Doch was hat sie denn bloß krank gemacht?", fragt Kora traurig. Und Bodo berichtet davon, wie empfindlich Korallen sind. „Sie vertragen nur wenig von der UV-Strahlung der Sonne. Das ist die Strahlung, von der Menschen einen Sonnenbrand bekommen. Und viel Wärme vertragen sie auch nicht. Doch das Wasser in den Meeren wird immer wärmer. Das liegt an der globalen Erwärmung."

Von dieser globalen Erwärmung hat Kora noch nie gehört, also erklärt Bodo es ihr: „Die Menschen verbrauchen sehr viel Energie, z.B. durch den Strom, den sie für das Licht oder zum Kochen benutzen. Durch den Energieverbrauch der Menschen wird das Gas CO_2 produziert. Das CO_2 sorgt dafür, dass ein Teil der Sonnenstrahlung, die die Erde erwärmt, nicht wieder zurück in den Weltraum geht. Das hat dazu geführt, dass es auf der Erde immer wärmer wird."

(Gekürzt aus: Nadja Tietjen: Kora und die Korallen, in: Acht Graf Ost, Klimahaus Bremerhaven Nr. 1, 2010, S. 22 f.)

So ein Korallenriff ist ein kompliziertes Gebilde. Es besteht aus vielen Tausend Korallentieren, die zu den Polypen gehören (= Vielfüßer). Sie scheiden Kalk aus, woraus nach und nach die Korallenriffe entstehen. Korallenriffe liegen meist in Küstennähe und bilden dort eine Art Schutzwall vor Stürmen. Schmutziges und zu warmes Wasser zerstört sie.

1. Welche Ursachen für das Absterben der Korallen werden in dieser erfundenen Geschichte genannt? Nenne sie.

2. In der Geschichte taucht der Begriff „globale Erwärmung" auf. Sammelt in der Klasse, was ihr bereits darüber wisst.

Was auch noch interessant sein kann:

- mehr über Korallenriffe und deren Gefährdungen erfahren – vielfältige Informationen dazu findet ihr im Internet unter www. planet-wissen.de

Detektivmethode: Schwierige Texte lesen

Thema: Umweltproblem Klimawandel

Worum geht es?

Beim Thema Umweltschutz und bei vielen anderen Themen im Fach Politik und Wirtschaft werdet ihr es des Öfteren mit Sachtexten zu tun haben, die auf den ersten Blick eher schwierig zu verstehen sind. Das Lesen und Verstehen solcher Texte kann zu einer spannenden Angelegenheit werden, vorausgesetzt, man geht Schritt für Schritt nach einem System vor.
Dabei hilft dir die Detektivmethode. Du übernimmst die Rolle des Detektivs. Der Text ist der Fall, der gelöst werden muss.

Wie macht man das?

In dieser Einheit könnt ihr die Detektivmethode auf drei Sachtexte anwenden, in denen es um das Thema Klimawandel geht. Ihr geht dazu in fünf Schritten vor:

1. Du findest heraus, worum es in dem von dir gewählten Text geht

Der Detektiv verschafft sich einen ersten Eindruck.

Dazu schaust du dir den Text in Ruhe an und wanderst mit den Augen über die Zeilen. Achte dabei auf Zwischenüberschriften und Begriffe, die dir ins Auge springen. Schreibe dann in einem oder zwei Sätzen auf, worum es in diesem Text geht.

2. Du überlegst, was du über das Thema wissen willst

Der Detektiv macht sich nun ein Bild von dem, wonach er suchen muss und was ihn an diesem Thema besonders interessiert.

Überlege, was du schon über das Thema weißt. Notiere dir eine oder zwei Fragen, auf die du von dem Text eine Antwort erhalten möchtest.

3. Du teilst den Text in Abschnitte ein

Ein Detektiv muss Ordnung schaffen, sonst kann ihm der Durchblick nicht gelingen.

Die meisten Texte lassen sich in Abschnitte untergliedern. Was in einem Abschnitt steht, gehört zusammen. Zähle die Abschnitte. Fasse ihren Inhalt zusammen. Gib jedem Abschnitt eine Überschrift.

4. Du findest die Besonderheiten des Textes heraus

Ein guter Detektiv kann seinen Fall aber nur dann erfolgreich lösen, wenn er den Dingen auf den Grund geht. Er nimmt seine Lupe heraus und schaut ganz genau hin.

Die Lupe ist in dem Fall ein Stift, mit dem du wichtige Begriffe und Textaussagen markierst. Schlüsselbegriffe sind meist Hauptwörter, die für das Verständnis des Textes von besonderer Bedeutung sind.
Nach diesem Schritt kannst du den Text abschnittsweise zusammenfassen.
Beachte: Zum Markieren müssen Texte aus Schulbüchern kopiert werden. Unterstreiche sparsam.

5. Du klärst auf, was dir noch rätselhaft geblieben ist

Sollte sich jetzt herausstellen, dass du wichtige Begriffe noch nicht verstanden hast, dann musst du recherchieren. Das tust du, indem du im Lexikon die Bedeutung unbekannter Wörter nachschlägst. Du kannst aber auch jemanden um Rat fragen. Wenn du die unbekannten Begriffe auch noch geklärt hast, ist der Fall so gut wie gelöst. Jetzt kannst du mit eigenen Worten zusammenfassen, was du mithilfe dieses Textes herausgefunden hast.

B Treibhauseffekt – Klimaerwärmung – Klimaschutz: Wie hängt das zusammen?

So bearbeitest du deinen Text mithilfe der Detektivmethode:

1. „Davon handelt mein Text: …“ – Notiere es in einem oder in zwei Sätzen.
2. „Mich interessiert besonders an diesem Thema: …“ – Formuliere eine Frage.
3. „Der Text besteht aus folgenden Abschnitten mit folgenden Inhalten: …“ – Gliedere und fasse zusammen.
4. „Wichtige Schlüsselbegriffe und Formulierungen sind: ...“ – Schreibe sie auf. (Markiere sie, wenn du mit einer Kopie arbeitest.)
5. „Folgende Fremdwörter müssen geklärt werden, um den Text richtig zu verstehen: …“ – Erfrage sie oder suche selbst nach Erklärungen.

Auf den folgenden Seiten findet ihr drei Sachtexte, die sich mit Ursachen und Folgen des weltweiten Klimawandels beschäftigen. Zur Bearbeitung könnt ihr einen, zwei oder alle drei auswählen.
Ihr könnt auch in Dreiergruppen arbeiten und entweder alle den gleichen Text lesen oder sie arbeitsteilig auf die Gruppenmitglieder aufteilen.
Um die Texte zu verstehen und ihre Bedeutung bewerten zu können, solltet ihr die Detektivmethode anwenden.

Text 1: Treibhauseffekt und Klimawandel

„Treibhauseffekt*“ ist die Bezeichnung, die bestimmte Vorgänge in unserer Atmosphäre beschreibt. Und tatsächlich erinnern diese Vorgänge an die Treibhäuser von Gärtnereien. Dort soll ja auch ein wärmeres Klima geschaffen werden, damit die Pflanzen gut gedeihen. Aus diesem Vergleich kann man sich vielleicht denken, dass der Treibhauseffekt auf der Erde im Grunde nichts Schlechtes ist. Nur wir Menschen beeinflussen ihn so, dass er verstärkt wird. Es ist so, als würde der Gärtner in seinem Treibhaus die Temperatur mal eben höher drehen, obwohl er weiß, dass seine Blumen das nicht vertragen.

Den Treibhauseffekt kann man sich wie eine große Wolke vorstellen. Sie besteht aus Treibhausgasen und wirkt wie die Scheiben eines Glashauses.

Der „gute“ Treibhauseffekt ist der, der von der Wissenschaft auch „natürlicher Treibhauseffekt“ genannt wird. Er wird deshalb als natürlich betrachtet, weil hier keine von Menschen verursachten Probleme einwirken. Der natürliche Treibhauseffekt funktioniert so: Bei Tag lässt die Atmosphäre die kurzwellige Sonnenstrahlung fast ungehindert durchdringen. Die Erdoberfläche wird dadurch erwärmt. Die jetzt erwärmte Erde strahlt nun, ähnlich wie eine Rotlichtlampe, diese Wärme wieder in Richtung Weltraum ab. Ein Teil davon wird aber von bestimmten Luftbestandteilen in der Atmosphäre eingefangen und festgehalten. Man nennt das „absorbieren“. So wird die Abstrahlung in den Weltraum behindert. Diese festgehaltene Wärme sorgt jetzt dafür, dass sich die Lufthülle unserer Erde erwärmt. Und die wärmere Luft wärmt natürlich noch zusätzlich zur Sonne. Die Luftbestandteile, die die Wärme absorbieren können, sind gasförmig und werden deshalb „Treibhausgase“ oder „klimarelevante Spurengase“ genannt. Dazu gehören beispielsweise Wasserdampf, Kohlendioxid, Methan, Lachgas und Ozon.

*Zum Begriff Treibhauseffekt findest du weitere Informationen im Glossar.

Die Menschen haben in den letzten 150 Jahren durch viele Aktivitäten dafür gesorgt, dass sich die Anzahl der Treibhausgase in der Atmosphäre etwa verdoppelt hat. Diese zusätzlichen Spurengase haben den natürlichen Treibhauseffekt, der für uns lebenswichtig ist, verstärkt. Durch diesen verstärkten – oder besser – zusätzlichen, menschengemachten Treibhauseffekt erhöht sich langsam die Temperatur unserer Lufthülle. [...] Diese zusätzliche Erwärmung wird von Treibhausgasen verursacht, die aufgrund der Industrialisierung, der massenhaften Verbreitung des Autos und dem zunehmenden Komfort, den wir zu Hause genießen, auftreten. Schließlich werden Wohnräume im Winter geheizt und jeder hat Unmengen von elektrischen Geräten. Und dieser Ausstoß hat sich erheblich erhöht. Dadurch kommt es zu einer menschengemachten, zusätzlichen Erwärmung.

(Aus: Der Treibhauseffekt – Unser Leben Im Treibhaus, in: www.kinderwelt.org; gefördert vom Bundesministerium für Gesundheit und soziale Sicherung; Zugriff: 13.03.2016)

Eisbären leiden unter dem Abschmelzen des Polareises.

Text 2: Klimawandel und Tierschutz

Der Klimawandel, der mit der Verbrennung fossiler Energieträger einhergeht, wirkt sich bereits auf viele Tiere und Pflanzen in vielfältiger Weise aus [...]

Den Eisbären in der Arktis macht bereits seit mehreren Jahren die tauende, schmelzende und dünnere Eisdecke zu schaffen, was ihnen die Jagd und Futtersuche zunehmend erschwert.

Große Bartenwale wie der Blauwal, das größte Lebewesen der Erde, müssen längere Strecken zwischen ihren Futterplätzen in wärmeren Gewässern und ihren Brutplätzen in kühleren Teilen des Meeres bewältigen. Krill, die Hauptnahrungsquelle von Walen, ist infolge der Erwärmung und Versauerung der Ozeane durch den Klimawandel und die Zunahme von Kohlendioxid in der Meeresumwelt rückläufig.

Viele Zugvögel, die bei ihren Marathonreisen auf Feuchtgebiete und Seen für Nahrung und Rast angewiesen sind, müssen mit immer knapperen Süßwasserressourcen auskommen. Schuld daran sind die Trockenlegung von Feuchtgebieten zu landwirtschaftlichen Zwecken, die Ansprüche einer wachsenden Bevölkerung sowie anhaltende und extreme Wetterereignisse infolge des Klimawandels.

Und es trifft nicht nur die Vögel: Die größte Wanderung der Welt – so genannt, weil sie die einzige ist, die vom Weltraum aus sichtbar ist – mit Tausenden von Gnus und anderen Tieren über die afrikanischen Serengeti-Ebenen könnte bald der Vergangenheit angehören. Unsere Generation könnte die letzte sein, die dies erlebt, da der Klimawandel zunehmend schwere Dürren über dem Horn von Afrika verursacht. [...]

Die Menschheit hat wenig Zeit, um dies zu korrigieren. [...] Die Treibhausgasemissionen in der Atmosphäre, die sich auf dem höchsten Stand seit 800 000 Jahren befinden, müssen so weit verringert werden, dass wir um die Mitte dieses Jahrhunderts alle in einer kohlenstoffneutralen Welt leben.

(Aus: Chrlstiana Figueres und Bradnee Chambers: Artenschutz im Klimawandel, Frankfurter Allgemeine Zeitung vom 3.3.2014; gekürzt)

Text 3: Klimaschutz und Politik

„Es gibt keinen Planet B!" Mit diesen Worten forderten besorgte Menschen die in Paris versammelten Politiker dazu auf, globale Lösungen zum Klimaschutz zu finden.

Paris, 12. Dezember 2015:
Nach zweiwöchigen Verhandlungen haben sich nahezu alle Staaten der Welt auf einen historischen Klimaschutz-Vertrag geeinigt.

Das verbindliche Abkommen wurde von Umweltschützern überwiegend positiv aufgenommen. [...] UN-Generalsekretär Ban Ki Moon sprach von einem „monumentalen Erfolg für die Völker des Planeten". [...] Auch viele Umweltschützer werteten den Vertrag als „starkes Signal" zur Abkehr von den fossilen Energien. Sie hätten sich aber konkretere Verpflichtungen für die einzelnen Staaten und noch mehr Unterstützung für Entwicklungsländer gewünscht. Christoph Bals von Germanwatch meinte: „Dass sich alle auf einen Pfad zum Ausstieg aus Kohle, Öl und Gas begeben, bedeutet einen Wendepunkt in der Klimageschichte."

[...]

Rund zwei Wochen dauerte die Klimakonferenz in Paris. 195 Staaten waren beteiligt und einigten sich auf einen gemeinsamen Vertrag. Doch was genau ist der Inhalt? Was soll erreicht werden? Und vor allem: Wie? Zentrales Ziel der 195 Länder ist es, die durch Treibhausgase verursachte Erderwärmung auf deutlich unter 2 Grad Celsius zu begrenzen – und wenn möglich sogar auf 1,5 Grad. Allerdings werden die nationalen Klimaziele weiterhin von den einzelnen Ländern selbst festgelegt.

[...]

Anders als bisher ist der Abbau von Treibhausgasen künftig Aufgabe aller Staaten und nicht nur der Industrieländer. Laut Vertrag soll der Ausstoß von Treibhausgasen möglichst bald sinken. In der zweiten Hälfte des Jahrhunderts sollen dann nicht mehr Treibhausgase ausgestoßen werden, als an anderer Stelle absorbiert werden können – zum Beispiel durch Neuanpflanzung von Wäldern.

Umweltministerin Hendricks betonte, die Vertragsstaaten müssten ab 2020 alle fünf Jahre neue Klimaschutzpläne vorlegen, „die so ambitioniert wie irgend möglich sein müssen". Außerdem müsse jedes Land über seine Emissionen berichten, „damit die Fortschritte nicht nur auf dem Papier stehen, sondern auch der Realität entsprechen".

(Meldung der Deutschen Presseagentur dpa vom 14.12.2015, in: www.ruhrnachrichten.de; Zugriff: 13.03.2016)

1. Finde Erklärungen für die Schlüsselbegriffe aus deinem Text:
Text 1: Treibhauseffekt, Treibhausgase
Text 2: fossiler Energieträger, Treibhausgasemissionen
Text 3: Klimaschutz, absorbiert, ambitioniert

2. Stelle den von dir bearbeiteten Text vor. Orientiere dich dabei an der Gliederung im Kasten.

3. Bewertet die vorgestellten Texte anhand der folgenden Kriterien: Was hat er uns an neuem Wissen gebracht? Wie wichtig ist er für unsere Bildung? Können wir ihn anderen zum Lesen empfehlen? Ja, weil ... Nein, weil ...

Was auch noch Interessant sein kann:

- Arbeitsaufträge formulieren: Den Texten 1, 2 und 3 fehlen die Arbeitsaufträge, die ihr üblicherweise unter den Materialien findet. In der Gruppe könnt ihr je einen leichten und einen etwas kniffligeren Arbeitsauftrag zu jedem der Texte formulieren.

3 Wie wichtig ist der sorgsame Umgang mit Energie? Diskutieren über Ökostrom und Windkraft

Wenn ihr diese Einheit bearbeitet, könnt ihr erklären, was man unter Energie versteht und wie man umweltfreundlich damit umgeht. Den folgenden Fall könnt ihr mit verteilten Rollen lesen.

A Der Fall: Soll Familie Muster auf Ökostrom umstellen?

Zur Familie Muster gehören die Eltern Paula und Peer, die sechsjährige Tochter Ella und der 12-jährige Sohn Lars. Als Lars aus der Schule kommt, hat er überraschende Neuigkeiten:

LARS: In unserer Umwelt-AG haben wir über Energie gesprochen. Jetzt denke ich, wir sollten bei uns zu Hause auf Ökostrom umstellen und den Stromanbieter wechseln.

ELLA: Ökostrom: Was ist das denn?

VATER PEER: Das ist Strom, der aus erneuerbaren Energien gewonnen wird, also aus Sonne, Wind oder Wasser.

MUTTER PAULA: Wie kommst du auf die Idee, dass wir umstellen sollen? Du hast dich doch bisher noch nie um den Stromverbrauch hier zu Hause gekümmert.

LARS: Aber jetzt bin ich eben klüger. Von dem Strom, den wir zurzeit kaufen, muss ich annehmen, dass er aus einem Kohle- oder Gaskraftwerk kommt und damit umweltschädlich ist.

ELLA: Wieso kaufen wir denn Strom? Es kostet doch nichts, wenn Papa den Stecker einsteckt und den Fernseher einschaltet.

MUTTER PAULA: Aber sicher kostet das was. Du merkst das bloß nicht. Wir bekommen jeden Monat eine Rechnung und dafür, dass wir die bezahlen, liefert uns eine Firma Strom. Letztes Jahr haben wir insgesamt mehr als tausend Euro für Strom bezahlt.

VATER PEER: Und damit sind wir bei dem Problem mit dem Ökostrom. Wenn wir jetzt den Anbieter wechseln, müssen wir wahrscheinlich noch mehr bezahlen. Außerdem habe ich wenig Zeit und Lust, mich um das alles zu kümmern.

LARS: Wir können aber damit unseren Kohlendioxidausstoß senken und unseren ganz persönlichen Beitrag zum Klimaschutz leisten. Das ist doch eine prima Sache. Klar, noch ist dieser Strom ein bisschen teurer. Ich habe aber gelesen, dass ein Teil der Einnahmen in erneuerbare Energien investiert wird.

MUTTER PAULA: Wir müssen leider mit jedem Cent rechnen. Du kannst aber auch selbst etwas tun, was nichts kostet: Energie sparen! Gestern Abend hast du das Licht im Bad einfach wieder brennen lassen.

VATER PEER: Wir können uns ja eine Abmachung überlegen. Du, Lars, verzichtest im nächsten Jahr auf eine Taschengelderhöhung und ich kümmere mich um einen neuen Anbieter für Ökostrom.

ELLA: Ihr redet immer von Energie und von Ökostrom. Was sind das eigentlich für Sachen?

LARS: Das erkläre ich dir später.

1. Würdest du an der Stelle von Lars die Abmachung akzeptieren? Wenn ja, warum? Wenn nein, warum nicht? Sprecht gemeinsam darüber.

Tipp: Ella fragt, was Energie und was Ökostrom ist. Lies den folgenden Text und formuliere dann deine Antwort.

B Ella will es wissen: Energie und Ökostrom – Was bedeutet das?

Stromfresser im Haushalt

Von allen Elektrogeräten im privaten Haushalt verbrauchen diese den meisten Strom:

12,9 %	Computer, Zubehör, WLAN
11,9	Fernsehen, Audiogeräte
11,9	Durchlauferhitzer, Boiler
10,4	Kühlschrank
9,7	Beleuchtung
9,0	Herd, Wasserkocher
6,6	Wäschetrockner
6,0	Umwälzpumpe
5,1	Geschirrspüler
4,9	Waschmaschine
4,5	Gefrierschrank
7,1	Sonstige

auf Basis von stat. Erhebungen 2011
Quelle: EnergieAgenturNRW
dpa•18933

Energie

Alle sprechen von Energie. Schokoriegel sollen verbrauchte Energie zurückbringen, ein vitaler Mensch ist ein Energiebündel, Lehrer und Eltern nehmen sich immer wieder vor, energisch einzugreifen. Wissenschaftler beschäftigen sich mit Hochenergiephysik, Politiker diskutieren über Sonnen-, Wind- und Kernenergie. Aber selbst Fachleuten fällt es schwer, zu sagen, was Energie eigentlich ist.

Man kommt der Wahrheit sehr nahe, wenn man Energie als gespeicherte Arbeit oder die Fähigkeit, Arbeit zu leisten, bezeichnet. Energie ist also nötig, um etwas in Bewegung zu setzen, zu erwärmen oder zu beleuchten.

Ohne energiereiche Nahrung ist kein Leben möglich, ohne Energiezufuhr fährt kein Auto und die Heizung bleibt kalt. [...]

Es gibt verschiedene Energieformen: Ein fahrendes Auto hat Bewegungsenergie; in einem gedehnten Gummiband steckt Spannungsenergie; in Batterien ist elektrische Energie gespeichert; Sonnenstrahlen transportieren Lichtenergie; aus Heizöl gewinnt man Wärmeenergie.

Energiemessung

Längen kann man in Metern oder Zentimetern messen, Zeiten in Sekunden oder Jahren. Auch für Energiemengen gibt es solche Maßeinheiten. Die bekannteste und am häufigsten benutzte ist die Kilowattstunde (kWh). Zum Beispiel wird der „Stromverbrauch“ jedes Haushalts in Kilowattstunden angegeben.

(Aus: Erich Übelacker: WAS IST WAS, Energie, Tessloff Verlag, Nürnberg 2010, S. 4 f.)

Ökostrom

Was ist Ökostrom und worin unterscheidet er sich von herkömmlichem Strom? Grundsätzlich gilt: Der Strom aus der Steckdose hat immer die gleiche Qualität – egal, ob öko oder nicht.

Der entscheidende Unterschied liegt in der Herstellung: Der normale Strom wird in Atomkraftwerken oder mit fossilen Brennstoffen wie Erdgas oder Kohle hergestellt. Ökostrom hingegen wird aus erneuerbaren Quellen wie Wind, Sonne, Biomasse, Wasser und Erdwärme gewonnen. [...]

Erneuerbare Energien wie Wind und Sonne stehen unbegrenzt und klimafreundlich zur Verfügung. Verbraucher, die auf grünen Strom umsteigen, senken somit den Kohlendioxidausstoß und helfen, die gefährliche Erderwärmung zu bremsen. Bis heute wurden in Deutschland durch den Einsatz von Windturbinen, Solaranlagen und Co. bereits fast 150 Millionen Tonnen Kohlendioxid eingespart.

Das entspricht etwa der Menge, die sämtliche Fahrzeuge hierzulande pro Jahr ausstoßen.

(Aus: Sascha Renzig: Ökostrom – nicht ohne Tücken, Artikel vom 15.02.2006, in: www.planet-wissen.de; Zugriff: 13.03.2016)

1. Welche Definition von Energie entdeckst du in diesem Text und welcher Unterschied zwischen Ökostrom und herkömmlichem Strom wird darin genannt? Fasse die Textaussagen zusammen.
2. Erkläre einem sechsjährigen Kind anhand deiner Zusammenfassung, was Energie ist und was die Vorteile von Ökostrom sind. Übt die Erklärung zu zweit ein.
3. Energie und Klimaerwärmung: Erläutere, worin zwischen diesen beiden Dingen der Zusammenhang besteht.

C Welche Chancen hat die umweltfreundliche Energiewende?

Erneuerbare und fossile Energien

Es gibt verschiedene Arten von Energien. Erneuerbare Energien sind Energien, die es unendlich gibt und sich immer wieder erneuern. Hierzu gehören zum Beispiel Sonnenenergie, Windenergie und Wasserkraft. Das Gegenteil von den erneuerbaren Energien sind die fossilen Energien. Diese werden durch die Verbrennung von fossilen Brennstoffen wie Kohle, Erdgas und Erdöl gewonnen. Von diesen fossilen Brennstoffen gibt es nicht unendlich viel auf der Erde und sie brauchen Millionen von Jahren, um sich zu regenerieren, das heißt sich zu erneuern.
Die Umstellung von fossilen Energien und Atomenergien auf erneuerbare Energien nennt man Energiewende.

Klimawandel und Klimawende

Um den Klimawandel zu stoppen, ist es schon zu spät, aber wir können versuchen, die Folgen möglichst gering zu halten. Das geht zum Beispiel, indem wir möglichst wenig Treibhausgase wie Kohlenstoffdioxid (CO_2) und Methan (CH_4) in die Luft pusten. Bei der Energieerzeugung mit Kohle oder Öl entsteht viel von diesen Treibhausgasen, die schlecht für die Umwelt sind. [...]

Sonne, Wasser, Wind

Es gibt verschiedene erneuerbare Energiequellen:

- Solarenergie/Photovoltaik oder einfach Sonnenenergie: Hier wird das Licht der Sonne, das auf eine Solarplatte auftrifft, mit einer bestimmten Technik in elektrische Energie, also Strom oder Wärme, umgewandelt. Oft befinden sich diese Solarzellen auf Dächern oder auf Wiesen.
- Wasserkraft: Hier wird die Bewegung des fließenden Wassers in elektrische Energie (Strom) umgewandelt. Dies geschieht beispielsweise durch eine Wassermühle an einem Fluss oder wenn das in einem Stausee gespeicherte Wasser beim Abfließen Wasserräder in Bewegung setzt.
- Windenergie: Hier werden die Flügel von Windrädern und -mühlen vom Wind bewegt und diese Bewegung wird dann in elektrische Energie (Strom) umgewandelt.

Was jeder Einzelne tun kann

Jeder kann zur Energiewende beitragen, auch du! Mit Energiesparen im Haushalt trägst du ganz einfach zur Energiewende bei. Energie sparst du zum Beispiel, indem du das Licht nur anschaltest, wenn es auch wirklich benötigt wird, den Computer ausschaltest und nicht auf Standby lässt, wenn er nicht benutzt wird, und Energiesparlampen statt normalen Glühbirnen benutzt. Außerdem kannst du deine Eltern fragen, ob sie zu einem Stromanbieter wechseln können, der Ökostrom, also Strom aus erneuerbaren Energien, anbietet. Vielleicht lohnt es sich sogar, auf das Dach eures Hauses Solarzellen zu montieren.

(Aus: Die Energiewende erklärt, in: www.jbn.de; Jugendorganisation Bund Naturschutz, Zwischenüberschriften eingefügt; Autorenkürzel Anna; die Autorin dieses Beitrages ist 15 Jahre alt, Zugriff: 13.03.2016; Text gekürzt)

1. Erneuerbare und fossile Energien. Erkläre den Unterschied.

2. Die Autorin schreibt: „Wir können versuchen, die Folgen (des Klimawandels) möglichst gering zu halten." Sucht gemeinsam nach Ideen, wie das erreicht werden kann. (Denkt dabei an jeden Einzelnen und auch daran, was Wirtschaft und Politik tun können.)

Was auch noch interessant sein kann:

- Plakate oder Wandzeitungen gestalten zum Thema: Was kann jeder Einzelne tun? Sammelt Energiespartipps; recherchiert dazu auch im Internet.

S M U H

D Wir diskutieren: Sollen in der Gemeinde Puststadt noch mehr Windkraftanlagen gebaut werden?

Puststadt ist eine kleine Stadt im Tal, die von Hügeln umgeben ist. Auf einem dieser Hügel befinden sich bereits fünf große Windkraftanlagen. Der von ihnen produzierte Strom reicht aus, um etwa 2 500 Haushalte der Stadt zu versorgen, vorausgesetzt, der Wind weht. Nun plant die Stadt, auf dem gleichen Hügel noch zwei weitere Windkraftanlagen zu errichten. Für diese Pläne gibt es viele Befürworter in der Gemeinde, aber auch zahlreiche Gegner. Welchen Standpunkt vertrittst du?

So argumentieren die Gegner und Befürworter

Nein, bitte keine neuen Windräder!

Die Hügelseite zur Stadt hin, auf dem die Windräder errichtet werden sollen, ist auch ein Wohngebiet in Puststadt. Mehrere Anwohner beklagen sich schon jetzt über den Lärm, der durch die sich drehenden fünf Windräder verursacht wird. Sie sagen, dass sie den Bau weiterer Anlagen wegen des Lärms nicht mehr verkraften können. Außerdem zerstören ihrer Ansicht nach die vielen Anlagen das Landschaftsbild. Mediziner haben nachgewiesen, dass der Lärm von Windrädern gesundheitsgefährdend sein kann, wenn diese zu nahe an Wohngebieten errichtet werden.

Ja, zum Schutz von Umwelt und Klima!

Wind ist kostenlos und unbegrenzt vorhanden. Strom aus Windenergie ist absolut umweltfreundlich und führt zu keinerlei Schadstoffbelastung in der Luft. Die Errichtung der beiden neuen Windkraftanlagen hat für die Gemeinde Puststadt den Vorteil, dass sie weniger Strom aus dem Kohlekraftwerk beziehen muss, das in der Nähe der Stadt liegt. Die Befürworter sagen, dass die Gemeinde mit der Ausweitung der Windkraft einen wichtigen Beitrag zum Schutz des Klimas leisten kann. Man müsse eben, so gut es geht, für einen Mindestabstand zum Wohngebiet sorgen.

1. Nenne die Gründe, welche die Gegner und die Befürworter verwenden.
2. Welche Möglichkeiten für einen Kompromiss siehst du? Entwickele eine Idee.
3. Stellt euch vor, ihr befändet euch in einer Einwohnerversammlung in Puststadt und seid aufgefordert, eure Position im Streit vorzutragen. Bereitet euch vor und diskutiert miteinander.

Was auch noch interessant sein kann:

- einen Expertenvortrag vorbereiten: Wie entsteht aus Wind Strom? Stelle dir vor, du sollst als Expertin oder Experte die Einwohnerversammlung in Puststadt darüber informieren. (Lesetipp: Erich Übelacker: Was ist was? Energie, Tessloff Verlag 2012)

4 Wasser – wertvoller als Gold?
Vorschläge erarbeiten zum umweltschonenden Umgang mit Wasser

Eine Einstiegsübung für alle
Was erzählt dir dieses Foto über die Bedeutung des Wassers für das Leben auf der Erde? Notiere deine Gedanken und tausche dich mit deinen Tischnachbarn darüber aus.

A Ein zu knapper Rohstoff

Wasser ist für dich im Alltag sicherlich kein problematisches Thema. Du drehst den Wasserhahn auf und schon strömt es, klar und in ständig kontrollierter, hervorragender Qualität. In weiten Teilen der Welt ist Wasser jedoch ein zu knapper Rohstoff. Viele Menschen in den Ländern auf der Südhälfte der Erde haben keinen ausreichenden Zugang dazu. Die Zahl der Kinder, die weltweit wegen fehlender Hygiene oder Nahrung sterben müssen, ist zwar in den vergangenen Jahren nach und nach zurückgegangen. Jedoch droht der Klimawandel, die bisherigen Erfolge zu vernichten. Während in manchen Ländern Stürme und Überschwemmungen zunehmen, bleibt in anderen der Regen aus und es nehmen Trockenheit und Dürren zu. Weitaus das meiste Wasser auf der Erde ist Salzwasser. Wer es trinkt, muss sterben. Nur ein kleiner Teil der gesamten Wasservorräte auf der Erde sind trinkbares Süßwasser. Es zu schützen und zu bewahren ist einer der besonders wichtigen Aufgaben des Umweltschutzes.

1. Warum sollte niemand Wasser unnötig verschwenden oder verschmutzen? Tauscht eure Gedanken dazu aus.

Was auch noch interessant sein kann:
- Hintergründe erforschen: „Händewaschen mit Seife und sauberem Wasser kann Leben retten!“ So lautete eine Schlagzeile der Weltgesundheitsorganisation. Warum ist das so und was bedeutet es für Kinder in Afrika? Finde es mit einer Internetrecherche heraus.

B Wassersparen in Deutschland: ein Problem mit zwei Seiten

Jeder Mensch in Deutschland verbraucht am Tag im Durchschnitt 121 Liter Wasser. Das ist knapp eine Badewanne voll und hört sich sehr viel an. Allerdings sind die Deutschen Weltmeister im Wassersparen. Sie verbrauchen weitaus weniger Wasser als zum Beispiel die Bewohner Frankreichs (156 Liter) oder der USA (295 Liter).

Vorteile des Wassersparens

Manch einer denkt, dass Wasser ein kostenloses Gut ist. Für das Leitungswasser in den Haushalten stimmt diese Annahme aber nicht. Da ist es eine Ware, die bezahlt werden muss. Familien sparen Geld, wenn alle Beteiligten sparsam damit umgehen. Außerdem sollte man ein Produkt nicht verschwenden, das lebensnotwendig ist. Die Umwelt wird geschont, wenn in Familien möglichst wenig warmes Wasser aus den Leitungen fließt. So senkt man die Energiekosten und leistet einen Beitrag zum Klimaschutz. Besonders wichtig ist es, Wasser möglichst wenig zu verschmutzen. Öle, Lacke und andere giftige Substanzen sind stets den Vorschriften entsprechend zu entsorgen.

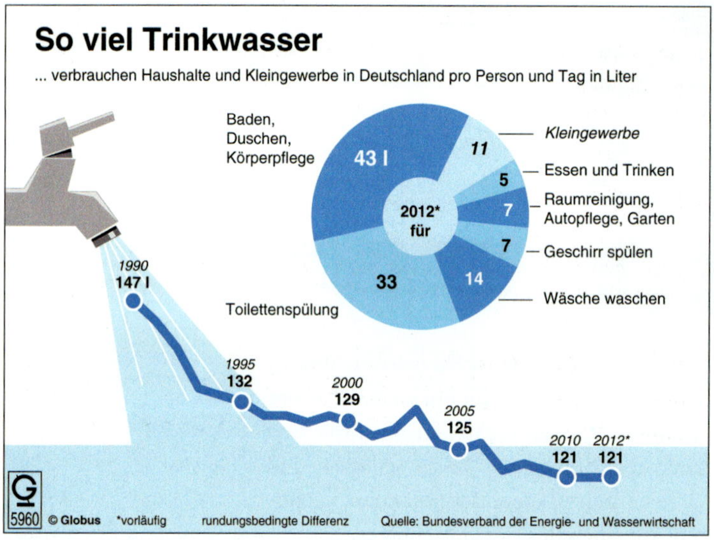

1. Sieh dir das Schaubild an und beschreibe: Wie hat sich der tägliche Wasserverbrauch in Deutschland von 1990 an nach und nach entwickelt? Wofür wird in Haushalten das meiste Wasser verwendet?

2. Leitungswasser zu sparen hat hierzulande Vor- und Nachteile. Stellt sie einander gegenüber.

3. Formuliert Tipps für einen vernünftigen Umgang mit Leitungswasser, die ihr anderen Schülern zur Verfügung stellen könnt. Beachtet dazu die Vorschläge auf der folgenden Seite.

Probleme

Wassersparen in Deutschland bringt auch Probleme mit sich. Die unterirdischen Abwasserleitungen sind für einen großen Wasserverbrauch ausgelegt. Tatsächlich fließt aber zunehmend weniger Wasser hindurch. So sinkt der Wasserspiegel in den Leitungen und es vermindert sich die Fließgeschwindigkeit. Die Temperatur steigt an mit der Folge, dass Krankheitserreger sich vermehren. Auch rosten die Wasserrohre, wenn sie trockenliegen. Wasserleitungssysteme müssen immer wieder mit sauberem Trinkwasser durchgespült werden, um die negativen Folgen zu verhindern. Damit heben sich die Vorteile des Wassersparens auf.
Du kannst also beruhigt Hände waschen, Zähne putzen und eine Dusche nehmen.

Virtuelles Wasser

Bei der Erzeugung von Nahrungsmitteln und anderen Gütern wird Wasser verwendet, das man dem fertigen Produkt nicht ansehen kann. Das ist zum Beispiel das Wasser, das man zum Bewässern und zum Waschen von Obst verwendet, bevor es verkauft wird. Wissenschaftler sprechen hier von *virtuellem Wasser*. Um zum Beispiel ein Kilogramm Tomaten im Süden Spaniens herzustellen, braucht man zur künstlichen Bewässerung 85 Liter Wasser, in einem Treibhaus in Holland dagegen nur 10 Liter. Die Menge an verbrauchtem *virtuellem Wasser* hat nichts mit der Tomate an sich zu tun, sondern mit der Region, in der sie erzeugt wurde. Da Deutschland ein regenreiches Land ist, ist der Bedarf an Wasser beim Obstanbau meist geringer als bei Obst aus regenarmen Ländern.

AKTIV LERNEN

S M U H

C Umweltschutz im Alltag: Wie können wir verantwortungsbewusst mit Wasser umgehen?

Vorsicht!!! Von den Vorschlägen für den Umgang mit Trinkwasser in unserem Alltag sind mehrere nicht nachahmenswert.
Ihr sollt die guten Tipps herausfinden und eine Liste mit Vorschlägen erarbeiten. Das geht besonders gut zu zweit oder in kleinen Gruppen.

1. „Jeder von uns muss darauf achten, Wasser so wenig wie möglich zu verschmutzen. Man darf zum Beispiel niemals Öl oder Tinte ins Wasser gießen."
2. „Druckerpatronen und andere Abfälle müssen immer in die dafür vorgesehenen Behälter entsorgt werden, weil sonst das Gift, das sie enthalten, in den Wasserkreislauf gelangen kann."
3. „Man soll sich nicht mehr waschen und nicht mehr die Zähne putzen. Das spart Wasser und trägt zum Umweltschutz bei."
4. „Wir sollten unseren Eltern raten, möglichst einheimisches Obst zu kaufen. Weil es hier öfter regnet, enthält es viel weniger virtuelles Wasser als Obst, das aus Trockengebieten zu uns kommt."
5. „Wir sollten möglichst selten sauberes Leitungswasser trinken, damit es nicht verschwendet wird."
6. „Äpfel und Birnen sollte man nur kaufen, wenn sie aus fernen Ländern kommen, in denen es weniger regnet als in Deutschland. So schont man das einheimische Wasser."
7. „Beim Zähneputzen oder Waschen drehen wir den Hahn zwischendurch immer zu. So spart man Geld und verschwendet nichts."
8. „Es ist besser, warmes Wasser aus der Leitung laufen zu lassen als kaltes. Weil es schon vorgewärmt ist, spart man so die Energie zum Aufheizen."
9. „Wasser ist lebenswichtig und kostbar. Wir sollten es niemals verschwenden und bei allem, was wir tun, auf einen respektvollen und sparsamen Umgang damit achten."
10. „Man darf nichts in die Schultoiletten hineinwerfen und runterspülen, was da nicht hineingehört."

Euer Auftrag:

1. Sucht die Vorschläge heraus, die falsch sind, und begründet, warum sie unvernünftig sind.
2. Welchen Vorschlag zum verantwortungsbewussten Umgang mit Wasser haltet ihr für den wichtigsten, welchen für den zweitwichtigsten usw.? Erstellt eine Liste mit den „Top-5-Wassertipps".

Was auch noch interessant sein kann:

- ein Bild oder ein Plakat entwerfen zum Thema: „Wasser – wertvoller als Gold!"

5 Wie können Schülerinnen und Schüler zum Umweltschutz beitragen?

Wir planen eine Umfrage

A Drei Beispiele

Schülerinnen und Schüler in Herford bei der Umgestaltung ihres Schulhofes

Beispiel 1: Spielgeräte, Klettergerüste, Ruhezonen. In der Ernst Barlach-Realschule in Herford haben Schülerinnen und Schüler mit Unterstützung des Lehrerkollegiums und der Eltern ihre Vorstellungen von einem grünen Schulhof verwirklicht. Vorausgegangen waren eine Umfrage unter Schülern und eine Ideenwerkstatt, in der Schüler, Eltern und Lehrer ihre Ideen und Vorstellungen von einem Schulhof als Lebensraum und vom Umweltschutz in der eigenen Schule einbringen konnten. Viele Schüler seien mit Begeisterung bei dem Projekt dabei, betonten die projektbegleitenden Lehrerinnen und Lehrer gegenüber der örtlichen Tageszeitung.

Beispiel 2: Das Carolus-Magnus-Gymnasium in Übach-Palenberg gilt seit vielen Jahren als Vorreiter für den Umweltschutz an der eigenen Schule. Unter anderem wird hier jährlich ein Wettbewerb veranstaltet, bei dem die am schönsten gestaltete und sauberste Klasse als Sieger hervorgeht. Auch Schülerinnen und Schüler der Klasse 5 gingen schon als Sieger aus diesem Wettbewerb hervor.

Beispiel 3: In der städtischen Gesamtschule in Rostock führten Schülerinnen und Schüler im Rahmen der SV ein für die eigene Schule passendes Konzept zur Mülltrennung ein. Nachdem sie sich selbst über die Problematik der Müllentsorgung informiert hatten, führten sie eine Umfrage an der Schule durch. Darin wollten sie zum Beispiel erfahren, wie groß die Bereitschaft der Schüler ist, an der Müllvermeidung und Mülltrennung mitzuarbeiten. Sie stellten fest, dass es am besten ist, wenn neben den großen Tonnen zur Mülltrennung an mehreren Stellen im Gebäude auch kleine Sammelbehälter aufgestellt werden. In einem Flyer informierten sie ihre Mitschülerinnen und Mitschüler über die Bedeutung des Umweltschutzes.

Die Projektideen wurden der Homepage www.das-macht-schule.net entnommen.

1. Welche Ideen zum Thema Umweltschutz kann man dieser Seite entnehmen? Nenne sie.
2. Welche davon sind deiner Ansicht nach leicht zu verwirklichen und welche nur mit Schwierigkeiten oder großem Aufwand? Unterscheide.
3. Welche Maßnahmen zum Umweltschutz an der eigenen Schule sind euch bekannt? Sprecht darüber in der Klasse.

Was auch noch interessant sein kann:

- sich über weitere Projekte informieren: Beispiele findest du dazu auf der Homepage www.das-macht-schule.de; wer vorhat, eine Umwelt-Arbeitsgemeinschaft an der Schule zu gründen, findet dort auch alle notwendigen Hilfen.

S M U H

B Umfrage: Umweltschutz an unserer Schule

Den Fragebogen auf dieser Seite solltet ihr zunächst einmal für euch selbst beantworten. Im Anschluss daran könnt ihr euch gemeinsam über die Ergebnisse austauschen. Ihr könnt auch Schülerinnen und Schüler aus anderen Klassen befragen.
Eine Umfrage unter möglichst vielen Schülerinnen und Schülern an eurer Schule führt natürlich zu noch aufschlussreicheren Ergebnissen. Wie man eine solche Umfrage organisiert und auswertet, erfahrt ihr in der Methodenkarte auf der Seite 136.

Zur Bearbeitung sollte der Fragebogen kopiert werden.

1. Mal ganz allgemein: Hältst du das Thema Umweltschutz für ein wichtiges Thema im Unterricht oder eher nicht?

☐ halte ich für wichtig
☐ halte ich für eher unwichtig

2. Für welche der folgenden Themen interessierst du dich (a) sehr, (b) wenig?

a b Ursachen und Folgen des Klimawandels
a b Entstehung und Wirkung des Treibhauseffektes
a b umweltschonende Energieversorgung
a b Bekämpfung des Wassermangels in Afrika und anderen Trockengebieten

3. Stören dich der Dreck und der Müll an unserer Schule?

☐ ja
☐ gelegentlich
☐ eigentlich nie

4. Was machst du mit dem Abfall vom Pausenfrühstück?

☐ wird sortiert und landet zum Beispiel in der gelben Tonne
☐ nehme ich mit nach Hause
☐ landet unsortiert im Restmüll
☐ lasse ich einfach fallen

5. Was sollte mit den Leuten geschehen, die ihren Abfall einfach auf den Boden werfen? Man sollte

☐ sie höflich bitten, damit aufzuhören.
☐ sie besser über Umweltschutz informieren.
☐ mindestens einen Tag lang zu einem Müllbeseitigungsdienst verpflichten.
Und was noch? ______________________

6. Hältst du eine Umwelt-AG an unserer Schule für eine sinnvolle Einrichtung?

☐ ja
☐ nein

7. Mit welchen Themen sollte sich eine Umwelt-AG an unserer Schule beschäftigen?

☐ Müllvermeidung in der Schule
☐ sparsamer Umgang mit Energie (Licht, Heizung, Wasserverbrauch)
☐ Verkehr
☐ Schulgarten
☐ Tierschutz
☐ Planung von Projekten zum Thema Umwelt

8. Würdest du in einer Umwelt-AG mitarbeiten?

☐ ja
☐ nein
☐ vielleicht

Dein Alter: ________ Jahre
Mädchen ☐ Junge ☐
Datum der Befragung: ________________

Umweltschutz als Zukunftsaufgabe

Station 1

S M U H

Ist Umweltschutz „uncool"?

Hier musst du einen Mitschüler davon überzeugen, dass er mit seinen Einstellungen falsch liegt. Schreibe zu jedem seiner Beiträge eine überzeugende Antwort.

Station 2

S M U H

Problem Klimawandel: Warum hat die Erde Fieber?

Für die Lösung der folgenden Fälle müsst ihr in die Rolle einer Detektivin oder eines Detektivs schlüpfen. Es gibt einen „normalen" Fall*, einen etwas kniffligeren** und einen besonders komplizierten***. Detektive können nicht alle Aufträge annehmen. Entscheide dich für einen der Fälle. Tipp: Detektive arbeiten oft zu zweit.

Fall 1* Kora, die Koralle, hat den Detektiv damit beauftragt, herauszufinden, warum so viele aus ihrer Art grau und krank werden. Der Detektiv liefert die Antwort.

Tipps zur Lösung des Falls: Temperaturanstieg, Klima

Fall 2* * Palau, der Eisbär, fordert den Detektiv dazu auf, den guten und den schlechten Treibhauseffekt zu finden und ihm zu erklären, was die beiden bewirken und was sie mit ihm zu tun haben.

Tipps zur Lösung des Falls: Lufthülle, Treibhausgase, Industrialisierung

Fall 3* * * Was geschah in Paris im Dezember 2015? Eine Gruppe interessierter Schülerinnen und Schüler fordert den Detektiv auf, das herauszufinden. Im Auftrag heißt es: „Finden Sie heraus, wer sich dort traf, mit welchem Ziel und was dabei herausgekommen ist."

Tipps zur Lösung des Falls: Vertrag, 1,5 – 2,0 Grad

Station 3

S M U H

Energie und Umwelt

Im Unterkapitel über Energie und Umwelt in diesem Buch kommt die sechsjährige Ella vor, die immer alles ganz genau wissen möchte. Beantworte ihre Fragen so verständlich wie möglich.

„Warum stehen eigentlich fünf Windräder auf dem Berg, den ich von meinem Zimmer aus sehen kann?"

„Was ist besser an Ökostrom als an dem Strom, den wir früher immer hatten?"

„Meine Eltern und mein Bruder Emilian reden seit Neuestem immer von Ökostrom. Was ist das eigentlich?"

Station 4

S M U H

Wasser – wertvoller als Gold?

Vorsicht! Hier hat jemand etwas nicht richtig verstanden und vier dicke Fehler in dem Text gemacht. Notiere, wie es richtig heißen muss.

Unser Wasser, das aus der Leitung fließt, wenn man den Hahn öffnet, kostet nichts. Es ist ja unbegrenzt vorhanden.
Die Deutschen sind Weltmeister bei der Verwendung von Wasser. Sie verbrauchen viel direktes Wasser und wenig virtuelles Wasser. Virtuelles Wasser ist Wasser, das nur in unserer Fantasie existiert.

Station 5

S M U H

Schule und Umweltschutz

Mit deinen Erfahrungen solltest du die folgende Schüleräußerung widerlegen können.

„Wenn in der Schule ein Konzept zur Mülltrennung oder sonst etwas für den Umweltschutz eingeführt werden soll, macht die Mehrheit der Schüler mit Sicherheit nicht mit!"

1. „Doch! Ich kann dir von einem Projekt berichten, in dem Schülerinnen und Schüler aktiv mitgemacht haben: …"
2. „Ich nenne dir mindestens zwei Ideen, was Schüler tun können: …"

Glossar

Was ist ein Glossar?

Ein Glossar soll dabei helfen, wichtige Schlüsselbegriffe zu klären. In dem Wort steckt das lateinische Wort Glossarium und das wiederum bedeutet Wortsammlung.
Ein Glossar ist eine Liste von Fachbegriffen mitsamt Erklärungen, die man zum Verständnis eines Buches oder anderer Texte braucht.
Das Glossar in diesem Buch solltest du immer dann aufschlagen, wenn dir auf einer Seite von TEAM ein Begriff begegnet, den du genauer geklärt haben möchtest.

Begriff	Erklärung	Diesen Begriff findest du in deinem Buch zum Beispiel auf den folgenden Seiten:
Bürgermeister	Eine Bürgermeisterin oder ein Bürgermeister ist Leiterin bzw. Leiter einer Gemeinde, ob haupt- oder ehrenamtlich hängt von der Größe der Gemeinde ab. Er oder sie vertritt die Gemeinde bei allen offiziellen Anlässen. In kreisfreien Städten heißt der Bürgermeister Oberbürgermeister. Bürgermeister führen den Vorsitz in den Gemeinde- und Stadträten. Ihre Rechte und Pflichten sind in den Gemeindeordnungen festgeschrieben, die von Bundesland zu Bundesland unterschiedlich sind. In den meisten Bundesländern werden die Bürgermeister von der wahlberechtigten Bevölkerung gewählt.	102
Bürgerinitiative	In einer Bürgerinitiative schließen sich Menschen zusammen, um ein ganz bestimmtes Ziel zu erreichen. Das kann zum Beispiel die Einrichtung eines Spielplatzes in einem Wohngebiet sein. Oft wehren sich Bürgerinitiativen auch gegen Maßnahmen, die von Politikern beschlossen wurden. Sie wollen zum Beispiel verhindern, dass ein Flughafen vergrößert wird oder dass eine neue Straße gebaut wird. Initiativ zu werden bedeutet, dass man etwas unternimmt. Oft lösen sich Bürgerinitiativen wieder auf, wenn sie ihr Ziel ganz oder teilweise erreicht haben.	110
Demokratie	Wörtlich übersetzt heißt das aus der griechischen Sprache stammende Wort „Herrschaft des Volkes". Für unsere moderne Zeit bedeutet Demokratie, dass alle Herrschaft im Staat vom Volk ausgeht. Das Volk wählt seine Vertreter in die Gemeinderäte, die Landtage und in den Bundestag. Weil diese Vertreterinnen und Vertreter das Volk repräsentieren, nennt man unsere Demokratie auch repräsentative Demokratie. Der wichtigste Wert in einer Demokratie ist, dass die Menschen frei sind und gleiche Rechte haben.	37, 49, 110
Disziplin	Disziplin ist die Voraussetzung dafür, dass man in einer Schulklasse oder in einer anderen Gruppe gut zusammenarbeiten und lernen kann. Schülerinnen und Schüler zeigen ein diszipliniertes Verhalten, wenn sie fähig und bereit sind, vereinbarte Regeln einzuhalten und wenn sie über die Einsicht verfügen, dass Regeln und Selbstbeherrschung nützlich für alle sind. Das Wort stammt aus der lateinischen Sprache.	20

Entwicklungsländer	So werden oft die Länder auf der Welt bezeichnet, in denen besonders große Armut herrscht. Fast acht von zehn Menschen auf der Erde leben in einem solchen Land. Einige Merkmale der Armut sind: Unterernährung, fehlende medizinische Versorgung, wenig Bildung für die Kinder, krasse Gegensätze zwischen Arm und Reich.	78
Familie	Die Familie ist die erste und die wichtigste Gruppe, in die ein Mensch hineingeboren wird. Niemand kann sie sich aussuchen. Ihre Form kann sehr unterschiedlich sein. Als Familien gelten alle Gemeinschaften, bei denen mindestens ein Elternteil mit einem oder mehreren Kindern in einem gemeinsamen Haushalt zusammenleben. Politik und Staat sind per Gesetz dazu verpflichtet, Familien zu schützen und zu unterstützen.	54, 56, 57, 66
Gemeinde	In der Politik verwendet man die Bezeichnung Gemeinde als Sammelbegriff, der vom Dorf bis zur Großstadt reichen kann. Eine Gemeinde hat das Recht, sich selbst zu verwalten und ihre Angelegenheiten selbst zu regeln. Gemeinden sind sogenannte Gebietskörperschaften. Das heißt, sie sind für ihr Gebiet mit bestimmten Aufgaben, Rechten, Pflichten und Einrichtungen ausgestattet. Für Gemeinden verwendet man auch den Begriff Kommunen.	93
Gesetze	Gesetze sind die aufgeschriebenen und vom Parlament verabschiedeten Regeln, an die alle Menschen in einem Staat sich halten müssen. Damit die Gesetze eingehalten werden, gibt es Strafen für die Nichtbeachtung. Auch der Staat und die Politikerinnen und die Politiker sind an die Einhaltung der Gesetze gebunden. Im Streitfall entscheiden die Gerichte frei und unabhängig im Rahmen der Gesetze.	18, 49
Globalisierung	Darin steckt das Wort global und das bedeutet weltumspannend. Gemeint ist, dass die Welt immer weiter zusammenwächst. Die Menschen treiben weltweiten Handel. Durch das Internet stehen immer mehr Menschen weltweit in Kontakt miteinander. Auch begreifen die Menschen zunehmend, dass die großen Probleme, wie zum Beispiel der Umweltschutz oder die Bekämpfung der Armut auf der Welt, in internationaler Zusammenarbeit gelöst werden müssen.	170
Internet	Auf Deutsch kann man Internet mit Verbundnetz übersetzen. Das Internet ist ein weltweiter elektronischer Verbund von vielen Millionen Computern. Vergleicht man es mit einem Netz, so ist jeder einzelne PC ein Knoten in diesem Netz. Das Verbundsystem ermöglicht es, Daten weltweit zu versenden und auszutauschen.	170
Kinderrechte	Man versteht darunter die Rechte, die den Kindern unabhängig von ihrer Herkunft, ihrem Geschlecht oder ihrem Glauben weltweit zustehen müssen. Im Jahr 1989 wurden diese Rechte in einer Erklärung der Vereinten Nationen in New York in 54 Artikeln aufgeschrieben und verkündet.	82, 83
Kommunalpolitik	Das ist die Politik, die in den Gemeinden gemacht wird, also in den Stadt- und Landgemeinden. Kommunal heißt, „die Gemeinde betreffend". Alle wahlberechtigten Bürgerinnen und Bürger können mitbestimmen, was politisch in ihrer Gemeinde geschehen soll, zum Beispiel, indem sie an den Wahlen zur Gemeindevertretung teilnehmen oder sich als Kandidat aufstellen lassen. Kinder und Jugendliche haben auch Mitwirkungsmöglichkeiten – zum Beispiel durch Kinder- und Jugendparlamente.	97

Konflikt	Das Wort bedeutet „Zusammenstoß“. Es bezeichnet eine Auseinandersetzung, die entsteht, wenn Menschen oder Gruppen aufeinandertreffen, die unterschiedliche Interessen vertreten. Die streitenden Parteien versuchen dann, mit Argumenten und mit Macht den Streit siegreich zu beenden. Oft gelten Konflikte als unvermeidlich, zum Beispiel wenn alljährlich die Vertreter der Arbeitgeber und Arbeitnehmer über die Höhe der Löhne streiten. In der Demokratie gilt der Konflikt nicht als etwas Schlechtes. Wichtig ist, dass die Konflikte mit friedlichen und fairen Mitteln zu einem vernünftigen Ausgleich gebracht werden.	62
Manipulation	Wörtlich übersetzt bedeutet der Begriff „geschickte Handhabung“. Man versteht darunter die Beeinflussung von Menschen, ohne dass diese es merken. Wer andere manipuliert, will sie zu einem ganz bestimmten Fühlen, Denken und Handeln verführen. Der Vorwurf der Manipulation wird oft gegenüber der Werbung erhoben, wenn diese mit raffinierten Mitteln versucht, die Menschen zum Kauf eines bestimmen Produktes zu verführen. Auch Zeitungen und Zeitschriften und die übrigen Massenmedien haben die Macht, Menschen zu manipulieren. Vor Manipulation schützen kann man sich, indem man lernt, die Tricks und Absichten zu durchschauen.	173
Mobbing	Mobbing ist eine schlimme Form von Gewalt, die leider auch häufig in der Schule vorkommt. Die Gewalt zeigt sich in andauernden feindseligen Handlungen, denen die Opfer oft schuldlos ausgeliefert sind. Mobbing kann bei den Opfern körperliche und seelische Krankheiten auslösen und in schlimmen Fällen sogar zur Selbstmordgefährdung führen. Die häufigste Form von Mobbing ist mitterlweile das Cyber-Mobbing, bei dem die Opfer über soziale Netzwerke fertiggemacht werden. Die Täter handeln oft aus Gedankenlosigkeit, Mitläufertum und weil sie selbst nicht zu Opfern werden wollen.	22, 24
Nachhaltigkeit	Der Begriff wurde aus der Forstwirtschaft übernommen und bedeutete ursprünglich, dass man nicht mehr Wald abholzen darf als nachwachsen kann. Heute wird der Begriff im Zusammenhang mit dem Schutz der Umwelt verwendet. Gemeint ist, dass die Menschen die Umwelt so zu schützen haben, dass auch die nachfolgenden Generationen noch in einer intakten Natur leben können.	188
Politik	Dieser Begriff leitet sich von dem griechischen Wort „Polis“ ab, das man mit „Gemeinschaft“ übersetzen kann. Heute verstehen wir darunter alle Aufgaben und Zukunftsprobleme, die gelöst werden müssen, damit die Menschen im Staat friedlich, frei und in Sicherheit miteinander leben können. Politik wird von einzelnen Personen, vor allem aber auch von Parteien, Bürgerinitiativen und Interessenverbänden gemacht. Zum Wesen demokratischer Politik gehört, dass die Vorstellungen über die Lösung der Zukunftsaufgaben sehr unterschiedlich sein können.	49, 96, 110
Schülervertretung (SV)	Durch die SV wirken die Schülerinnen und Schüler an der Gestaltung des Schullebens mit. Sie hat die Aufgabe, die Interessen der Schüler zu vertreten. Sie besteht aus den gewählten Sprecherinnen und Sprechern der Klassen- und Jahrgangsstufen und der Schülersprecherin/dem Schülersprecher (plus Stellvertreter). Eine wichtige Einrichtung zur Vertretung der Schülerinnen und Schüler ist der Schülerrat.	42, 44

Staat	Der Staat ist die Gesamtheit aller Bürgerinnen und Bürger, die zu einem Volk gehören. Wörtlich übersetzen kann man das Wort aus dem frühen Mittelalter mit „Lebensweise“. Man versteht darunter auch die Organisation, die die Menschen in der Gesellschaft sich gegeben haben, damit sie geregelt und friedlich miteinander leben können. Der Staat fordert von den Menschen, dass sie einen nicht unerheblichen Teil ihres Einkommens in Form von Steuern und Abgaben an ihn entrichten. Er verteilt dieses Geld dann wieder, zum Beispiel an Familien in Form von Kindergeld und zum Bau von Straßen, Schienen, Flugplätzen, Krankenhäusern, Schulen, für die Bundeswehr und für vieles andere mehr.	49, 66, 123
Steuern	Darunter versteht man die Abgaben, die die Bürger an den Staat zahlen müssen. Es besteht Steuerpflicht. Wer sie nicht bezahlt, macht sich strafbar. Mit den Steuern bestreitet der Staat seine Aufgaben. Diese Abgaben werden fällig, wenn man Lohn erhält, wenn man eine Erbschaft macht, wenn man Benzin tankt, wenn man etwas einkauft, wenn man in einem Restaurant isst und bei noch vielen weiteren Gelegenheiten. Viele schimpfen über die Steuern, aber alle wissen auch, dass der Staat ohne sie nicht funktionieren kann.	123, 138
Treibhauseffekt	Unter diesem Effekt versteht man, dass sich die Lufthülle, welche die Erde umgibt, allmählich aufwärmt und so zu einem Klimawandel auf der Erde führt. Verantwortlich dafür ist vor allem das in der Atmosphäre vorhandene Kohlendioxid (CO_2). Es wird durch Autoabgase, Industrieanlagen und Kraftwerke erzeugt. Die befürchteten Folgen des Klimawandels sind das Abschmelzen der Polkappen und die Ausbreitung der Wüsten. Die Menschen müssen den Ausstoß von CO_2 einschränken, damit es nicht zu den befürchteten negativen Folgen kommt.	192
Umweltschutz	Damit sind alle Maßnahmen gemeint, die dem Schutz des Bodens, des Wassers und der Luft dienen. Der Staat arbeitet an dieser Aufgabe, indem er schützende Gesetze beschließt. Fabriken müssen darauf achten, dass kein Dreck, keine Abgase und keine verschmutzten Abwässer in die Umwelt gelangen. Familien und einzelne Personen können ebenfalls ihren Beitrag dazu leisten, dass dieses wichtige Ziel erreicht wird.	123, 188
Werbung	In der Wirtschaft versteht man unter Werbung alle Maßnahmen, die zum Ziel haben, dass Leute ein Produkt kaufen oder eine Leistung in Anspruch nehmen, zum Beispiel, indem sie eine Versicherung abschließen oder eine Reise buchen. Man spricht auch von einer geschäftlichen Anpreisung. Werbung hat zum Ziel, die Menschen so zu beeinflussen, dass sie genau das tun, was die Firma von ihnen erwartet, die eine Ware zum Kauf anbietet. Das Ziel der Werbung ist erreicht, wenn die Menschen der Meinung sind, das angepriesene Produkt unbedingt besitzen zu müssen, und bereit sind, dafür Geld auszugeben.	153
Wirtschaft	Unter Wirtschaft versteht man die Gesamtheit aller menschlichen Tätigkeiten, die sich auf die Herstellung, den Transport und den Verbrauch von Waren und Dienstleistungen beziehen. Die Wirtschaft versorgt uns mit diesen Waren (z. B. Lebensmittel, Kleidung, Autos, Computer) und Dienstleistungen (z. B. ärztliche Versorgung, Haarpflege, Krankenpflege, öffentliche Verwaltungen). Geld spielt bei allen wirtschaftlichen Tätigkeiten eine große Rolle. Menschen müssen lernen, zu wirtschaften, weil sie einen großen Teil ihres Lebens mit wirtschaftlichen Tätigkeiten verbringen müssen.	123

Register

Bildquellenverzeichnis

© A1PIX/SAY: S. 181 r. – AP Photo/Richard Vogel: S. 78 – Astrofoto: S. 205 u. – © Auguste Viktoria Schule Itzehoe: S. 84 l. – © Foto Begsteier KEG/fotobegst: S. 55 (G) – Bundesministerium für Ernährung und Landwirtschaft: S. 163 r., 165 u.r. – © Ralf Butschkow: 143 o.l. – Foto: Bert Cacayaqn/terre des hommes: S. 74 o.l., 75 – Caro/Jandke: S. 122 u. – ddp images/dapd/Timur Emek: S. 92 u.r. – © die bildstelle/REX FEATURES LTD.: S. 193 – © Jeanette Dietl – Fotolia.com: S. 170 – © doble.d – Fotolia.com: S. 55 (D) – © doble.d/Getty Images: S. 134 – © Dorling Kindersley Verlag: S. 79 – © dubova – Fotolia.com: S. 56 u.l. – © edrzambrano – Fotolia.com: S. 146 – © EpicStockMedia – Fotolia.com: S. 55 (E) – Europäische Union: S. 131 – Fairtrade/TransFair: S. 163 l., 165 u.l. – F.A.Z.-Foto/Alard von Kittlitz: S. 129 – © Christine Fenzl: S. 22 – © Fotex/Rex Interstock: S. 138 – gaelj – Fotolia: S. 197 o. – © Ralf Gerard/JOKER: S. 55 (F) – © grafikplusfoto – Fotolia.com: S. 133 – Foto: Grosse-Oetringhaus/terre des hommes: S. 74 u.l., 77 – Walter Hanel: S. 111 – Foto: Dagmar Hojtzyk (Medienhaus Bauer): S. 99 – © jarrycz – Fotolia.com: S. 115 – © Keystone/DiAgentur: S. 55 (B) – Foto: Kiel-Steinkamp (Neue Westfälische): S. 202 – Foto: KiJuPa Recklinghausen: S. 98 o. – © klickerminth – Fotolia.com: S. 116 u. – Foto: Sebastian Konopka/FUNKE Foto Services: S. 95 – © Martin Leissl/VISUM: S. 4 u., 90 – © mariesacha – Fotolia.com: S. 5 m., 126 – © Til Mette: S. 168 – © Monkey Business – Fotolia.com: S. 55 (H), 195, 205 – Nummer gegen Kummer e.V.: S. 69 – Paul-Langrock/Zenit/laif: S. 197 u.r. – © Barbara Pheby – Fotolia.com: S. 152 – © Photographee.eu – Fotolia.com: S. 66 – © picture-alliance/dpa: S. 3 u., 23, 32, 82, 92 m.l., 96, 102, 104, 116 m., 123, 140, 148, 158, 159, 164, 177 l. – © picture-alliance/APA/picturedesk.com: S. 194 – © picture-alliance/Bildagentur-online/Begsteiger: S. 56 o.r., 174 – © picture-alliance/blickwinkel: S. 198 – © picture-alliance/chromorange: S. 27 u., 65 u., 120 u. – © picture-alliance/Denkou Images: S. 56 u.r. – © picture-alliance/Design Pics: S. 132 – © picture-alliance/dpa-infografik: S. 59, 196, 200 – © picture-alliance/dpa: S. 181 l., 190 – © picture-alliance/Romain Fellens: S. 188 – © picture-alliance/Ton Koene: S. 173, 199 – © picture-alliance/Helga Lade GmbH, Germany: S. 27 o. – © picture-alliance/landov: S. 124 – © picture-alliance/Frank May: S. 55 (I) – © picture-alliance/Paul Mayall: S. 162 – © picture-alliance/prisma: S. 151 – © picture-alliance/scanpix: S. 38 – © picture-alliance/schroewig: S. 178 – © picture-alliance/Science Photo Library: S. 56 o.l. – © picture-alliance/Eric A. Soder/OKAPIA: S. 176 r. – © picture-alliance/united-archives/mcphoto: S. 4 m., 72 – © picture-alliance/Westend61: S. 65 o. – © picture-alliance/WILDLIFE: S. 4 o., 52 – © picture-alliance/ZB: S. 5 o., 6 o., 80, 92 o.l.+r.+u.l., 112 o.l.+r.+u.r., 154, 166, 177 r. – © picture-alliance/ZUMA Press: S. 88, 176 l. – pixabay: S. 172 – © plainpicture/Fiets, B.: S. 55 (A) – privat: S. 98 u. – psdesign1 – Fotolia: S. 197 u.l. – Christian Schwier – Fotolia: S. 182 – © Stadt Bielefeld und Kidsville Redaktionsbüro: S. 4 u., 90, 103 – © .shock – Fotolia.com: S. 116 o. – © Manuel Tennert – Fotolia.com: S. 55 (C) – © UNICEF/44238/Getachew: S. 60 o. – © UNICEF/44232/Getachew: S. 60 u. – © UNICEF/DT2016-39852/Mignot: S. 61 – © UNICEF/DT2013-32328/Hyou Vielz: S. 84 o.r. – © UNICEF/DT2013-32327/Hyou Vielz: S. 84 u.r. – Foto: Chris Urban/terre des hommes: S. 74 r., 76 – © vario-press/Bernhard Classen: S. 130 – © vario images: S. 6 u., 184 – Verlagsarchiv Schöningh/Fotostudio Henke, Salzkotten: S. 18, 26, 28, 36, 44, 67 (beide), 92 m.r., 94, 112 u.l., 122 o., 136 (beide), 141, 203 – Verlagsarchiv Schöningh/Andreas Müller: S. 186f. (alle) – Verlagsarchiv Schöningh/Michael Vogdt: S. 3 o., 14, 48, 105, 142, 157 – Wikipedia: S. 120 o. – © wildworx – Fotolia.com: S. 5 u., 144 – © Wrangler – Fotolia.com: S. 147 – weitere: Verlagsarchiv Schöningh

Sollte trotz aller Bemühungen um korrekte Urheberangaben ein Irrtum unterlaufen sein, bitten wir darum, sich mit dem Verlag in Verbindung zu setzen, damit wir eventuell notwendige Korrekturen vornehmen können.

Lösungen zu den Kompetenzstationen

1. Meine Klasse und ich

Station 1: Regeln zum Verhalten vor dem Unterrichtsbeginn können sein: ruhig auf den Platz setzen; Schulbuch und Arbeitsheft auf den Tisch legen; auf den Lehrer warten. Regeln für das Verhalten gegenüber Klassenkameraden: niemandem Gewalt zufügen; sich nicht über andere lustig machen; nichts kaputt machen, was anderen gehört. Regeln für die Gesprächsführung im Unterricht: sich melden, bevor man etwas sagt; zuhören, wenn andere reden; keine abfälligen Bemerkungen machen.

Station 2: 1. Hier sollst du versuchen, dich in die Rolle eines Mobbingopfers hineinzuversetzen. Bedenke dabei, dass alle Mobbingopfer extrem leiden. Beschreibe deine Gefühle möglichst genau.
2. Beispiele: Regeln gegen Mobbing vereinbaren, sofort melden, wenn sich jemand gemobbt fühlt; bei keiner Mobbingaktion mitmachen; Mobber auffordern, sofort damit aufzuhören; Mobbingsituationen in der Klassenversammlung besprechen.

Station 3: Eine Gewinner-Gewinner-Lösung liegt vor, wenn alle mit der Streitlösung zufrieden sind und mit einem guten Gefühl auseinandergehen. Eine Gewinner-Verlierer-Lösung liegt vor, wenn es Sieger und Besiegte gibt und einer den gesamten Schaden hat. Eine Verlierer-Verlierer-Lösung liegt vor, wenn eine Freundschaft zerbricht und alle Streitenden geschädigt werden.

2. Leben in der Schulgemeinschaft

Station 1: 1. Frage: Der Klassensprecher vertritt die Interessen der Klasse, informiert die Klasse über wichtige Angelegenheiten der SV, führt die Beschlüsse der Klasse aus, bereitet die SV-Stunde vor. 2. Frage: Das aktive Wahlrecht bedeutet, dass man das Recht hat, wählen zu gehen. Das passive Wahlrecht bedeutet, dass man das Recht hat, gewählt zu werden. 3. Frage: Klassensprecher- und Stellvertreterwahl, Wahl des Schülersprechers durch den Schülerrat oder durch die gesamte Schülerschaft. 4. Frage: In der Demokratie hat nur das Volk das Recht, zu entscheiden, wer für eine gewisse Zeitspanne regieren darf. Dies ist nur durch eine Wahl möglich.

Station 2: Folgende Satzteile passen zusammen: 1b, 2a, 3d, 4f, 5e, 6c

Station 3: (1) Wahl durch den Schülerrat (A) und durch die gesamte Schülerschaft (B). (2) A: Eine Wahl durch alle ist ein sehr demokratisches Verfahren. B: Der Schülerrat kann besser beurteilen, welche Kandidatinnen bzw. Kandidaten geeignet sind.

Station 4: Zur Lösung dieser Aufgabe solltest du noch einmal die Seite 49 durchlesen. Zu den Begriffen lassen sich die folgenden Merksätze bilden:

Freie Wahlen	Sie sind das wichtigste Merkmal in einer Demokratie. Das Volk entscheidet, wer für eine begrenzte Zeit die politische Herrschaft übernimmt.
Meinungsfreiheit	In der Demokratie dürfen alle Menschen ihre eigene Meinung frei vertreten.
Mehrheitsprinzip	Gemacht wird, was eine Mehrheit für gut und richtig hält. (Minderheiten müssen geschützt werden.)
Gleichberechtigung	Frauen und Männer haben gleiche Rechte.

3. Zusammenleben in der Familie

Station 1: 1. Kaiser Friedrich II. wollte herausfinden, wie sich Kinder entwickeln, die von Geburt an so wenig Kontakt wie möglich haben und nicht von außen beeinflusst werden. Die Kinder wurden ihren Eltern weggenommen, Pflegerinnen säuberten und ernährten die Kinder, ohne mit ihnen zu sprechen. 2. Alle Kinder starben in den ersten Lebensjahren. 3. Ohne Zuwendung und Liebe und spürbaren Kontakt mit anderen Menschen kann ein Kind nicht überleben. 4. Familien sind sehr wichtig für die Entwicklung eines Kindes. Die Form oder die Größe der Familie spielt dabei kaum eine Rolle. Wichtig ist, dass ein Kind erwachsene Bezugspersonen hat, die es beschützen und denen es vertrauen kann.

Station 2:

Familie	Andere Lebensgemeinschaft
1, 2, 3, 4, 7, 8, 11, 12	5, 6, 9, 10

Station 3: 1. Kochen, Putzen, Wäsche waschen, Bügeln, Staubsaugen, Spülmaschine ein- und ausräumen, Müll entsorgen, Aufräumen

2.

Frau Schneider	Herr Schneider	Nico	Elena
Kochen	Putzen	Müll entsorgen	Staub-saugen
Bügeln	Wäsche waschen	Spülmaschi-ne ein- und ausräumen Aufräumen	Aufräumen

Station 4: Beide Aussagen sind falsch.

Zu A: Der Staat kann ohne Familien, in denen Kinder geboren werden, auf Dauer gar nicht existieren. Die Familien brauchen Hilfen des Staates, um die Erziehung der Kinder möglichst gut erfüllen zu können.

Zu B: Pflege und Erziehung der Kinder sind das natürliche Recht und die wichtigste Pflicht der Eltern. Der Staat wacht darüber, dass die Eltern ihre Pflicht zur Erziehung erfüllen. Wenn das nicht geschieht, kann der Staat eingreifen. So steht es im Artikel 6 des Grundgesetzes.

4. Kinder in aller Welt

Station 1:

1. Schädlich ist Kinderarbeit, wenn die Kinder zur dauerhaften Arbeit gezwungen werden, nicht zur Schule gehen können, durch die Arbeit in ihrer Entwicklung behindert werden, die Arbeit gefährlich ist und zu lange dauert.
2. Hier kannst du von einem der Beispiele berichten, mit dem du dich im Unterricht beschäftigt hast: Pilgrim von den Philippinen, Eliza aus Mosambik, Carlos aus Guatemala.
3. Hier solltest du deine persönliche Ansicht formulieren. Sieh dir dazu noch einmal die Seite 78 im Buch an.

Station 2: Die Meinung des Mannes ist falsch. Es stimmt zwar, dass Deutschland ein reiches Land ist. Trotzdem gibt es Kinder, die in Armut leben müssen. Jedes siebte Kind in Deutschland gilt als arm.

Man kann dafür sorgen, dass sich Kinder aus armen Familien in der Klasse genauso wohlfühlen wie alle anderen auch. Wichtig ist es, (1) sich nicht lustig zu machen, (2) niemanden auszuschließen, (3) eine gute Klassengemeinschaft zu bilden, (4) sich gegenseitig zu helfen.

Station 3: 1. Mithilfe der richtigen Internetadressen kannst du dich sehr gut über die aktuelle Situation der Kinder auf der Welt informieren. Aktuelle Nachrichten findest du zum Beispiel unter www.younicef.de, www.tdh.de; und www.kinderrechtsteams.de. 2. Du kannst Ideen für Projekte entwickeln und dich dabei an Projekten anderer Schulklassen orientieren. Du kannst Freizeit dafür einsetzen und mit anderen gut in Gruppen zusammenarbeiten. Du kannst deine Fantasie in eine Zukunftswerkstatt zum Thema Kinder der Welt einsetzen. 3. Jeder kleine Schritt kann zu einer besseren Welt führen. Du kannst zum Beispiel in deiner Klasse darauf achten, andere Kinder nicht auszuschließen, weil sie vielleicht nicht so gut gekleidet sind. Du kannst natürlich auch an einer Hilfsaktion teilnehmen wie zum Beispiel „Straßenkind für einen Tag“.

5. Demokratie in der Gemeinde

Station 1: Richtig sind die Lösungen 1, 4, 5 und 8.

Station 2: 1. Gegen das Mitmachen von Kindern kannst du zum Beispiel anführen: Entscheidungen in der Gemeinde sind für Kinder noch zu kompliziert und zu wenig durchschaubar. Erwachsene hören nicht auf die Ratschläge von Kindern. Kinder brauchen nach der Schule Freizeit zum Spielen. Ihnen fehlt die Zeit für das Mitmachen. 2. Für das Mitmachen kannst du anfügen: Kinder sind in der Lage, sich ein Urteil zu bilden, wenn es um Veränderungen in der Stadt geht. Kinder sind von den Entscheidungen in der Gemeinde oft stärker betroffen als Erwachsene, weil es um ihre Zukunft geht. Die Interessen von Kindern werden umso besser vertreten, je mehr Kinder mitreden und mitmachen.

Station 3: Die Karikatur weist auf die Geldprobleme in den Gemeinden hin. Oft stehen viele Vorhaben auf der *Wunschliste* einer Gemeinde. In den *Haushaltsberatungen* wird dann deutlich, dass die meisten dieser Wünsche nicht zu verwirklichen sind. Gemeinden müssen sparen, weil das zur Verfügung stehende Geld nicht ausreicht, alle Wünsche zu verwirklichen.

Station 4: Bürgerentscheid: Der Stadtrat kann beschließen, dass die Bürgerinnen und Bürger in einer Abstimmung über ein Vorhaben in der Stadt entscheiden. Bürgerinitiative: Das ist ein Zusammenschluss von Menschen, die sich gemeinsam für ein bestimmtes Ziel einsetzen. Ist das Ziel ganz oder teilweise erreicht, löst sich eine Bürgerinitiative in der Regel wieder auf. Einwohnerantrag: Jeder Bewohner einer Stadt kann sich damit schriftlich an den Gemeinderat wenden und verlangen, dass sich der Rat mit einem bestimmten Thema beschäftigt. Einen Einwohnerantrag kann man ab dem Alter von 14 Jahren stellen.

6. Grundlagen des Wirtschaftens

Station 1: Sehr viele Tätigkeiten im Alltag von Kindern haben mit Wirtschaft zu tun: zum Beispiel wenn man Essen, Getränke, Kleidung kauft, ins Kino geht, auf ein Ziel spart, Geld spart und ein Sparbuch anlegt, ein Restaurant besucht usw. Kinder und Jugendliche wirtschaften, weil sie ihr Taschengeld so einteilen müssen, dass es einen Monat reicht. Für größere Anschaffungen müssen sie sparen.

Station 2: Robinson musste wirtschaften, um zu überleben. Er musste zunächst für Trinkwasser und Essen, dann weiter für Kleidung und ein Dach über dem Kopf als Schutz gegen Sonne, Regen und nächtliche Kälte sorgen. Er konnte auf der Insel lediglich seine Grundbedürfnisse stillen. Nur sehr eingeschränkt konnte er seine Konsum- und Luxusbedürfnisse sowie seine kulturellen Bedürfnisse stillen. Nicht stillen konnte er seine sozialen Bedürfnisse.

Station 3: Kunden und Händler sind durch Gesetze geschützt, damit sich jeder auf den Kaufvertrag verlassen kann. Sonst würden Händler die Kunden austricksen. Für Beschäftigte gelten besondere Gesetze, die sie ebenfalls schützen. Sonst könnten Arbeitgeber Schwangere ohne Weiteres entlassen und die stünden nach der Geburt ohne Einkommen da. Umweltgesetze schützen die Gesundheit der gesamten Bevölkerung. Sonst würden Fabriken stets die billigsten Lösungen bevorzugen.

7. Vom richtigen Umgang mit Geld

Station 1: Vorteile sind: Geld kann als Recheneinheit dienen; man kann leichter tauschen; es behält seinen Wert; es ist leicht transportierbar. Der Schein steht nur als Zeichen für einen Wert, deshalb spielt der Materialwert keine Rolle. Damit er seinen Wert behält, muss Geld knapp sein.

Station 2: Beispiele: Sie kann sich zum Geburtstag oder Weihnachten Geld wünschen, Geld sparen oder sich Geld leihen. Die ersten beiden Möglichkeiten sind empfehlenswert, die dritte nicht.

Station 3: Waagerecht: Rentenversicherung: Sie sichert das Einkommen im Alter, jeder Beschäftigte zahlt monatlich einen bestimmten Betrag. Kindergeld: Alle Familien, die Kinder haben, bekommen vom Staat Kindergeld. Krankenversicherung: eine Versicherung, in die man monatlich einbezahlt. Damit werden Arztbesuche, Medikamente und Krankenhausaufenthalte bezahlt. Senkrecht: Bruttogehalt: Das Gehalt ohne Abzüge von Steuern und Sozialversicherung. Nettogehalt: Das verfügbare Einkommen. Steuern: Abgaben, die man an den Staat bezahlt. Er finanziert damit seine Leistungen für die Bürgerinnen und Bürger.

8. Kinder und Jugendliche als Verbraucher

Station 1: Nelly darf den Schal behalten, da sie mit 11 Jahren beschränkt geschäftsfähig ist und diesen mit ihrem Taschengeld und ihren Ersparnissen finanziert hat.
Station 2: 1. Zu großer Einkaufswagen: Einkaufszettel schreiben, nur kleinen Korb nehmen (steht meist im Eingangsbereich). Sogenannte Quengelware an der Kasse: Wenn man Süßigkeiten kaufen möchte, besser im Regal danach suchen, weil es meist billiger ist.

Station 3: Wenn das Angebot steigt, sinken die Preise. Wenn das Angebot sinkt, steigen die Preise. Wenn die Nachfrage steigt, steigen die Preise. Wenn die Nachfrage sinkt, sinken die Preise.

Station 4: Das Fairtrade-Siegel bedeutet, dass die Produzierenden einen fairen Lohn erhalten, der meist über den ortsüblichen Preisen liegt, und dass diese nicht ausgebeutet werden. Das Bio-Siegel bedeutet, dass das Produkt umweltschonend hergestellt wurde. Mögliche Antwort: Es kommt beim klugen Einkaufen nicht nur auf den Preis an, sondern auch darauf, wie es hergestellt wurde und dass nachhaltig gewirtschaftet wurde. Das nutzt allen Menschen und erhält die Natur auch in Zukunft.

9. Umgang mit Medien

Station 1: Chancen des Internets: Vielfältige Informationen stehen zur Verfügung, Hilfen beim Lernen und bei der Erledigung von Hausaufgaben, Möglichkeit weltweiter Kommunikation. Gefahren: Man fällt auf falsche Informationen herein, Computersucht, Datenmissbrauch. Wichtige öffentliche Aufgaben der Medien sind: Information der Bevölkerung, Kritik und Kontrolle der Regierung.

Station 2: Folgende Satzteile passen zusammen: 1B, 2D, 3A, 4C

Station 3: Eine sinnvolle Reihenfolge ist: 1. Empfänger auswählen, 2. Themen auswählen, 3. sich über die Form der Präsentation verständigen, 4. die Arbeit auf Teams verteilen, 5. Einzelergebnisse zusammenfügen, 6. die fertige Präsentation überarbeiten, 7. die Präsentation versenden

10. Umweltschutz als Zukunftsaufgabe

Station 1: Die Umwelt ist die Welt, die uns umgibt. Jeder Mensch muss Verantwortung dafür übernehmen, diese Umwelt zu schützen und nicht zu schädigen.
Es stimmt, dass in Deutschland schon viel für den Umweltschutz getan wurde, aber viele Probleme sind noch lange nicht gelöst. Das größte Problem ist die von Menschen verursachte Klimaerwärmung. Es ist ein Problem, das alle Länder auf der Erde betrifft.

Station 2: 1. Korallentiere brauchen kaltes und sauberes Wasser. Die Klimaerwärmung führt dazu, dass auch die Meere wärmer werden. Wird das Meerwasser zu warm, werden die Korallentiere krank und sterben ab. 2. Das „Gute“ am Treibhauseffekt ist der natürliche Treibhauseffekt, der in der Lufthülle um die Erde dafür sorgt, dass ein Teil der Wärme der Sonne auf der Erde zurückbleibt. Der „schlechte“ Treibhauseffekt ist der, den die Menschen durch Luftverschmutzung verursachen – ganz besonders durch das schädliche Klimagas Kohlendioxid. 3. In Paris trafen sich Vertreterinnen und Vertreter fast aller Staaten auf der Erde (insgesamt 195), um gemeinsam darüber zu beraten, wie die Erderwärmung begrenzt und das Klima geschützt werden kann. Herausgekommen ist ein Vertrag zum Klimaschutz, der von allen teilnehmenden Staaten unterschrieben wurde.

Station 3:
- Ökostrom wird ausschließlich aus erneuerbaren Energiequellen wie Wind, Sonne und Wasser gewonnen.
- Der Vorteil besteht darin, dass diese Energiequellen unbegrenzt zur Verfügung stehen und dass bei der Stromerzeugung daraus kein klimaschädigendes Kohlendioxid an die Umwelt abgegeben wird.
- Windräder erzeugen Strom mithilfe der Kraft des Windes. Diese Art der Stromerzeugung ist besonders umweltfreundlich und das wiederum ist der Grund, warum es in unserer Umgebung so viele Windkrafträder gibt.

Station 4:
- Leitungswasser ist eine Ware, die Familien zur Verfügung gestellt wird und bezahlt werden muss.
- Die Deutschen sind eher Weltmeister im Wassersparen.
- Der virtuelle Wasserverbrauch ist in der Regel höher als der direkte Verbrauch.
- Virtuelles Wasser ist das Wasser, das zur Erzeugung von Nahrungsmitteln und anderen Gütern benötigt wird.

Station 5: 1. Hier kannst du eines der Projekte aus der Seite 202 vorstellen. Schülerinnen und Schüler gestalten ihren Schulhof umweltgerecht, veranstalten einen Wettbewerb zum Thema Umweltschutz, entwickeln Konzepte zur Müllvermeidung und Mülltrennung in der Schule.
2. Ideen: Sammelbehälter für Müll aufstellen, eine Umwelt-AG gründen, Wettbewerbe zum Umweltschutz veranstalten, den eigenen Klassenraum schön gestalten, Ordnungsdienste einrichten, andere Klassen über Umweltschutz informieren